国家社科基金
后期资助项目
GUOJIA SHEKE JIJIN HOUQI ZIZHU XIANGMU

身份认同视角下的中德关系

（1990~2013）

Sino-Germany Relations with
the Notion of Identification (1990-2013)

李文红　于　芳／著

社会科学文献出版社
SOCIAL SCIENCES ACADEMIC PRESS (CHINA)

国家社科基金后期资助项目
出版说明

后期资助项目是国家社科基金设立的一类重要项目，旨在鼓励广大社科研究者潜心治学，支持基础研究多出优秀成果。它是经过严格评审，从接近完成的科研成果中遴选立项的。为扩大后期资助项目的影响，更好地推动学术发展，促进成果转化，全国哲学社会科学规划办公室按照"统一设计、统一标识、统一版式、形成系列"的总体要求，组织出版国家社科基金后期资助项目成果。

全国哲学社会科学规划办公室

目　录

绪　论 ……………………………………………………………………… 1

第一节　研究中德关系的意义和重要性 …………………………… 1

第二节　国内外关于中德两国关系的研究现状 ………………… 6

第三节　基本研究思路 ……………………………………………… 8

第四节　研究的主要论点和创新之处 …………………………… 12

第五节　小结 ……………………………………………………… 15

第一章　建构主义理论及其对中德关系研究的运用 …………… 17

第一节　从建构主义视角分析外交政策 ……………………… 17

第二节　国家身份认同理论——国家身份和国家利益 ……… 27

第二章　德国的国家身份认同 …………………………………… 45

第一节　政治多极化中的德国 ………………………………… 45

第二节　经济全球化中的德国 ………………………………… 81

第三节　文化多元化中的德国 ………………………………… 85

第四节　社会信息化中的德国 ………………………………… 90

第五节　身份认同决定的德国国家利益 ……………………… 92

第六节　小结 ……………………………………………………… 98

第三章　中国的自我定位 ………………………………………… 106

第一节　中国定位的现实基础 ………………………………… 106

第二节　当前中国外交的时代性 ……………………………… 113

第三节　中国双重身份的困境 ………………………………… 124

第四节　身份认同决定的中国国家利益 ……………………… 128

第五节　小结 …………………………………………………… 135

第四章　中德认同的生成——政治文化对外交政策的影响力 …… 140

第一节　身份认同和政治文化之间的关系 …………………… 140

第二节　政治文化研究的意义 ……………………………………… 142

第三节　德国政治文化的特点 ……………………………………… 143

第四节　中国政治文化的特点及其影响 …………………………… 150

第五节　中德两国的政治文化比较 ………………………………… 158

第六节　德国对中国走向世界的双重情结 ………………………… 160

第七节　中国文化冲击西方文化堡垒 ……………………………… 164

第五章　中德认同的生成——媒体塑造的中德互视 …………… 168

第一节　德国媒体中的中国形象 …………………………………… 169

第二节　中国媒体中的德国形象 …………………………………… 178

第三节　中德互视与双边关系的发展 ……………………………… 182

第六章　从欧债危机和贸易摩擦中看中德战略伙伴关系 ……… 194

第一节　中德两国在欧债危机中显现大国责任 …………………… 195

第二节　国际金融危机和欧债危机对中德关系的影响 …………… 197

第三节　中德两国在危机中的角色和作用 ………………………… 204

第七章　价值观外交对中德关系的影响 ………………………… 225

第一节　默克尔政府的价值观外交 ………………………………… 225

第二节　中德关系发展中的曲折——从施罗德政府到默克尔政府 … 228

第三节　德国追求价值观和经济利益之间的平衡点 ……………… 229

第四节　小结 ………………………………………………………… 231

第八章　对中德关系发展前景的思考 …………………………… 233

第一节　中德深化相互关系 ………………………………………… 233

第二节　欧债危机背景和中欧贸易摩擦下中德关系的新特点 …… 243

第三节　危机时期中德关系中的问题 ……………………………… 246

第四节　搁置争议，求同存异，迈步向前看 ……………………… 252

附：中德关系简明大事记（1990 年至 2014 年 3 月） ………… 256

参考文献 …………………………………………………………… 287

绪　论

建构主义身份认同理论是德国国际关系理论流派之一，也是德国外交思想的重要理论来源之一，阐述身份认同理论和价值观的内涵，从身份认同和价值观的视角出发考察国家认知对其行为的指导，为考察国家利益和外交行为提供了一种新路径。面对德国的对华政策，中国自然会有自己的应对，由此就形成了我们看到的中德关系。随着国际局势和国际力量对比的变化，德国的身份认同发生了变化，中德关系出现了新现象和新问题，从身份认同视角来看，这与德国在国际社会中的身份定位发生了变化有关。

本书将建构主义的国家身份认同理论运用于中德关系，分析了中德两国的国家身份，以及每种身份背后的国家利益，这一方面有利于清晰认识德国和中国的国家身份和定位，另一方面有利于化解外界对中国国家身份的误读。本书分为绪论和八章。第一章先从身份认同理论的视角来分析国际政治理论中建构主义的创新和批判，从建构主义视角切入对中德关系的新阐释；第二章详细阐述了德国的国家身份认同、国家利益和价值观；第三章概括分析了中国的自我定位、国家利益和价值观；第四章阐述了政治文化对外交政策的影响，具体分析了中德两国政治文化的特点及其对中德外交政策的影响，并且对两国的政治文化进行了比较；第五章着重介绍了媒体对中德关系的影响；第六章从欧债危机和贸易摩擦看中德战略伙伴关系，分析国际金融危机、欧债危机及贸易摩擦对中德两国经济的影响及两国采取的不同对策；第七章谈德国的价值观外交对中德关系的影响；第八章展望中德关系未来的发展和变化，稳中有变，但主流方向仍然是正面的。

第一节　研究中德关系的意义和重要性

目前关于中德关系的文章和书籍不少，但介绍和论述中德关系的最新变迁与发展的专著不多，而将建构主义的国家身份认同理论用于中德关系的研究专著更是寥寥无几。随着国际形势变化和全球一体化形势发展以及中德两国在国际事务中重要性的增强，这样一本专著的出版就显得格外迫切和重要。从政治上讲，中国是联合国五个常任理事国之一，德国是五常加一，例如在讨论伊朗问题的重要国际会议上，先由五常加德国即五加一讨论。在经济上，德国是一个贸易大国，2008 年对外贸易出口额达到9948 亿欧元，占其当年国内生产总值的 1/3，每五个劳动力中就有一个从事对外贸易。中德两国经济贸易相互需要、相互补充，贸易往来日益密切。1972 年初，中德两国贸易额只有 2.75 亿美元，至 2011 年增长到 1690亿美元。2013 年中德贸易额约为 1615.6 亿美元，双边贸易额占中国对欧盟贸易的三成。①

1972 年中国和联邦德国正式建立外交关系。20 世纪 80 年代以来随着中国改革开放政策的实施和深入，中德两国间的政治交流和经济往来不断加强。1987 年 7 月 12 日，被称为"德国统一之父"的科尔总理偕同夫人一行对中国进行了正式访问，行程从上海开始。访问期间，科尔和中国政府领导人就国际形势及两国关系进行了深入交谈，科尔强调，两国今后在政治上的"相互磋商"、经济上的"密切合作"、文化上的"相互交流"，应成为两国长期、稳定合作的"三大支柱"。7 月 16 日科尔一行从南京乘飞机抵达西藏自治区首府拉萨进行正式访问，科尔是访问西藏自治区的第一位时任外国政府领导人，这表明中德两国关系步入"黄金时期"。②

1993 年是中德关系取得重大进展的一年。其最重要的标志是，该年11 月 15～22 日，科尔再次到中国进行正式访问。这是德国统一后科尔以统一德国总理的身份第一次访问中国。它标志着中国和统一后的德国的关系进入一个新的发展阶段。科尔总理这次访华之行的背景是：统一后的德国的国际地位有所提高，但帮助民主德国的困难超出预料，德国东部地区在经济上陷入严重困难。德国积极谋求发挥大国作用，英、法却竭力加以牵制，美国也不愿意看到德国在欧洲进一步坐大。因此，科尔政府希望进一步加强对华关系，政治上谋求中国更多的支持，经济上利用当时英、法

---

① 王志远：《德国中国商会正式成立》，《经济日报》2014 年 1 月 20 日，第 4 版。
② 殷寿征编著《德国总理科尔》，时事出版社，1992，第 192 页。

同中国关系紧张获取实惠，以缓解其国内经济困难。科尔执政时期，德国对华政策中必须大书一笔的是德国亚洲政策的出台。20世纪90年代起，经济全球化的趋势日益明显，世界朝着多极化方向迈进。在德国的亚洲政策中，中国居于中心地位。德国把中国看作是一个"潜在的世界大国"，认为中国在致力于国内经济建设时，不仅需要持久和平的国际环境，而且需要资金、技术和管理经验，通过与中国的发展交往，德国将大大受益。中国不仅视德国为重要的经济伙伴，而且还视其为平衡霸权国家美国的潜在力量。①然而，当中德关系沿着良性轨道积极向前发展的时候，两国在价值观上的不同以及对国际关系准则的不同认识时常会发生碰撞，令中德关系几经曲折。风波是由德国方面引起的，触发点是所谓的"西藏问题"。

施罗德总理在1998年上任伊始就重视发展对华关系，频繁的访问在我国与西方国家的关系中是罕见的，大大推动了中德经贸关系的发展。尤其是2001年10月31日至11月2日施罗德总理的第三次访华，其随行经济代表团之庞大，签署的经济合作项目价值之高在中德之间史无前例，为当时一直低迷的德国经济界注入了兴奋剂。在人权等敏感问题上，施罗德总理采取"静默外交"，即避免与中国政府在公开场合就此展开讨论和争论。同时，他还致力于巩固和深化中德战略伙伴关系，并倡议开展中德法治国家对话。另外，他也坚决支持取消欧盟对华歧视性的武器禁运协议。反观施罗德政府的对华政策，我们不难发现其对中国方面也不乏批评。不同的是，当时的外交部长菲舍尔更多地充当了批评者的角色，而不是施罗德本人。

与施罗德不同的是，2005年上台的默克尔总理反对取消对华武器禁运协议。同时，她还多次在知识产权保护和人权等问题上直接对中国进行指责。尽管如此，她还是如前任一样每年都访问中国，并且每次随行庞大的经济代表团，其目的显然还是想深化中德经济合作与交流。2007年9月默克尔在总理府接见达赖喇嘛，使中德关系进入了媒体所描述的"冰冻时期"。随后，默克尔也借助各种机会为自己的所作所为辩解并继续对中国加以指责。直到2008年初，德国政府首次明确严正申明支持

① Sebastian Heilmann, "Grundelemente deutscher Chinapolitik", in *China Analysis*, No. 14, August 2002, http：//www. chinapolitik. de/studien/china_ analysis/no_ 14. pdf.

一个中国政策，中德的这种紧张关系才有所缓和，两国签署了重新启动法治国家对话的协议。尤其是在四川汶川大地震后，德国向中国慷慨地伸出了援助之手，给予中国很大帮助。2008年10月，默克尔再次访华。2009年初温家宝总理访德时，媒体纷纷报道中德已经走出了"冰冻时期"。

默克尔总理上任伊始就申明其执政任务之一是推动中德关系的深化和发展。她和中国政府领导人的多次会晤体现了其在这方面的努力。

同时，默克尔政府的"新价值观"外交并不新奇，因为此种价值取向外交自1949年以来就贯穿于联邦德国的外交政策中，并被写入其宪法。德国《基本法》即宪法第5条第1款强调，"每一个人有以语言、文字和图画自由地发表和传播其意见的权利并有权从一般的允许取得情报的来源不受阻碍地进行了解。保障新闻出版的自由和广播与电影报道的自由，不受检查"。除此以外，中德在经济、安全和社会各领域一如既往的紧密合作也证明了德国政府的对华政策并没有大的调整变动。

在默克尔执政时期，唯一改变的是默克尔政府表面上更大张旗鼓地强调其价值观原则。一方面是由于默克尔对中国的迅速变化不了解；另一方面可归咎于默克尔希望从中获取政治资本和得到更多的国内国际支持。西方几十年的负面宣传，特别是1989年政治风波使许多德国人对共产党政权反感。他们不假思索地把这种反感心理转移到对华态度上。另外，中国的飞速发展使许多德国人对中国产生了莫名的恐惧。这时一些别有用心的德国人便毫无根据地把德国经济和社会上存在的一系列问题同中国的崛起联系起来，反华及对华有恶意的言论变得"深得人心"。默克尔政府追随并利用了这种不正常的时代之风。这种对华的无端恐惧不仅是在德国流行，而且还较为普遍地存在于国际社会，所以默克尔通过她的言论也能在一定范围内赢得国际呼声。

尽管中德关系发展跌宕起伏，而且德国和中国远隔千山万水，但双方一直保持着良好的经济关系。中德经贸关系的飞速发展与两国间良好的政治外交关系是密不可分的。中德关系之所以发展顺利，主要的政治原因有二：一是中德两国没有历史遗留问题和现实的直接利益冲突；二是在两极世界格局崩溃后，尤其是在2001年"9·11"恐怖事件后，两国在许多重大国际问题上表现出相同或相近的看法。两国都是世界上具有重要影响的国家，都反对一个超级大国主宰世界，赞成世界的多极化发展趋势。中国始终支持欧洲联合和欧盟的发展，乐于看到德国在国际舞台上起到更大的作用。德国政府坚持"一个中国"政策，支持中国改革开放的继续深入。德国是中国在欧洲的第一大合作伙伴，在德国的亚洲政策中，中国一直处于重要的战略地位。双方良好的政治关系为两国经贸关系的发展打下了坚实的基础。

在中德关系经历了前几年的波折之后，如何进一步深化发展两国的战略伙伴关系，是值得探讨的一个重要话题。正如中德领导人互访时曾说到的，中德两国应当加深了解，消除误会，促进双边关系的发展。德国作为第二次世界大战的战败国，在冷战期间，唯美国马首是瞻，直到冷战结束，德国重新统一之后，才开始推行独立的外交政策。在冷战结束后的国际舞台上，德国是一个受人瞩目的国家。它地处欧洲的心脏位置，是带动欧洲经济的"发动机"。尤其是前任总理施罗德推行的"正常化"外交使德国在国际事务中承担大国责任、谋求大国地位和作用的认识不断提高。

中国国际地位不断提高，欧盟力量也不断增强并成为中国抗衡美国超级大国霸权的重要力量，德国是欧盟的领头羊，中德关系的重要性日益增强。了解西方的理论，包括了解德国国家关系理论，也应当随着实践的发展而不断向前发展。就德国而言，德国的外交身份认同理论应当不断补充和完善，为德国与不同社会制度和意识形态的国家交往提供导向，而不是埋下潜在的冲突根源。德国外交政策很多时候会在国家利益和国家身份认同与价值观之间徘徊，比如在对华关系上就经常在经济利益和人权外交之间徘徊，会出现矛盾和关系的倒退。加强中德之间的相互理解，这也是本书的目的之一。本书尝试：

- 弥补国内研究空白，从身份认同理论视角并以价值观为例研究中德关系；
- 分析德国身份认同和价值观念的理论基础和沿革，得出相应的理论结论；
- 深入了解中德两国外交关系的身份和价值观念背景，为研究中德关系及中国制定对德国外交政策提供参考；
- 为中国特色的国际关系理论研究和创新提供参考。

第二节　国内外关于中德两国关系的研究现状

　　国内研究现状主要体现在学术著作和学术论文两类。研究中德关系的学术著作基本上从中德关系史的角度出发，阐述中德关系的发展过程、特点、存在的问题和前景展望等内容，如 2003 年由刘立群、孙恪勤主编的《新世纪的德国与中国》，2006 年由潘琪昌主编、世界知识出版社出版的《百年中德关系》等。目前尚无专著从理论视角来分析中德关系的现象、问题本质和矛盾根源。

一　国内相关文献

　　在中国的对外关系中，中德关系是一个重要组成部分，中德关系是中国学术界和外交界一大重要研究课题。相关著作有：2010 年出版的由北京外国语大学殷桐生教授主编的《德国外交通史》部分章节；2011 年社会科学文献出版社出版的由刘立群主编的《金融危机背景下的德国及中德关系》论文集，收录了中国欧洲学会德国研究分会第 13 届年会参会论文近 30 篇，内容主要涉及 2008 年以来全球性金融危机背景下德国的内政、外交、军事、经济、社会文化以及中德关系等方面的发展变化，是国内德国问题研究专家学者群体的最新力作。

　　关于中欧关系的专著对研究中德关系也有借鉴和启发的意义，可以参考〔美〕沈大伟、〔德〕艾伯哈德·桑德施耐德、周弘主编的 2010 年 2 月由社会科学文献出版社出版的《中欧关系：观念、政策与前景》，该书是迄今为止有关中欧关系最为系统和全面的论述，从中可以了解欧盟对华政策的制定和影响中国对欧政策制定的观念和看法等。2008 年朱立群主编的由世界知识出版社出版的《国际体系与中欧关系》，选取了国际体系作为研究角度，站在社会本体论的研究立场上，采取规范视角对中欧关系的结构、互动模式与特征、中欧关系发展的内生与外在影响因素进行了全面而系统的研究。在《世界经济与政治》杂志上，找到了三篇相关的论文，分别是：2002 年第 12 期张建新的一篇关于建构主义的文章，题目是《建构主义国际体系理论及其社会结构观》；2006 年第 8 期，薛力和肖欢容对中国的建构主义研究做了总结，论文题目是《中国的建构主义国际关系研究：成就与不足（1998～2004）》；2008年第4期，焦兵撰写了《现实建构主义：国际政治的权力建构》。姚勤华在《社会科学》2010年第12期发表的《建构主义对国际关系理论发展的影响》也很有参考价值。温丽娟在2010年第1期的《学术交流》上发表的《略论建构主义国际关系理论的学理基础与基本理念》，也可以帮助读者进一步了解建构主义理论。

关于研究中欧关系的论文也有很重要的启示，如郭素琴的《中国学者对后冷战时期中欧关系的认知比较》认为，中欧关系不仅取决于双边关系的客观发展，而且取决于双方相互的认知。周秋君的《中国与欧盟：一种集体身份动态系统的建构主义分析》一文，从社会学的视角揭示观念、身份等社会性要素在中欧过去30年互动历史中所起到的作用。文章提出：中国或者欧盟分别通过持续不断地调整自己的国际身份并同时建构与对方的关系来适应这一组双边关系。国家间互动的过程实际上是一种观念互动的过程，都是动态的而非静止与先验的。张弛的《从共有知识到身份认同——从建构主义视角看中国同欧盟的关系》分析了中欧通过互动的社会学习过程产生共有知识，建构各自身份和利益的过程，这为研究中欧关系提供了新的视角。中欧之间的积极共有知识对于双方形成集体身份认同，促进双方关系发展具有重要意义。张薇的《中欧关系发展的主体身份因素》，从身份理论解读中欧关系。邓宗豪、高吉祥的《中欧关系的建构主义理论分析》，从建构主义合作理论的角度来探讨目前的中欧关系。张弛和叶自成合作在《国际问题论坛》上发表的《人权观差异与中欧关系》，也对发展中德关系有启发意义。

在中国期刊网上可以检索到79篇与中德关系相关的著述（截至2014年7月），在探讨和研究冷战结束后中德关系的13篇论文中，有一篇论文梳理了中德关系史在中国的研究现状，一篇论文探讨了默克尔政府调整对华政策及其外交风格对中德关系的影响，其余文章基本上是从中德关系的现实特点、历史问题和未来走向几方面来阐述中德关系。2004年熊炜的《统一之后的德国外交政策》出版，作者从国家的国际角色角度出发，分析德国国际角色定位和转化的内外根源及其对外交政策的影响，研究德国担任新的国际角色面临的挑战及其可能采取的策略。

可以说，目前的研究成果尚缺乏关于冷战后中德关系的专著研究，并且从国际关系史角度著述较多，从国际关系理论的某一路径出发分析中德关系，并以价值观等观念性因素出发来研究中德关系的研究论文数量极少，这为本课题的研究提供了空间。

二　国外相关文献

德文或英文文献中关于中德关系的研究著作较少，主要集中在中德交往的史实回顾和总结上。关于身份认同理论和文明力量角色理论，文献数量较多，这里只列举出最具代表性的著作，为梳理德国外交政策中的价值观念提供充足的资料来源。1995 年出版的由罗梅君（Mechthild Leutner）主编的对中华人民共和国成立以来中德关系进行全面总结和回顾的《1949 至 1995 年的中德关系》（*Bundesrepublik Deutschland und China 1949 bis 1995*）；伯纳斯（Carsten Bohnes）撰写的《德国对华外交政策》（*Deutsche Außenpolitik gegenüber China*）（2007 年出版），主要考察了 1998 ~ 2005 年红绿联盟政府的对华政策。德国学术界身份认同理论主要来自特里尔研究小组的成果以及其他有关国际关系身份认同理论的书籍。伯恩哈德（Stahl Bernhard）和哈尼施（Sebastian Harnisch）撰写的《对比外交研究和国家身份认同》（*vergleichende Außenpolitikforschung und nationale Identitäten*），毛尔（Maull）教授和克努特·基尔斯特（Knut Kirste）撰写的《文明力量案例研究》（1998 年出版），系统提出了文明力量理论及该理论主要论点。

第三节　基本研究思路

一　研究方法

本书通过建构主义的身份认同理论，探讨德国、中国身份形成，比较两国在国际体系中的身份特征。根据建构主义观念决定身份、身份决定利益的原则，身份的差别决定了两个主体的利益差别，而正是其利益差别决定了二者外交行为的差别，这特别明显地表现在中德关系的发展过程中。本研究将采用案例研究法来分析中德关系中的重要冲突焦点——人权，分析双边关系中价值观念和经济利益的两难之争，亦即国家利益和观念在外交政策中孰轻孰重。

探讨中德两国身份认同及对双边关系的影响，全面系统地梳理迄今为止有很大影响的建构主义身份认同理论，并且运用这一理论对德国的价值观外交，如默克尔接见达赖喇嘛进行分析。"西藏问题"折射出不同价值观的冲突与交锋，也反映出德国的价值观正在与经济利益一争高下。

二　研究的主要内容

在本书中，第一章先阐述本课题所运用的理论，从身份认同理论的视角来分析中德关系，从建构主义视角切入对中德关系的新阐释。建构主义中的身份认同理论是德国外交思想的重要理论来源之一。阐述身份认同理论和价值观念的内涵，从价值观的视角出发考察国家认知的来源及其对行为的指导，为考察观念、国家利益和外交行为的互动关系提供了一种新的路径。从意识形态和社会制度的角度来研究中德关系，已有大量成果，但是从身份认同并从价值观的角度来解析中德关系中矛盾和冲突的研究甚少。随着国际局势和国际力量对比的变化，德国的身份认同发生了变化，中德关系出现了新现象、新问题，从身份认同视角来看，这源于两国在国际社会中身份定位发生了变化。根据两国的价值观念差异，选择身份认同理论来分析中德关系，具有现实意义，是一个崭新的视角。德国外交身份认同被归纳为"四化一走向"，即政治多极化、经济全球化、文化多元化、社会信息化和走向世界。在外交实践中，中德关系以经济互利为基础，身份认同和经济利益之间存在博弈，身份认同理论的研究旨在加深了解、消除误会。

第二章主要阐述和分析德国的国家身份认同、国家利益和价值观念。主要包括德国国家身份认同的来源、形成、内涵、历史变化等，并具体分析德国外交政策中的价值观对中德关系的影响。其价值观核心就是以西方为中心，以西方为楷模，主张让渡主权，宣扬德国及西方所理解的自由、民主、人道、人权，因而是中德关系的干扰因素。

第三章概括分析中国的自我定位、国家利益和价值观念：中国是社会主义的发展中大国。在中德关系中，中德两国实现国家利益的外交途径不同，不同的国家身份形成不同的国家利益，而不同国家身份认同的根源在于两国不同的历史文化。不考虑这些因素，就无法解释中德互动中因为观念不同，造成的误会、隔阂、冲突和双边关系的低谷。本章阐述国家利益和价值观念的关系：当一国的外交政策需要在价值观和国家利益之间做出取舍时，往往要服从国家利益。国家利益包括国家安全利益和经济利益，两者在和平时期比较一致，但在非和平时期会表现出不一致，国家利益占据首位。在外交实践中，尽管两国因价值观念不同、价值取向不同而产生某些冲突，但两国之间没有根本的利害冲突，中德关系依然以经济互利为重要基础，中德经贸关系依然发展强劲，特别表现在国际金融危机和欧债危机时期中国对德国和欧洲的支持。

第四章阐述政治文化对外交政策的影响，具体分析中德两国政治文化的特点及其对各自外交政策的影响，并且对两国的政治文化进行了比较。中国文化历史悠久，内敛包容，在国际关系中主张求同存异；德国因为两次世界大战的经历强调克制文化，强调民主制度，在外交上主张优先通过谈判来解决争端。中德外交政策中的价值观念有共同之处，例如德国主张国际关系文明化、武力是解决国际冲突的最后手段、多极世界、外交冲突用政治手段解决，不赞同美国单极称霸世界等观念，都和中国外交理念有相同或相近的地方，这是中德两国进行合作的基础。在外交实践中，中德关系以经济互利为重要基础，这就同价值取向产生了冲突。

第五章着重介绍媒体对中德关系的影响，随着国际传播技术的发展，在全球通信极为发达的时代，一国对他国的认知在一定程度上也取决于媒体对国家形象的塑造。在中德关系中，媒体塑造国家形象、引导民众认知的情况尤为突出。中国对德国的认识多为正面的，而德国媒体对中国的报道则不那么客观，有部分积极正面报道，然而更多是对中国认识的一种歪曲和误解，对于两国人民的相互了解和友谊的加深没有起到促进作用。这种现状表明，一方面双方应当加强交流，尽量客观公正地报道对方；另一方面中国也应当加强对传播规律的运用，加强国际形象的塑造，为推进中德关系发展创造更好的国际环境。

第六章从欧债危机和贸易摩擦看中德战略伙伴关系，分析国际金融危机、欧债危机以及贸易摩擦对中德两国经济的影响及两国采取的不同对策。自从国际金融危机爆发以来，德国的身份认同也随之变化，尤其在欧债危机期间德国对中国有所期待，而中国也努力帮助欧洲走出困境，但是期待和实际之间始终存在差距。这一差距来自中德两国的价值定位，而价值定位的差别源自价值观念的根本区别。因此，中德关系的变与不变，值得我们探讨研究。关于欧洲如何克服欧洲债务危机，关于中国应当如何提供帮助，各界人士几乎各执一词，争论纷纷。在这种背景下，2012 年 2 月初，德国总理默克尔在其任期内第五次访华，旨在赢得中国的信任，为欧盟走出危机创造更好的外部条件，同时也意在说明德国应对危机的态度，促进中国对德国的了解。在中德建交四十周年之际，中德文化年也被某些德国人指责为中国在搞宣传攻势，中德关系是否会发展到前所未有的深度和广度，是否能实现德国总理提出的"新步骤"，中德两国能否成为发达国家和发展中国家进行合作的典范，很大程度上取决于中德相互的理解。

第七章分析德国的价值观外交对中德关系的影响。这里拟选择德国人权外交作为案例，分析德国人权观念的具体内涵，及其对德国人权外交的影响。德国的人权观念、价值观念是德国身份认同的一个重要部分，始终是中德关系的一个干扰因素。剖析中德两国人权观念的巨大差异，有助于两国在这一问题上加强谅解，减少干扰。例如德国竭力推行价值观外交，这大大影响了中德关系，但中德经贸关系依然发展强劲，特别表现在国际金融危机和欧债危机时期。

第八章为全文的结尾部分，在回顾历史的基础上以史为鉴，对中德关系的一贯发展进行梳理，找出现阶段中德关系发展的"变与不变"。在中德关系呈现新特点的基础上，对未来关系的积极发展抱以期待。求同存异，加深理解，彼此接近，互相尊重，互相学习，共同应对国际危机，应成为两国在政治、经济、社会、文化等领域交流的准则。中德文化传统和外交理论中有共同和相近的东西，这是双方合作的基础。价值观念是重要的，但国家利益更为重要。

本研究的重点是梳理德国外交层面的价值观的内涵及其理论来源，以及价值观是如何影响国家利益的。本书尝试解释德国外交在价值观和国家利益中的摇摆，德国外交理论中的价值观如何演变为德国的人权外交，从而影响中德关系？价值观的差异通过什么机制影响中德关系？特别是如何从国际金融危机和欧债危机背景下中德关系的发展来分析德国外交中的价值观与国家利益的关系，金融危机和债务危机中价值观对中德关系产生了什么影响？如何解释德国外交在价值观和国家利益中的两难？

指导德国外交的理论不止一种，如何在众多外交指导理论中梳理出德国外交层面价值观学说的灵魂，是本课题的难点之一。全面系统地介绍和研究德国在外交层面上的国家身份认同，外文文献数量较大，为此，必须抓住重点，梳理中国的国家身份认同，研究中德国家身份认同的差异是通过何种机制影响中德关系的。

本书介绍了主流国家关系理论中的价值观论述，重点考察德国主流外交理论中的价值观，考察价值观对德国对华立场的影响，同时也兼顾其他外交理论，避免得出的结论有以偏概全之嫌。

本研究拟探讨以下几个重要问题。

（1）德国的国家身份认同是什么？德国的身份认同如何影响国家利益？

（2）德国的身份认同如何导致德国的人权外交，从而影响中德关系？

（3）金融危机和债务危机中价值观对中德关系产生什么影响？

本研究的基本思路：从建构主义理论的一个流派德国身份认同理论出发，尝试从理论的角度来阐释中德关系。本课题首先梳理德国外交思想中的身份认同和价值观学说，尝试考察国际关系中的价值观变量。重点集中在德国外交思想中的价值观上，考察德国价值观的源头、内涵、构成，中德价值观的差异，德国外交价值观对德国对华立场的影响，尝试从理论角度阐释中德关系中出现摩擦、矛盾和低谷的根本原因。德国外交价值观的主要理论来源是自20世纪90年代以来在德国学界兴起的身份认同理论和文明力量角色理论。这两大理论都源自建构主义，对德国外交决策产生了重大影响。

第四节　研究的主要论点和创新之处

研究的主要论点有如下几个方面。

价值观念影响中德关系是因为中德的文化传统不同，更重要的是，二者所依据的理论不同。中国外交的价值观始终以马克思主义、毛泽东思想、邓小平理论和中国特色的社会主义外交理论为指导；而德国外交的价值观源自西方国际关系主流理论，主要是新现实主义、新自由主义、建构主义，近20年来尤其深受德国身份认同理论和文明力量角色理论的影响。

中德文化传统和外交理论中有共同和相近的东西，这是双方合作的基础。

价值观念是重要的，但国家利益更为重要。这是中德发展关系的另一个重要因素。中国应该深入研究德国外交中的价值观念，并制定出更有针对性的对德政策。

根据建构主义理论中的观念决定身份、身份决定利益的逻辑，国家的身份认同决定国家利益的形成，从而导致不同的外交实践。中德两国之间在身份认同上的巨大差异导致两国外交行为的不同，如何使双方理解这种差异是十分重要的。

对身份的自我认同和外部对身份的认同之间存在着差别，这种差别会导致国家交往中的冲突和矛盾。中德关系中的很多矛盾根源于此，本课题将对此进行深入研究，并辅以案例分析。

创新之处：首次从国家身份认同和价值观念的视角研究中德关系，填补国内学术界的空白；全面介绍德国学者在外交理论领域的德国身份认同理论和价值观研究成果，丰富中国对建构主义的德国流派的认识；尝试结合东西方思维和视角的研究所长，在分析大量文献资料的基础上，采取案例研究和对比分析法，将共性和个性相结合，从新的视角阐释中德关系；运用辩证唯物主义和历史唯物主义立场指出建构主义和德国外交理论（身份认同理论和文明力量理论）的解释局限性，进而提出新论点。

（一）中德关系以经济互利为基础

2005 ~ 2009 年，默克尔的联盟党和德国社会民主党组成的大联合政府在对华政策的制定上，凸显"贸易国家"的一贯特征，将经济和能源利益摆在首位，奉行的是一种谨慎务实的平衡外交，即在最大限度维护德国国家利益的前提下，对局部利益进行微调。在这位务实女总理的带领下，德国政府不断在维护国家利益、追求经济效益和推行"文明国家"理念的角色之间寻找平衡，彰显其特有的外交风格。

2012 年春默克尔对中国进行正式访问，8 月底再次来华，默克尔此次访问是她就任总理以来的第六次访华，这在两国双边关系中是不多见的，显示出她对中德关系的重视。两国政府进行了第二次磋商，会谈的重点是贸易、解决欧债危机和叙利亚等问题，签署了 10 多项涵盖了贸易、科技、文化、气候变化和社会保障等多个领域的合作协议。2012 年是中德建交40 周年，两国一直致力于建设战略性的双边关系。中国的市场，德国的技术，构成了双方经贸关系的互补性。

（二）身份认同对中德关系的影响

根据建构主义的观点，不同的身份会导致对国家利益的不同理解，由此产生了不同的外交行为和外交政策。所以，一旦行为体在互动的过程中形成新的身份，其所处的国际关系就会发生改变。西方的价值观已经被多个非西方社会采纳，种种迹象表明，这种西化或部分西化会持续下去。然而西方早已不再主导着世界，它只代表了众多政治文化中的一种。任何民族和国家对外部世界的认识和对策都不可避免地受其传统文化的影响。文化属于意识形态的范畴，在价值观念、道德信仰、思维方式、行为方式、社会态度和制度规范等方面对一个国家有着很深的影响，深刻影响着其外交政策的制定和实施，以及其与外部世界的关系。

冷战结束 20 多年了，西方一些人仍然抱住冷战思维不放，戴着有色眼镜看今日之中国。因为各种复杂的内在和外在因素，在国际大环境里，中国的国家形象总被一些西方势力错误地刻意扭曲，这大大损害了中国在国际合作中的地位，影响了中国与其他国家之间的互信和双边及多边合作机制的建立与发展，也制约了中国外交活动的有效空间。毋庸置疑，中国人对本国的认知和德国人对中国的看法之间存在着较大落差。近些年来，中国的迅速发展引起全世界的密切关注，随之也不可避免地引起一些西方国家的恐慌，包括一些来自邻国和发展中国家的误解。美国小布什上台伊始就曾提出美国面对的三大威胁中就有中国的崛起威胁，这显然是冷战思维在作怪。西方新闻媒体有他们的政治性和价值观，对己和对外的报道始终秉承双重标准。在西方媒体对中国的新闻报道中必然会出现所谓"问题中国"和"负面中国"，这也就不足为奇了。

（三）用身份认同理论分析中德关系的特色

在外交实践中，中德关系以经济互利为基础，价值取向和经济利益之间存在博弈，从价值观出发研究中德关系可以加深了解、消除误会。西方国家在国际关系中所持的价值观，尤其是德国在外交层面的价值观，在历史上的确起过积极作用，其标榜和追求的人权、民主、自由的价值目标，在人类社会的发展历程中仍旧有着正面的意义；然而，如果一国打出这些旗号，只是为了实现以西方为中心的世界同质，认为国家和社会的发展，只能按照西方国家的套路进行，就完全违背了人类"平等、自由"的价值本质。各个国家有自己的历史和民族传统，应根据本国情况选择发展道路、发展模式。

自我认知和别人对自己的认知差异常常会导致误解和矛盾。西方国家心态复杂，看法不一，有唱衰中国的，有赞扬中国的，出现了应对中国崛起问题的不同主张。但其中多数主张仍然是对中国不放心，仍然是对中国采取防范的态势。"中国威胁论"就是其中一种。中国奉行独立自主的和平外交政策，国家主权神圣不可侵犯。在国际事务中，中国主张和平共处，地区问题或国际问题应该用和平共处五项原则解决，反对各种形式的霸权主义和强权政治；主张尊重各国自主选择的发展道路和模式，各国的事应由各国人民自己解决，世界上的事应由多边集体通过对话和协商解决，反对以"人权"为借口干涉别国，反对把某一种社会制度或发展模式说成是普世的。各国不同的发展道路和发展模式，是各国人民自己的选择。

第五节　小结

统一后的德国是欧洲人口最多、面积最大、经济实力最强的国家，同时又是对欧盟影响最大的国家和欧盟发展的"火车头"，德国为欧盟的发展做出了很大贡献。中德关系是中欧关系的重要组成部分。在中国对外交往中，与前联邦德国的关系构成中国外交链条中的重要一环。1972 年 10 月 11 日中国和前联邦德国（西德）建立了外交关系，从此两国关系不断发展。中德两国没有根本的利害冲突，在重大国际问题上有着相同或相近的立场，在许多领域已经进行了富有成效的合作。德国又是中国在欧洲最重要的经济伙伴，加强中德关系具有深远影响。当然，两国关系中也存在某些问题，但这不影响两国关系的进一步发展和深化。虽然经历过 1989 年和 1996 年那样的低谷，但两国关系仍在不断向前迈进。1993 年 11 月，科尔总理对中国进行了正式访问，并参观访问了我国西藏自治区，实现了两国关系的完全正常化，此后中德关系出现了前所未有的发展势头。

在经济全球化和世界格局多极化的时代，中德两国在各自地区发挥的影响和作用也就必然在世界舞台上发生交会，甚至碰撞。这种交会有时表现为在共同利益和共同愿望驱动下的友好合作，有时也表现为不同价值观和不同利益的相互冲撞。

60 多年来德国从一片废墟发展为世界上最发达国家之一。德国自统一以来作为全球第 4 经济大国、欧洲一体化的"领头羊"以及联合国第 3 大会费缴纳国，在全球事务中的作用也在不断凸显。中国作为全球第 2 大经济体和联合国安理会常任理事国，在改革开放 30 多年后也从一个贫穷落后的国家发展成为发展中的世界大国，成为全球政治和经济事务中的重要一员，综合国力和国际影响力都在逐步上升，在国际上引起了强烈的反响。多年来，中德双方颇有成效的合作不仅大大推动了中国经济和社会的发展，而且为德国经济的发展，尤其是为其克服欧债危机并从中快速复苏提供了大力支援。

中德都是处于上升进程的国家，中德两国均视对方为重要的合作伙伴，都很看重对方在世界上的作用，双方都意识到对方的举措对自身发展的重要性。随着中国经济总量超过德国，德国的身份定位发生变化，产生某种失落感，对对方和自己的认识都会相应改变，德国外交中价值观和国家利益之间产生了更多的矛盾，因而也影响到两国关系。尤其在国际金融危机和欧债危机以及中欧贸易摩擦的背景下，中德关系更应成为中德两国外交与学术界的一项重要研究课题。身份认同的研究有助于观察德国国家身份和身份定位的变化，德国人的身份认同影响着他们对自身、对中国的定位，从而影响到他们对中德关系的定位。德国的外交政策在身份认同的影响下确立了对华的认知与基本政策。采取身份认同的视角从研究意义上来说也是为了更好地认识德国对华政策，从而为中国更好地制定对德政策提供决策参考，为探寻中德关系发展的新模式提供有益的思考。

随着德国经济地位的下降和中国经济的腾飞，中德两国在互视对方时必然会产生新的认知，以反对武力、追求世界和平作为政治合作的目标，以经贸互补作为关系发展的坚实基础，中德战略伙伴关系的重要性不断增强，对公共外交的需求日益增大，只有加深了解，才能避免误解，共同应对全球性的危机，实现共同发展。

第一章　建构主义理论及其对中德关系研究的运用

第一节　从建构主义视角分析外交政策

一　关于建构主义的简述

建构主义国际关系理论是在 20 世纪 90 年代兴起的。建构主义的结构观可以溯源到社会学，这种互构性被引入国际关系领域后产生了重要突破，建构主义国际关系理论的产生正逢其时。诸多学者的理论在 20 世纪 90 年代国际关系中代表结构主义，被称作是对冷战结束和种族冲突突出表现的反映，而这些一直以来在国际关系中只能用经典主义理论来解释。[①]然而，苏联解体，东欧剧变，现实主义等经典理论已经日益显示出其在现实解释上的不足。在国际关系的真实世界里，冷战结束和以苏联为首的东欧集团消亡，使国际关系发生了根本变化，让人们反思新现实主义和新自由主义的解释能力。与此同时，学者专家们开始反思和批判现实主义理论，出现了不同视角研析国际关系的理论流派。基于这些基本前提，在政治学中出现的结构主义萌芽，表现出集体与个人的身份、价值观和价值标准、社会角色，以及政治外交参与者的行为的重要性。[②]

建构主义强调的是观念的重要性。观念则被认为是阐释现实和形成表象的出发点。同样，国家的利益与权力是通过文化和历史观念构成的。[③]

---

① Sebastian Harnisch, Außenpolitiktheorie nach dem Ost – West – Konflikt, Stand und Perspektiven der Forschung (Trierer Arbeitspapiere zur Internationalen Politik, Nr. 7), Trier, 2002, S. 22.

② Cornelia Ulbert, Sozialkonstruktivismus, in Siegfried Schieder, Manuela Spindler, Hrsg., Theorien der Internationalen Beziehungen, Opladen, 2003, S. 394.

③ Gert Krell, Weltbilder und Weltordnung, Einführung in die Theorie der Internationalen Beziehungen, Baden – Baden, 2000, S. 250.

建构主义是从 20 世纪 90 年代兴起并迅速发展起来的，其核心内容是认同、规范和文化观念。建构主义对国际政治的基本观点进行了全面的重新解读和阐释，主张用社会学的视角看待国际关系。建构主义分析阐释外交政策使用了规范和认同的观念，这为我们提供了解释外交政策变化的全新的视角。这样，从 1992 年至今，建构主义与现实主义、自由主义形成三足鼎立的局面，成为国际关系理论的三根支柱，可以说，这是建构主义的一大贡献。

建构主义就方法论而言，从宏观理论的个体主义转向整体主义研究，把规范和认同纳入到国际关系分析中，实现了国际政治理论的"社会学转向"。① 建构主义重视观念因素对身份形成和利益形成的作用。建构主义认为：第一，规范结构或者观念结构与物质结构同等重要。建构主义认为共有观念、信仰和价值体系具有结构的特征，它们给政治行为体施加强有力的影响，物质资源只有通过国家的共有理解才能获得关于人类行为的意义。第二，国家身份和利益相互建构，具有动态的特点。只有辨认清楚国家在特定的时空环境中的身份和利益，我们才能解释国家的行为。而国家身份和利益是由国家的具体实践所创造的观念结构所塑造的。身份强烈地暗示着一组特定的利益或偏好，这种利益对于理解特定的行为体以及特定领域的行为选择具有重要意义。第三，结构与施动者的相互建构。结构建构了施动者的身份和利益，同时，施动者的实践又再造和改变着结构。施动者并非只能对结构做出机械式的反应，通过社会实践，它也能改变旧结构而建构一种新的结构；反过来，新的结构又会影响施动者的社会实践。连接结构与施动者的中介则是实践，实践的力量在于它创造了连接结构和行为体的主体间意义。②

按照亚历山大·温特（Alexander Wendt）的结构建构主义观点，国家身份不是先天预设的，而是在国际社会的互动中产生的。身份产生之后才能界定利益。国家利益随着身份的变化而变化。在不挑战现有国际体系或国际秩序的条件下，只有在适应国际体系的实力结构或适应国际体系的制度结构的情况下，国家利益才能实现。与此相反，理性主义国际关系理论却认为，先有国家身份，然后才有国家利益。在这里，结构建构主义的观

① 殷桐生主编《德国外交通论》，外语教学与研究出版社，2010，第 144 页。
② Ted Hopf, "The Promise of Constructivism in International Relations Theory," *International Security*, Vol. 23, No. 1, 1998, p. 175.

点与理性主义国际关系理论是完全相悖的。例如，在政治上，当今的德国和第三帝国时期的德国是两个完全不同的德国，这种不同是两个时期的德国在国际体系中身份的改变所致，两个时期德国的国家利益也截然不同。[①]今日之德国是一个爱好和平的国家，既是拉动欧盟经济发展的火车头，也是解决地区或国际争端的一支重要力量。观念具有巨大的力量。建构主义强调观念在国际关系理论中的重要作用并对观念因素做出了新的诠释。而在经典国际关系理论中，观念也并非完全不受关注。比如，在现实主义奠基者卡尔的《20年危机（1919~1939）国际关系研究导论》中，他把观念概括为三种实力。他认为，观念包含支配舆论的权力，谁能够支配舆论，谁就有维护或改变人们观念的能力。舆论是一种民意的特殊表现形式，对人的行为和观念能够起到指导性作用，对维护社会的和谐与稳定起着重要作用。其他两种为军事实力和经济实力。支配舆论的力量是观念范畴的事情，是维护或改变人们观念和意愿的能力。[②]

二 建构主义的理论

建构主义者认为，国际政治的现实是通过建构来决定的。建构主义首先是一种精神的存在论，以此为出发点，认为社会世界首先是由参与者的社会实践构成；其次是由身份认同和利益构成；最后，双方的构成是由参与者和结构组成。建构主义批评新现实主义的理性原则，认为国际体系的结构不是物质性的，而是以文化为核心的社会结构。它通过考察国际体系的社会含义和国家的文化属性，通过分析国家身份，来理解国家利益和外交行为。建构主义强调，一方面，国家身份决定国家利益及其外交政策；另一方面，国家的外交行为又影响、重塑国家身份。

第二次世界大战以后，在国际关系理论界长期占据主导地位的现实主义理论追求的目标就是获取权力，国际关系的权力关系是由不同国家所拥有的物质资源的多少、大小、分配方式、结构特点和目标所决定的。国家利益是

---

① 秦亚青：《建构主义：思想渊源、理论流派与学术理念》，《国际政治研究》2006年第3期。

② 〔英〕爱德华·卡尔：《20年危机（1919~1939）国际关系研究导论》，秦亚青译，世界知识出版社，2005。另参见 Hayward A. Alker, *Rediscoveries and Reformulations: Humanistic Methodologies for International Studies*, Cambridge: Cambridge University Press, 1996。

外交政策的核心标准。现实主义者假定国家是国际社会最主要的行为体，国家是理性的，国际社会处于"无政府状态"，因此国家行为的特征是"自助"。利益是物质的、给定的、自私的，他们反对用法理、道义以及意识形态确定国家利益的做法。现实主义大师摩根索在其现实主义的经典作品《国家间政治》一书中把利益确认为权力，国家就是争夺权力、维护权力和显示权力。①而建构主义认为国际关系并非现实主义理论所认为的是一个"物质的世界"，而是一个"社会世界"，从本体论而言，建构主义主要关注的是社会本体论。建构主义认为，拥有物质内涵的权力和利益之所以能够发挥作用，主要是观念在起作用。物质不会自动产生任何社会结构，行为主体只有在某种观念支配下运用物质力量才能产生社会关系和社会机构。②

所以，建构主义以规范和认同为出发点，认为现实是行为体建构的结果。行为体不同的互动实践会导致不同的规范和认同。规范和认同附着于行为体，具有主体间性和体系结构性。这种结构不仅约束行为体的行为，而且还可以改变行为体的身份。③从研究社会互动切入政治行为，用建构主义来解释国家对外政策就更有说服力。

建构主义在方法论上用社会学的方法取代了经典理论采取的经济学方法，其基本原则是理念主义和整体主义。它把国际关系体系作为一个整体来看待，强调国际体系文化对国家身份和利益的建构作用，认为国际体系的观念结构建构了国家的身份和利益。④

新自由主义认为，观念可以起到因果作用，观念还是指导行动的路线图。在认同这种观点的基础上，建构主义更突出了观念的建构作用：第一，在行为体身份已经确定的情况下，观念引导行为体选择何种政策，采取何种行动。观念与物质性因素并列作为行为的原因；第二，观念可以建构行为体的身份，从而确定行为体的利益。因而，观念就不仅仅是因果关系中的原因因素，而且是建构关系中的建构因素。⑤

---

① 〔美〕汉斯·J.摩根索：《国家间的政治》，杨歧鸣等译，商务印书馆，1993，第17页。

② 参见马风书《中美俄三角关系：一种超越建构主义的文化分析》，《当代世界社会主义问题》2006年第10期。

③ 袁正清：《建构主义与外交政策分析》，《世界经济与政治》2004年第9期。

④ 马风书：《中美俄三角关系：一种超越建构主义的文化分析》，《当代世界社会主义问题》2006年第10期。

⑤ 参见秦亚青《建构主义：思想渊源、理论流派与学术理念》，《国际政治研究》2006年第3期。

　　建构主义把国际体系看作是观念分配，观念分配源自观念的互动。某种观念所营造的舆论氛围会对行为体的行为产生影响。例如，美国在世界上公开宣称伊拉克是"邪恶轴心"国家，这种观念的传播和扩散，导致了美国与伊拉克之间的敌意，最终造成地区关系紧张，引发了伊拉克战争。

　　按照建构主义的观点，既然观念影响国际体系中行为体的行为，那么一个国家在制定对外政策时，既要确定自己的想法，也要考虑别人对自己的看法，如果能得到大多数国家的认同，那么采取行动就会得到拥护，反之则会受到反对和谴责。美国对伊战争在世界范围内，特别是在伊斯兰世界所燃起的怒火，印证了建构主义所强调的观念建构。事实证明，美国的所作所为如果得不到伊拉克民众和伊斯兰国家的认同，人们会普遍认为美国是侵略者而不是解放者，美国就不得人心，付出的代价就会很大。[①]

三　德国的建构主义研究

　　建构主义可以追根溯源到涂尔干和韦伯，1989 年由美国学者奥努夫（Nicholas Onuf）提出。祖籍德国的美国学者温特于 1999 年出版的《国际政治的社会理论》一书被认为是建构主义创立的标志性著作。他在书中提到，共同观念构建了行为体的身份和利益，而这种观念不是天生固有的；是共同观念而不是物质力量决定着人类的相互关系。前一条原则表现的是"整体主义"，而后一条原则表现的是"理念主义"。他认为，物质性原因是由观念建构的，研究观念需要弄清楚两个问题：观念在多大程度上建构物质性原因，如何充分理解观念的作用。这体现了"理念主义"的原则和"整体主义"的研究方法。[②] 建构主义所指的观念是共有观念，也就是文化。当一种观念成为共有观念的时候，它的力量就是巨大的。[③] 温特首先采用了韦伯的国家观，即国家是组织行为体，国家的特征在很大程度上是由国家和社会之间的关系建构而成的，可以把身份、利益、意图等人的特性适当地加在国家身上。"国家利益"是国家的内在动机。利益与身份有

---

①　李少军：《国际关系理论与现实》，《世界经济与政治》2004 年第 2 期，第 2 页。

②　〔美〕亚历山大·温特：《国际政治的社会理论》，秦亚青译，上海人民出版社，2000，第 1 页。

③　秦亚青：《建构主义：思想渊源、理论流派与学术理念》，《国际政治研究》2006 年第 3 期。

关，每一种身份都有与之相关的需求和客观利益。行为体对这些需求和利益的认识又构建了驱动行为的主观利益。国家对这些需求的理解往往是偏向自我利益的，这就使国家具有竞争性的、"现实主义"的政治特征，但不能就此认为国家的天性是自私的。①

（一）德国的建构主义渊源

虽然把建构主义思想科学化的是美国，但是建构主义的根基其实在欧洲。"国际政治理论的'社会学转向'概念主要是针对美国的国际关系理论语境来说的，因为以往美国国际关系理论的最主要特色在于它的物质本体论和科学方法论。而在欧洲，国际关系学中的社会学思想和方法有很深的传统，并且构成了欧洲国际关系理论与美国国际关系理论的一个重要区别。"②可以说，欧洲学派是建构主义的一支核心力量，尤其不能忽视的是受哈贝马斯沟通理性思想影响的德国学派，其代表人物主要有克拉托齐维尔（Friedrich Kratochwil）和里斯（Thomas Risse）等。③鉴于国际关系两大主流理论——新现实主义和新自由主义在解释统一后的德国外交走向问题上缺乏全面的说服力，从20世纪90年代初期开始，建构主义逐渐崛起，并对德国外交理论界产生了重要影响。

（二）德国建构主义研究与对外政策

德国建构主义研究的一个重要领域就是统一后的德国外交政策的走向。在分析统一后的德国外交走向时主要有三种不同的建构主义流派："政治文化"派主要从德国反战的独特政治文化角度出发进行分析；"后结构主义"派认为统一后的德国外交是民族认同感形成的过程；"角色分析"派则从对国家角色期待的角度出发来分析，其代表就是由特里尔大学政治系毛尔教授及其领导的课题小组开展的有关"文明力量"的研究。④

身份包含两层含义，一是行为体自我或自身持有的，另一是他者持有的或是外者的。这就是说，身份是由内在和外在结构性建构而成的。建构主义理论的核心是身份理论，也就是一个国家诸如价值观、信仰等

---

① 〔美〕亚历山大·温特：《国际政治的社会理论》，第247~312页。
② 袁正清：《国际政治理论的社会学转向：建构主义研究》，上海人民出版社，2005，第2页。
③ 殷桐生主编《德国外交通论》，第144页。
④ 殷桐生主编《德国外交通论》，第144页。

的身份认同会影响其外交路线。根据建构主义的观念决定身份、身份决定利益的原则，国家的身份决定国家利益的形成，从而导致不同的外交实践。国家的身份是一个相对稳定的因素，但不是静止不变的常量。身份政治的研究议程要求我们首先观察国家身份和身份定位的变化，然后观察国家因此而产生的利益和基于这种利益的行为。[①] 建构主义认为国际体系的结构由共享的规范、主体间的观念和角色身份构成，不同的文化赋予行为体不同的角色。国家的角色和身份是在互动的实践过程中，由社会结构建构形成的，行动者和结构是相互建构的。社会规范不只是规定和限制了行动者的行为，而且还建构了行动者的身份，使行为合法化，并定义了行为体的利益，由此决定了行动者的行为。温特为身份赋予有意图行为体的属性，它可以产生动机和行为特征。[②] 国家是可以具有身份和利益的实体。

建构主义对德国统一后的外交政策是这样描述的。建构主义认为，德国的统一是冷战结束的标志性事件之一。冷战结束，苏联东欧集团消亡，冷战的源头已不复存在。德国统一后的力量更加增强，德国有机会再次成为欧洲的大国，其外交政策必然发生变化。德国将采取更加咄咄逼人的外交政策，寻求与其经济实力相称的军事力量和国际政治地位，然而这一情况并未出现。德国的对外行为保持了其政策的连续性，更加注重发展与法国的关系，进一步加强德法轴心，深化和扩大欧洲一体化，建设欧洲货币联盟和共同的外交与安全政策，维持跨大西洋伙伴关系，改善和发展与美国的关系，这和理性主义理论的预测背道而驰。追寻其深层原因，就要求我们将思路扩展到建构主义，注重观念、身份、认同、文化、价值等社会因素在国际关系中的地位和作用。

按照建构主义的理论逻辑，中德关系是由双方身份认同和国家利益在互动实践中建构的。中德两国在国际体系层面的观念和行为既不完全一致，也不完全矛盾，既有分歧又有交叉，既竞争又合作，彼此理解在某些方面的大国诉求，尊重对方的核心利益；双方都认为，彼此在世界多极化趋势、通过合作和平解决国际危机和冲突、维护世界繁荣与发展等方面存在着广泛的共识。但同时，两国对彼此在国际新秩序中的身份、权力和利

---

① 秦亚青：《国家身份、战略文化和安全利益》，《当代世界经济与政治》2003 年第 1 期。

② 尹占文：《冷战后中国国际形象研究——一种建构主义的视角》，电子科技大学硕士论文，2008 年 4 月。

益等问题上观点有悖，对某些重大国际问题的是非判断相异。① 中德两国之间在身份认同上的差异导致两国外交行为的不同。如何使双方理解这种差异十分重要，本研究尝试把身份认同理论转移到中德关系研究中，并拟对中德的文化的异同进行剖析，以此也梳理一下西方国际关系理论德国主要流派中关于价值观念的论述和历史沿革。一国外交的价值观念取决于该国的传统文化，更取决于该国所奉行的外交指导理论。建构主义德国流派中的身份认同理论和文明力量理论，是德国外交思想的重要理论来源之一。

四　对建构主义的评价

从产生的时间上看，建构主义学派兴起于 20 世纪 90 年代，也即世界格局发生剧变的时期。理论的形成离不开现实的土壤，因而，相比于 20 世纪 20 年代的理想主义、其后 50 年占主导地位的现实主义及 80 年代的新自由主义，建构主义学派对于现实问题提供了具有充分说服力的解释途径。理想主义的根源是欧洲文明史的三大支柱——自然法思想、启蒙哲学和自由主义政治经济学，它不关心自身利益，认为理性是人类道德行动的指南，仅以道德作为塑造世界的基石，目的是实现一个更美好的世界。第一次世界大战结束后，国际联盟成立，拟将理想主义的目标变成现实。然而列强争夺权势的现实格局令这种尝试遭遇了失败。此后兴起的现实主义学派以托马斯·霍布斯的国家哲学为基础，认为国家要追求更现实的目标，国际政治和所有其他政治一样旨在争夺权力，国家之间对权力的角逐决定了国家利益。在现实主义者看来，权力和利益是解释国际关系的途径。在随后的几十年里，在战争和冷战期间，现实主义学派赢得了国际关系理论中的主导性地位。随着时间的推移和世界形势的变化，基于现实主义而形成的新现实主义理论，扩展了现实主义理论中的矛盾，认为经济资源的分配也是国际关系中的研究议题，在国际体系中，国家自身地位的改善不可避免地会使其他国家受到损害，国际经济关系因此是一种零和博弈。而新自由制度主义有选择地继承了理

---

① 马风书：《中美俄三角关系：一种超越建构主义的文化分析》，《当代世界社会主义问题》2006 年第 10 期。

想主义对规范的强调，看重国际制度的作用，希望通过国际规范和国际机制来推动国与国之间的合作。不难发现，这些理论学派之间尽管有对立的一面，但并不能抹杀它们以个体主义作为出发点、关注物质性要素对国际关系影响力的共性。20世纪末兴起的建构主义流派，采取了整体主义的视角，从强调观念的作用着手，为解释国际关系提供了新的可能。经过20世纪两次世界大战和冷战的洗礼，人类对于观念、宣传、意识形态、价值观的认识也越来越深入，将观念因素纳入国际关系理论中，吻合了这一发展趋势。在信息技术日益更新、社会日益多元化的世界里，原有的国家国际关系理论在涉及宗教、信仰、价值观等问题时明显力有不逮，为建构主义的兴起提供了机会。

（一）建构主义的内核

建构主义学派尽管是在针对主流理论范式——现实主义和自由主义——的论战中兴起和发展的，但它与现实主义、自由主义并不是互相排斥的关系。建构主义和新现实主义之间既有竞争，又互为补充。复杂的国际政治仅用物质主义来解释是不够的，还需要从理念主义方法视角来分析其形态。[1] 新现实主义的核心观念之一是权力，然而权力并不仅仅具有物质属性，而是由物质和观念共同构成的一种特定的社会关系。其中观念具有主体属性，观念的反映才能使物质在权力构成中具有意义。因此，在权力概念中，应当蕴含着"价值"和"力量"这两个核心变量。[2]

建构主义和新自由制度主义之间相互包含，新自由制度主义是非常简约的理论，建构主义中的共有文化在新自由制度主义中有具体的表达和固化——制度和机制。而制度和机制又源自国际行为体之间的互动，这种互动实质上也是一种建构过程。因此，这两大理论范式之间存在着广阔的合作空间。

在建构主义和理想主义之间有重叠的部分，但并不完全一样，温特提出康德文化与理想主义的吻合度很高，但其他两种文化与理想主义相去甚

---

① 参见张建新《关于建构主义与其他国际关系理论的关系问题》，《世界经济与政治》2004年第7期。

② 参见张建新《关于建构主义与其他国际关系理论的关系问题》，《世界经济与政治》2004年第7期。

远，国际社会的文化可能会进化到康德文化，也可能退化到霍布斯体系。由此可见，在价值层面上建构主义具有理想主义成分；在方法论和认识论上，二者之间存在着明显的差别。①

正是因为建构主义与新现实主义、新自由制度主义和理想主义之间存在种种联系和差异，用建构主义分析国际关系便具有其他理论范式分析国际关系所不具有的独特之处。

建构主义承认物质结构，但更强调观念结构，认为国家利益的确定要受到国际规范的制约，遵守国际规范本身就是实现自我利益的需求，这样将国家利益和国际规范结合起来，推动了国际关系伦理化、文明化的进程。目前国际社会的大部分规范都是由西方发达国家所制定和主导，并在世界范围内推行和普及的。从建构主义的视角来看，国际规范由国家间互动造就。那么，在西方发达国家主导规范制定的过程中，发展中国家就面临是否接受、如何接受国际规范的问题。如果不加互动的完全接受，很可能损害发展中国家的利益；如果以拒绝的态度回应，在国际相互依赖日渐加深的今天则是不切实际的做法；出于对国际规范和国家利益的考虑，发展中国家需要结合自己的国情，选择适合自己的规范来确定自己的国家利益，并且要积极参与到国际事务中，通过实践活动参与新国际规范的建构过程，从而更好地维护国家利益。②

（二）身份建构主义的理论

温特的建构主义理论是体系理论，而江忆恩、勒格罗等学者的理论则在建构主义范畴内建立了关于国家身份形成的建构主义理论。两者之间既有共同点也有不同之处。中国作为拥有悠久历史的文化古国，数千年来主导社会秩序的不是制度，也不是民族国家，而是文化，民族是作为一个文明共同体传承而来。从这一点上说，中国人看待社会与看待世界的观念，与建构主义中的文化共同体有着异曲同工之妙。

用建构主义和身份认同理论来分析中德关系中的观念因素，并不是对国家利益的物质属性予以否定，而是提供一种观念因素的补充，从更完整的层面上来探讨中德关系发展的趋势与可能性。

---

① 参见张建新《关于建构主义与其他国际关系理论的关系问题》，《世界经济与政治》2004年第 7 期。
② 参见方长平《建构主义：创新、意义及问题》，《世界经济与政治》2004 年第 7 期。

在中德关系中，起决定性作用的始终是双边经济的互补性和贸易空间。在德国迈向世界政治大国，中国也在走和平崛起的发展道路的过程中，两个国家都有可能变成国际社会中富有影响力的实力大国。大国之间的共有文化影响着国际格局和国际社会文化的基调。因此，观念互动和共有文化的建构十分重要。在这个过程中，中国和德国对彼此身份的认知和各自的自我认知是观念互动的基础。这是新现实主义和新自由制度主义的理论范式无法充分解释的地方。

第二节　国家身份认同理论——国家身份和国家利益

一　国家身份认同理论

冷战后随着意识形态的淡化，如何建构国家身份再次成为一个重要的国际问题。20世纪80年代，学者们就开始对这个问题进行思索。国际关系的认同理论整合了国际关系理论中的新现实主义与新自由主义，利用了哲学、社会学相关理论和方法。认同理论在承认国际社会物质结构的前提下，重点强调影响和决定国家行为的是由文化传统、价值观念及其行为规范构成的社会结构，并着重研究行为主体与社会结构之间的互动关系。认同理论是建构主义的核心内容，其核心概念有文化、认同、规范和学习等。[①]

其中最著名的是社会建构论，以美国学者温特为代表。温特认为国际政治中主要行为者之间的关系（友好或是敌对），取决于这些行为者在环境影响下所建构出的特定集体身份。他指出：从建构主义角度来看，一个完全内化的文化的标志是行为体对这个文化的认同并把这个文化以及一般化的他者作为对自我认知的一部分。这种认同过程，这种作为一个群体或"我群"的一部分的意识，就是社会身份或集体身份，它使行为体具有护持自身文化的利益。集体利益意味着行为体把群体的幸福本身作为目的，这样就帮助行为体克服困惑利己主义者的集体行动的

---

① 潘兴明：《英国国家身份认同：理论、实践与历史考察》，载陈晓律主编《英国研究》第1辑。

难题。因此，国家认同是不同群体通过主观感受来区分我群与他群的差异，再经过彼此互动过程而加以强化的确认。

在这个意义上，身份认同主要是一种基于主观的自我认同的产物。温特认为现实主义与自由主义之间的争论仍然是国际关系理论争论的一个轴心。从这一理论假设出发，认同理论进一步构建了文化、规范、利益、认同与国家行为之间的模式：第一，国家环境的文化和制度因素，也即我们所说的"规范"因素，塑造出国家安全的利益，或者直接产生国家的安全政策；第二，国家在全球或国内环境中的文化和制度因素塑造国家的认同感；第三，国家认同感的各种变化影响着国家安全的利益或安全政策；第四，国家认同感的形态（表现形式），影响着利益的规范化的构造，如机制或安全共同体。像新现实主义与新自由主义一样，国家利益的实现同样是认同理论的出发点与落脚点。但对国家利益的理解，认同理论并非像新现实主义与新自由主义一样，把国家利益看作是"同质的东西"——国家无论大小、强弱，国家利益是既定不变的，不需要具体考虑国家利益的形成与变化。

相反，认同理论主张，国家利益是不同国家根据自身需要具体确定的。国家利益的形成受国际体系中认同与规范的影响。国家只有在国际体系中确定了自我身份或自我认同以后，才能相对地确定其利益的范围、程度的数量。并且，国家利益处于不断变化的过程中，它是通过与国际社会相互作用而建构的，与国际体系形成互动的关系。在内容上，在该理论"认同－利益－国家行为"的核心解释模型中，认同是形成的而不是既定的。认同是通过国内与国际两方面的因素相互作用的过程而得来的，所以，当认同赖以存在的基础变化之后，认同也将随之改变。然而，在认同与利益这一因果关系链条中，该理论又强调身份是利益的基础。这就是说，在逻辑上，认同是先于利益的，是独立于利益的，认同的变化是利益变化的必要的前提条件，认同又被作为一个独立变量。[①]

（一）文化与身份

在现代国际体系中，民族国家是最基本的社会分类和人们认同的归

---

① 乔卫兵：《认同理论与国家行为》，《欧洲》2001 年第 3 期。

属对象。民族国家通过共同文化、语言、象征符号、公民身份制度等来界定其人民的成员身份，并从对内对外两个方面建构民族认同。但是，身份认同也可以通过对"他者"的构建而得以明确。成员的相同之处虽然必要但不足以形成一个共享的身份认同。换句话说，身份认同在定义"我们是谁"的同时，也界定了"我们不是谁"。一个民族只有在一个人群意识到他们自己是一个民族时才真正存在。首先，种族起源往往是身份认同，尤其是民族身份认同的重要成分。文化，也即生活方式同样是身份认同的重要构成。尽管文化有多种表现形式，但我们普遍认为一个特定群体往往共享一种区别于其他群体的独特生活方式。领土附属感也是身份认同，尤其是民族/国家身份认同的重要标志。此外，其他因素，如宗教、意识形态、人口结构等都可能在不同时期和不同环境下成为某一民族/国家身份认同的标志。文化具有共同的意识而不仅仅是某个个体的意识，其中，信仰、价值观和习惯是被大多数而非全体成员共享的政治或组织单位。所以，文化是普遍的信仰体系，而不是基于个体心理的可化约的个体的观念。

文化具有相对稳定性，尤其是与物质条件相比。文化有助于界定共同体的基本目标。一方面，一种群体文化可能是其社会认同的定位，并逐渐形成其利益。许多利益取决于自我认同与另一群体可能形成的认同关系的特定结构。另一方面，一种蕴藏于文化内部的价值观可能成为群体行为的预设目标。总的看来，文化对一直进行的大多数政策的制定具有重要的作用。文化影响着外部环境的观念。它制约着一系列通过影响人们注意力而引起关注的问题。

（二）自我与他人

德国建构主义学者托马斯·里斯－卡彭（Thomas Risse – Kappen）提出，自由民主国家实现稳定和平的原因在于它们形成了安全共同体，集体认同的形成则是其主要特征之一。但是他认为集体认同主要表现为"自我/他人"或者"自我群体/他人群体"的差别。民主安全共同体在"自我群体/他人群体"的差别方面通常表现得相当突出。它按照"自我/他人"的分界线进行着相当强烈的界限建构。

通常我们理解一个共享的身份是建立在成员共同拥有的基本"内部"因素，或者标志着某一具体人群的共同特点的基础上的。欧盟通过一系列制度安排和共有的国际文化理念，把原本四分五裂的民族国家凝聚在一个欧洲大家庭之中。建立在尊重多样性基础上的同一性是欧洲认同发展的重要特征。首先，欧盟在尊重成员国民族认同的基础上，通过发展成员国的共性来塑造成员国共有的欧盟成员身份。例如，欧盟曾经把欧洲人共有的"历史文化遗产"作为加强认同的重要方向，并且发明了很多共同的象征符号（如欧共体的旗帜、歌曲、邮票、节日甚至货币如欧元等），制度和公民等内容在欧洲认同中的意义为许多学者和政治家所看重。在许多欧洲人看来，他们共有的民主制度、生活方式、福利经济、价值观念（如人权、法治等）才是建构欧洲认同的社会基础。其次，欧洲国家及其公民认为欧洲认同对于他们来说是一种具有积极意义的成员身份，这种观念在欧盟内部正在不断内化。它不仅在于欧盟成员国和公民可以通过这种成员身份获益（例如，获得经济发展、政治稳定和权利保障等），而且还在于欧盟倡导的自由、民主、人权、法治、尊重差异和多元包容等价值观得到了欧盟成员国及其公民的认同。

（三）文明与集体身份

塞缪尔·P. 亨廷顿提出文明将成为冷战后国家界定集体认同的主要标准，包括文明认同和自由民主认同。首先，在亨廷顿的"文明冲突论"中提出的文明认同是冷战后较有争议的一种国际集体认同模式。亨廷顿的目的其实在于加强冷战后西方国家以美国为中心的团结，这只不过是通过树立一些想象中（但并非虚幻）的"文明他者"来进行的。其次，关于冷战后西方国家提出的"民主国家共同体"和"自由民主认同"。民主国家共同体用"制度"分类代替了亨廷顿所说的文明，其成员身份表现为西方定义的自由民主国家。在长期的国际关系话语体系中，"民主国家"是一种积极意义上的社会认同。许多西方学者把自由民主身份作为冷战后国家相互认同的依据。更值得关注的是，建构主义学者在西方国际关系理论中提出了一整套的认同理论，他们认为国家之间可以像国内社会那样建构一种朋友式的集体认同，并以此作为"安全共同体"形成的基础，认同理论已经在北约和欧盟中得到了充分体现。近年来，国际集体认同的形成问题引起了国内外学者的极大关注。[①]

---

① 张淑华、李海莹、刘芳：《身份认同研究综述》，《心理研究》2012 年第 1 期。

伴随中国在世界上的崛起，社会的迅速变化，中国身份认同也成了重要话题。例如对于中国社会身份认同的调查，了解各种认同的形成规律，可以使我们预见这些认同在特定环境下将如何反应和变化，这在理论探索和社会实践上都有重要意义。一种身份认同往往是长期进化的结果。比如中国当前的国家认同，是古老的民族起源、特定的历史和现代化发展等因素共同作用的结果。在这一互动的过程中，一些标志在不同时期有不同的作用。同时，将身份认同这一起源于西方的理论应用于中国环境中，一方面有利于中西方的文化沟通，使我们能以大家更为普遍接受的方式表达自己，另一方面也可通过在中国特定文化环境中使用这些理论，来验证、推广、挑战和修正已有的西方理论框架，使这一西方理论更具有普遍意义。尽管西方的身份认同理论已得到深入的发展，但要将这一需要实证方法支持的理论框架在中国文化环境中拓展，显然我们在各方面都具有明显的优势。同时应引起重视的是，由于身份认同理论植根于欧美文化，在理论应用于实践的过程中，可能会遇到各种问题。但这些问题的出现正是实践的意义所在。通过解决这些问题，理论基础可以得到进一步修正和完善。①

关于身份和利益的关系：身份决定利益，利益代表身份。身份指的是行为体是谁，而利益指的是行为体的需求。温特把乔治和基欧汉提出的三种国家利益发展成四种国家利益，即"生存、独立、经济财富和集体自尊"②。这些利益成了国家对外政策的客观限制因素，只有满足这些基本需求，国家才能存在和延续。温特认为，即便是这些社会利益也受到其他身份的影响，而这些身份在不同程度上是由国际体系建构的。对利益的认识基于对自我，尤其是对自我与他者关系的理解。③

（四）德国的身份理论研究

德国统一之后，出现了一个新的研究趋势，即建构主义，其出发点是社会身份建构国际政治，德国身份认同理论也随之发展起来，国家的外交政策成为其研究的重要内容。在20世纪90年代初登上历史舞台的德国身份认同理论，是以建构主义外交思想为基础的。该理论属于建构主义国际

---

① 张萌萌：《西方身份认同研究述评》，《云梦学刊》2011年第2期。
② 〔美〕亚历山大·温特：《国际政治的社会理论》，第292～302页。
③ 殷桐生主编《德国外交通论》，第347页。

关系理论范畴，重视国家身份对国家利益的决定作用。从这一理论视角出发考察国家认知的来源及其对行为的指导，为考察身份、国家利益和外交行为的互动关系提供了一种新的路径。同现实主义外交路线不同，建构主义的外交理论代表者认为，国家利益植根于社会的信念和价值观，也即国家身份认同，从这个意义上说，集体的身份认同在一定程度上会影响政治行为。

在 1974 年，于尔根·哈贝马斯（Jürgen Habermas）就使用了集体身份这个概念。他认为，一个集体或者社会的集体身份与个人身份相比更加包含"持续性"和"重新认知性"，"是一个社会超越几代人和超越时代的历史存在"。1999 年 10 月到 2002 年 5 月特里尔大学建立起来的欧洲外交政策的对比分析项目（PAFE）的目标是，阐明不同欧洲国家在欧洲和安全政策方面变换的外交行为，并分析能促进或者抑制形成共同欧洲外交政策的因素。特里尔身份研究方法认为，在欧盟共同外交政策形成过程中的主要难点在于分散的（对外政治意义重大的）国家身份。这些特定的国家身份是在其多样的对外政治行为中产生的，并且很大程度上也是各个国家外交政策的决定因素。① 这种国家的特殊身份在特里尔身份研究方法中被认为是相对（但不绝对）稳定的，并且被认为，随着欧洲国家共同的身份因素的增多，其共同对外政治行为出现的可能性也大大增加，在此过程中国家政府在欧洲的外交政治中扮演了重要角色。除此之外，国家的身份还由活跃与静止因素组成，即使国家的特殊身份以及这个共同社会的互相理解在一个行为框架下相对广泛，但是在这个行为框架下，每个联盟成员国的政府的行为都被认定是适度合理的。②

关于国家身份认同在外交决定中的建构作用，托马斯·里斯（Thomas Risse）提出：国家身份认同在一定程度上对外交是建构的，即当它操纵人们对外交问题的理解和定义基本国家利益的时候。③ 建构主义认为社会

① Kathrin Weick, Britische Identität und Außenpolitik Die identitäre Grundlage der Interventions-politik Blairs, http：//www. uni – heidelberg. de/fakultaeten/wiso/ipw/mitarbeiter/harnisch/le-hre/magister. html.

② Henning Boekle, Jörg Nadoll；Bernhard Stahl, Nationale Identität, Diskursanalyse und Außenpolitikforschung：Herausforderungen und Hypothesen. PAFE – Arbeitspapier Nr. 4, 2000a, S. 10.

③ Thomas Risse, Deutsche Identität und Außenpolitik, 2003, S. 3 – 4.

身份是社会构成的。但是社会身份有什么突出之处呢？根据托马斯·里斯的观点，社会身份的特征可以有以下区分：社会身份定义了社会团体中个体的成员资格；社会身份标记出我们与其他人的区别；多样与不同的个体身份将在各自特定的社会背景中运转。① 德国国家身份源自内部认知，在国际观念互动中形成身份认知，德国外交身份认同最典型的特点是欧洲导向、外交多元化、文明力量外交理论与实践。②

　　建构主义把规范和认同纳入到外交政策的分析框架中，不同的文化赋予国家不同的角色身份。国家的身份认同相对稳定，但并非一成不变。研究身份认同要求我们首先观察国家身份的变化，然后观察国家因此而产生的利益和基于这种利益的行为。③ 德国的身份认同理论的核心是：一个团体的身份认同表现在共同的文化、价值观信念和利益上，并且通过机构和象征被稳定下来。④文化、价值观、信念和利益属于一个民族的基本组成部分，这是长时间形成的，很少从根本上改变。尽管今天的一些生活形式改变和不稳定性在一定程度上导致了身份认同因素的一些变化，但是不会导致民族身份认同的大幅度变化。所以身份认同是和文化、价值、信念紧密相连的概念，在一定程度上被看作是一个稳定的现象。

　　国家利益主要指领土完整、独立自主，这个根本利益是不变的。国家利益发生变化，是指根据当时国际形势变化和需要，做出适当调整，这是可变的。在国际关系领域兴起建构主义的时候，才诞生了国家身份认同的理论。这种国家身份认同理论也植根于 20 世纪 90 年代德国统一后的新外交框架条件之中。在国际政治理论的社会学转向过程中，观念和文化被赋予了越来越多的关注。按照建构主义的解释，观念性的因素对国家利益的形成发挥了重要作用。在对国际关系行为主体进行分析的时候，身份认同理论遵循的一条原则是，身份发生变化，利益就会发生变化。而身份发生变化的原因，则是观念发生了变化。也就是说，国家利益是一个变量。观念变了，身份则变得不同，国家利益也就随之发生变化。对国家利益的不同界定又形成了不同的外交政策、外交实践。建构主义认为身份和利益是

---

① Thomas Risse, Deutsche Identität und Außenpolitik, 2003, S. 3 - 4.
② Thomas Risse, Deutsche Identität und Außenpolitik, 2003, S. 3 - 4.
③ 秦亚青：《国家身份、战略文化和安全利益》，《世界经济与政治》2003 年第 1 期。
④ Politik und Sprache, S. 443 Band.

实践后的产物，因此身份、利益均可以变化，行为也相应得到调整。无政府性是互动的结果，不同的互动方式造就不同的无政府文化，从而造就不同的身份和利益。文化变，则身份变；身份变，则利益变；利益变，则行为变。身份和利益虽然会发生变化，但也具有一定的稳定性，即在一个较短的时期内，身份和利益是相对不变的。

由此可见，一方面德国的身份认同以某种机制影响德国政府的外交决策，另一方面德国的基本价值观在外交政策中越来越重要。正是这些德国的基本价值观如民主、人权，是影响中德关系的因素，当前，国内已有一些学者正尝试从另外一个视角解释中德关系的一些摩擦，从意识形态和社会制度的角度来研究中德关系，已有大量成果，但是从价值观的角度来解析中德关系中矛盾和冲突的研究甚少。随着国际局势和国际力量对比的变化，中德关系中出现了新现象、新问题，例如德国总理默克尔的外交特点就是价值观外交，虽然中国政府多次向德国政府交涉并提出抗议，但她仍然"接见"达赖集团分裂势力的头目达赖，干涉中国内政等。

（五）国家身份认同理论的主要内容

身份认同指的是相对稳定，对特定角色的理解以及在集体意识中对自己角色的期望。对于一个国家的基本价值和身份的确定，也应该考虑历史的外交政策传统的因素。国家的身份被认为是一种相对稳定的社会结构，它有一个本国社会的自我认识（在与其他国家的关系和界限中）。特定身份的形成和可能性的改变都是一个社会互相作用和沟通的产物。[①] 国家的身份是一种特定的集体身份形式，它是以一个集体作为民族所共有的历史为基础来进行自我定义的。[②]

在欧洲外交政策的对比分析项目（PAFE）的方法里除了共同的历史，还有以下几种因素对于国家认同构建有重大意义：首先，对于一种文化和文明共有的归属感，对于一个地区和一个群体的归属感；其次，在对每个国家关于外交政治行为中共有的价值观与准则的期望值；再次，一种共同

---

① Preston, P. W. (1997); zitiert In: Boekle Henning, Nadoll, Jörg (2003); Zum Stand der Identitätsforschung, in: Joerißen, Britta; Stahl, Bernhard (Hrsg.), Europäische Außenpolitik und nationale Identität, Münster, S. 168.

② Henning Boekle, Jörg Nadoll, Zum Stand der Identitätsforschung, 2003, S. 160.

的政治组织形式（机构）；最后，特别要强调一个国家的特色和特点，这是帮助区分和划清本国与其他国家的手段。① 行为的合法性是通过与特定的国家身份的连接来体现的。就这一点应该指出的是，通常在建构主义的方式中，不是以身份和外交政策行为的直接因果联系为出发点，而是把身份的构建理解为动机，它在与其他行为方式的比较中占有优先权。国家身份虽然是一个国家外交政策行为的重要动因，但是它是"通过外交政策的行为再生的，也发生了变化，甚至是重建"②。而后，不可能再区分变量和自变量。国家外交政策行为的影响一直被认为是通过身份特征并依赖于当时的行为情况的特定因素而定的。③

身份认同理论认为，国家的外交行为在很大程度上是由每个国家撰写的社会建构的国家认同来定义的，欧洲外交政策的对比分析项目研究的出发点是，国家的外交政策行为主要是受到国家宪法社会构建的身份认同的影响。这就是为什么我们的研究被列在建构身份的研究之中。在所提出的方法基础上可以假设，中国和德国的国家身份以及其外交政策的行为模式在本质上是不同的。

二 国家利益

国家利益是为满足国家生存和发展所需要的精神和物质要素，利益受到一些物质和观念因素的限定。物质性因素如国家实力、地缘政治因素、国际格局等是决定利益的最根本因素，但是观念对利益的认知同样有着重要的影响。

对于国家利益的界定可以从以下三个层面进行。

一是，国内体系层面。

国家与国内政治、经济、文化、社会及各种社会团体等因素的相互作

---

① Jörg Nadoll, 2003, S. 172.

② Jörg Nadoll, Forschungsdesign – Nationale Identität und Diskursanalyse. Das Verständnis von Identität in Britta Joerißen, Bernhard Stahl, Hrsg, Europäische Außenpolitik und nationale Identität, Münster, 2003, S. 170.

③ Kathrin Weick, Britische Identität und Außenpolitik Die identitäre Grundlage der Interventionspolitik Blairs, http://www.uni–heidelberg.de/fakultaeten/wiso/ipw/mitarbeiter/harnisch/lehre/magister.html.

用也会产生形成国家利益的观念。

二是，国际体系层面。

国家与国家之间，国家与国际文化结构、国际体系、国际规范这类国际层面的社会性因素相互作用，产生了形成国家利益的观念。

三是，国际互动层面。

即在国家行为体之间的互动，由共有观念造就了互动国家之间的文化，界定了两国相对的身份，因此也确定了两国之间的相对利益。

由此看来，国家利益可能会随着国际格局的变化而变化，或者随着国家国内政治经济的变化而变化，或者随着国家间互动的共有观念变化而变化。在现实中，一个国家外交政策的决策者在确定和衡量利益时，都不会只接受一种国际政治理论的指导，现实的复杂和利益问题的综合性要求全面考虑观念性与物质性的、全球性与地区性的、根本性与暂时性的各种因素，必定是博采众长，甚至是抛开理论而从经验、历史、民意及民族等因素出发审视利益。不管采用哪种指导理论，最终，决策主体认识的主观利益是否符合国家的客观利益，国家的外交行为是否服务于国家利益，是判断一国外交政策成败的客观依据。[①] 从这三个层面来分析德国统一之后的国家利益，就会发现，德国的国家利益以及要追求的外交目标，相对于统一之前必然有所不同。

冷战的结束以及东西方阵营对立的消除，从国际体系层面上改变了德国的国家利益，德国自身统一的完成，也形成了新的国家利益的观念，而在和超级大国，抑或和发展中国家的交往中，德国的国际身份有了相对稳定的界定。以中德关系为例，在"具有全球责任的伙伴关系"的框架之下，双方将继续深化关系，扩大合作，致力于建立一个公正合理的国际新秩序。德国推行西方价值观，本质上符合德国的国家利益，价值观和利益的冲突，可以看作是非物质性利益和经济利益的冲突。对于非物质性利益的追求和看重，体现出德国外交的建构主义色彩。然而，任何外交政策的推行都植根于现实主义物质利益的基础之上，离开了经济发展和国家实力，非物质利益的追求便失去了任何保障。德国的身份认同和价值观认同十分稳固，也会导致中德关系在人权、民主等问题上的冲突，但是德国在面临国家利益和价值观的两难处境时，往往更注重国家利益，即国家的物

① 殷桐生主编《德国外交通论》，第 350~351 页。

质利益。

默克尔在出任德国总理后，其对华政策中出现了不友好的，有时甚至是挑衅性的言论，这使许多对中德关系满怀信心的中国民众颇感诧异。许多报刊评论家认为，德国对华政策在新的大联合政府下发生了以价值观引领外交政策的转向，而最典型的例证莫过于默克尔总理置中国政府严正抗议于不顾，执意在柏林总理府接待达赖喇嘛，企图为达赖集团分裂势力撑腰。由此，人们不禁要问，德国的对华政策是否从全球责任的伙伴政策转向了对华恶意的压制政策呢？默克尔的对华政策虽然策略上有调整，但本质上并没有改变。纵观德国战后外交政策史，利益外交和价值观外交贯穿始终。所以，"价值观取向"并非默克尔政府的新创。在这个意义上说，默克尔对华政策与德国前任政府并无大的差别。唯一有所不同的是，默克尔政府更加强调在对华政策中运用西方的价值原则，冀以西化中国和中国人民。本书认为其价值论调的提升一方面是由于默克尔对中国的迅速变化不了解，另一方面可归咎于默克尔的捞取政治资本和争取更多国际国内支持的意图，以达到赢得第 18 届联邦大选的胜利，成为连任三届的联邦女总理。

三　观念 – 身份 – 利益

根据建构主义的看法，身份只是建构主义的一个概念，是在社会承认基础上的一种自我认定，是对内和对外共同建构的结果，也可以说是一种社会标志，什么样的身份认同就需要什么样的利益。国家亦然，国家的利益和行为取决于身份主体的认同和行为。参与者的利益与身份认同是一种内生的发展过程，对这个过程起到决定性影响的是，参与者的自身反应和以基本标准与思想为基础且需要不断做出新的解释。

建构主义从本体论的角度来对国家行为进行分析，对国家身份进行界定，这不但具有一定的理论意义，而且还有一定的现实意义。在这个项目里面，笔者尝试研究德国和中国的国家身份，并比较这两个国家的不同行为，这些被限制在各自外交政策的比较和国家身份认同的研究内。在解读中德关系时，两国虽然没有历史积怨，但冷战时期也未建立正常的国与国之间的外交关系，两国关系时冷时热，受制于东西方冷战态势。双方受到各自的体系观念、文化结构、意识形态、价值观念等因素的影响和制约，在界定彼此身份的过程中，难以积累足够的正面认同。西方国家包括德国认为，所谓西方世界赢得冷战的事实表明，以其为代表的西方自由民主制度和市场经济体系是世界上先进的制度体系和文化，应该推广到世界各地，使其成为国际社会新的道德、法律基础和普遍遵行的准则。他们妄称，中国正是需要改造而又有潜力且试图挑战其领导地位的"异质文化"国家。观念、认同、身份决定一个国家的身份与利益，影响一个国家的行为和战略思维方式。

温特把身份限定为有意图行为体的属性，依赖于自我与他者的关系。它可以产生动机和行为特征。[1] 国家身份具有自我认同和外部认同两个层面，外部认同是在国际互动实践中建构起来的，属于国际体系层面，此时，国家的身份大体上分为三种：朋友、对手和敌人。身份的不同决定国家利益的不同，而不同的利益将规约国家行为。国家身份的内部认同来源于国家内部的建构，即共同的文化和国内的经济与政治体系。[2] 前者是开放性的，是与国际体系互动的；后者是封闭性的，是与国际相隔离的。根据建构主义的观点，一个国家不能自我孤立，而应融入国际体系，与国际体系互动。这样，既可以维护本国利益，也可参与维护国际体系稳定的行为。

具体到德国而言，随着柏林墙的倒塌和德国重新统一，随着欧洲一体化的进程不断推进，德国在国际社会上的身份定位必然发生变化，在外交上会更加强烈追求更多的利益，德国外交伴随着新的国家身份厘清了新的国家利益。德国学者以毛尔教授为代表，对德国战后身份的转变进行了定性研究，通过对政治文本的话语分析，提出了关于文明力量理论的14条论点，成为文明力量理论的开端。对一国外交战略进行定性研究，通过身份变化的认定来确立角色期待的转变，从而导致国家利益的转变，外交政策也做出相应的调整，这种方法对我国外交理论的发展有借鉴意义。

德国特里尔大学一个研究小组用身份认同理论对欧盟共同外交安全政策进行分析，因为欧盟经济一体化很快，但是欧盟在世界上"对外用一个声音"说话，实行共同外交政策却总是困难重重。这是因为各个欧

---

① 〔美〕亚历山大·温特：《国际政治的社会理论》，第282页。
② 参见袁正清《建构主义与外交政策分析》，《世界经济与政治》2004年第9期。

洲国家的身份认同不同。基于不同的民族历史和文化传统、一体化进程中的不同经历和认知，欧盟各成员国对于欧洲认同和本民族认同关系的问题存在不同的看法。尽管欧洲国家还有共同的宗教和文化等，可是身份认同存在差异，这导致各国外交行为不同。更不用说中德文化区别那么大，身份认同的巨大差异导致两国外交行为的不同就不难理解了。而如何使双方理解存在的这种差异就很重要，本研究把身份认同理论转移到中德关系研究中。该研究项目的目标是，在迄今国内外研究成果基础上，结合我国具体国情，通过研究德国和中国国家身份认同的异同，尽可能全面深入地研究和探讨中德关系的现状和发展以及出现的矛盾冲突，尝试从中找出中德关系发展的内在规律、分析中德关系起伏不定的原因、探索中德关系未来走向。

建构主义认为，国家身份的变化影响外交行为的变化，从而影响国际关系。国家身份定位国家利益，国家利益决定外交行为。中德两国相隔千山万水，相互没有根本的利害冲突，两国没有领土或边界纠纷，没有民族矛盾，有的只是双方经济利益的一致和矛盾；从外交上看，两国都反对霸权主义，主张国际格局多极化，主张用和平手段解决国际上的冲突，比如在对待利比亚战争问题上，德国不像法国，没有派兵，也没有采取其他支持入侵利比亚的行动。当前在处理一些国际问题的时候，通常是联合国五个常任理事国加上德国，先进行商讨之后，再将问题拿到联合国安理会上讨论。在处理国际冲突问题上，应该说，中德两国的一致多于双方之间的矛盾，所以中德关系不会出现大的起伏，但两国关系也不会很热。

纵观历史，不难发现，德国外交政策越来越明显地受到建构主义的影响，尤其是受文明力量理论的影响，观念、文化等非物质性因素所起的作用越来越大。在施罗德担任联邦总理时期，似乎是经济利益在与价值观的博弈中占了上风，但实际上，德国外交政策始终没有放弃其传递价值观的使命。而这一使命，在默克尔政府时期变得更加旗帜鲜明。例如，她毫不掩饰地推行西方的民主和人权价值观，给中德关系造成了某些曲折，给中德两国的经济利益带来了损害。而"民主、人权"正是西方文明力量理论的核心价值观。默克尔政府后来的表现，可以说，再次体现了外交政策在国家利益和价值观之间的进退。这里要论述的主要观点是：文明力量理论并不意味着追求绝对的价值观，无视经济利益，而是寻求二者之间的平衡，实际上给德国外交涂抹了现实主义和实用主义的色彩。然而，从建构主义的视角来看，国家利益由身份来决定，而国家身份由观念来决定。

德国对自己国家身份定义的重要一点是作为"文明力量"角色。英文是 civilian power，主要强调使用非军事手段来解决国际关系中的冲突和矛盾，很多文献中也译为"非军事力量"。经过文献梳理，这一概念还涵盖了其他内容，因此，本文统一采用"文明力量"的说法。这一概念的产生，要归因于霍尔斯蒂运用社会学的角色理论来分析对外政策的方法。作为一种角色模式，"文明力量"所指的国家或者国际社会中的非国家行为体具有如下几个特征。

第一，建构国际关系的意愿。从"文明力量"概念的意义上讲，这里指的是推动国际关系文明化过程中，主动采取多边主义行动的决心和能力。

第二，力量单极化，即向集体安全机制或者集体安全体制让渡国家主权的意愿。

第三，规范相对于"国家利益"的独立性，即规范的贯彻执行与否并不取决于"国家利益"，作为一个文明力量，即使有违短期的"物质利益或者政治利益"，也应当愿意去争取实现国际秩序的文明化。①

用"文明力量"理论来分析外交政策的学者们，将国家看作是国际体系中扮演某种角色的行为主体，随着国际环境的变化，国家对自身角色的认知、国际体系对国家角色的期待、国家角色的扮演以及自身角色转变中的冲突，都不断在互动中进行着演变，最终呈现出来的状态便是各种因素综合作用的结果。② 那么，国家的对外政策也是现实中的各个要素相互作用的结果，是互相建构的社会产物，从体系理论上说，属于建构主义的范畴。

文明力量的角色模式是追寻国际政治与国际关系文明化的模式。文明力量指的是以实现政治文明化为己任，并实践相应行为的行为主体。这里的"力量"概念，首先，表明有一个行为主体，可以是国家，如德

---

① 于芳：《外交政策分析中作为理想类型的 Zivilmacht》，载殷桐生主编《德意志文化研究》第 5 辑，外语教学与研究出版社，2009。
② 于芳：《外交政策分析中作为理想类型的 Zivilmacht》，载殷桐生主编《德意志文化研究》第 5 辑。

国或日本，也可以是非国家，如欧盟；其次，该主体必须有意愿在必要时克服各种阻力来实现自己的目标；最后，采取特定的实现目标的形式，也就是说，采取某些特定的对外策略和手段。[1] 在这派学者的研究中，德国是最为接近文明力量理想类型的行为体。它的国际角色定位是一种稳定的角色定位，这种角色定位的特点是：坚持多边主义、欧盟一体化与合作；将增加国家福祉放在政策目标首位；在国际关系中追求本国利益时，优先采用非军事手段。[2] 同时，欧盟等国际制度的发展又促成了德国的欧洲集体认同的形成。在德国国内政治文化和欧盟等国际制度的共同作用下，德国的国际角色观念相对于其他国家更加具备一体化倾向和非军事化倾向。集体认同在德国的国家利益建构中起着关键作用。

国家利益在德语中的表述是（Staatsräson），源自 16 世纪意大利语中的"国家理由"（ragione di stato, reason of state），意思是为了保证国家的安全和自主不惜任何代价，采取任何手段。

在德国，国家利益的概念直到三十年战争之后才被引入政治话语中。其作用在于，当时德国的各个诸侯效仿法国路德维希十四世，只在形式上承认国王，在所有宗教和道德问题上自行裁决。1866 年，约瑟夫·冯·艾琛多夫写到，"所谓的国家利益"，是隐藏意图的外交象棋游戏，用以在"政治中代替彼时的基督教道德"。

在 16～17 世纪，英法民族主义蓬勃兴起之时，德意志民族感到的是自卑和惭愧。到了 18 世纪的德意志狂飙突进运动时代，德意志民族的自卑心理和鼓励、超越心态发展得更为极端。作为对德国人民精神生活有重大影响的文化、社会运动，狂飙突进运动反对"浮夸的、虚伪的、形式化的物质文明"；要打破"僵硬的文化建制"，反对"法国文化热，包括法国的启蒙思想"[3]。德意志民族开始以其文化的优越性抗衡西欧的物质文明。这也成为近代德国民族主义强调德意志特殊性的一条

---

[1] Hanns W. Maull, "Zivilmacht Deutschland," erscheint in Gunther Hellmann, Siegmar Schmidt, Reinhard Wolf, Hrsg., Handwörterbuch zur deutschen Außenpolitik, Opladen: VS Verlag, 2006, S. 2.

[2] 参见连玉如《新世界政治与德国外交政策——"新德国问题"探索》，北京大学出版社，2003，第 40 页。

[3] 熊炜：《统一以后的德国外交政策（1990—2004）》，世界知识出版社，2008，第 29 页。

主线。

1871 年，俾斯麦以"现实政策"完成了近代德国的统一，作为欧洲民族国家体系中的"迟到者"，德国的民族主义带有很强的抗争特色。"现实政策"由路德维希·冯·罗霍夫在 1853 年提出，指希冀德国增强实力并根据国家实力及国家利益的计算实现统一并制定外交政策。弗勒贝尔曾说，"德意志民族对所谓原则学说已感厌倦……它需要的是权力，更多更大的权力"[①]。德国的成功统一加强了其对外扩张性，不管是在俾斯麦时期，还是推行新路线想做"世界大国"的威廉二世时期，抑或是希特勒想要称霸世界，发动战争的时期，都明显表露出德国作为"迟到者"急切想要得到应该被承认的大国地位。德国的国际身份发生变化，它要求获得与身份相符的更多权力。然而，一方面，先于德国完成近代化的欧洲大国对于德国的崛起感到了威胁；另一方面，德国的民族认同的形成与其他西方民主制国家的形成截然不同。对此时的德国而言，现代意义上的西方民主对于争取更大的领地、更多的权力没有太大的意义，甚至处于德国民族认同的对立面，国家利益与西方价值观无法统一起来。

德国第二次统一后，德国的国家身份再次经历了巨大转变，从战后既无自主活动的权利和空间，且身临两大集团对峙的敏感前沿的外部条件中，摒弃了建立在德意志特殊道路思想基础上的民族认同，皈依了西方，通过西方一体化的战略实现了"和平崛起"。阿登纳为联邦德国选择的国际角色定位是让德国融入西方。这首先是由联邦德国的外部条件决定的，作为东西方冷战的"前线国家"，德国除了走与西方结盟的道路以外，没有别的途径。[②] 从国内环境看，联邦德国成功实现崛起乃至统一的基础是其蓬勃发展的经济。以艾哈尔德为代表的德国政治家为西德选择了建设社会市场经济的发展战略。德国的社会市场经济体制是结合了自由市场和秩序原则的独特经济发展模式，代表的是这样一种核心理念：它虽然是一个竞争性经济，但是其中又包括社会措施及适当的国家投资，可以保证弱势群体不被强势经济群体毫无保留地剥削。[③] 经济

---

① 郭绍棠：《权力与自由——德国现代化新论》，华东师范大学出版社，2001，第 65 页。

② 熊炜：《统一以后的德国外交政策（1990—2004）》，第 55 页。

③ Kurt Sontheimer, Wilhelm Bleek, Grundzüge des politischen Systems Deutschlands, Bonn, 2002, S. 122.

的迅猛发展给德国带来了日益增强的国际影响力。德国的统一，是皈依西方价值体系的结果。当德国人回顾历史，就会发现，是否选择融入西方带来了截然不同的效果。在融入与抗拒之间，进入 21 世纪的德国一定会继续选择对自己有益的方式，并且寻求更深入的融合与更紧密的合作。

1998 年德国社民党人施罗德出任德国总理，其时，他和前英国首相布莱尔、前美国总统克林顿都大力推行"第三条道路"，宣称要从政治、经济、社会、文化价值等诸多领域入手，着眼点是经济和社会福利政策，强调政府调控与市场机制间的平衡、经济发展与"社会公正"间的平衡、权利和责任平衡等策略，解决西方世界面临的困境，推动全球资本主义的形成，同时也力图建立一个"积极的社会共同体"，推行"西方共同的价值观"。"人权""民主"是他们喊得最响的口号。到默克尔上台后，由于第三条道路所取得的经济成效不尽如人意，"第三条道路"逐渐式微，但民主、人权的口号却越来越响。在德国的亚洲政策中，就以印度是亚洲最大的民主国家为名拉拢印度，并接见达赖喇嘛以与中国保持距离。在其连任的新一届政府的执政协议中，关于外交政策的表述中明确出现"西方价值共同体，即世界上开明的、具有法治国家性质的民主国家，他们之间的密切一致以及共同行动曾经是，也将继续是德国外交政策成功的一个保证。即便是在 21 世纪的全球化世界中，我们仍旧将西方的观念作为德国外交的基础，将西方的机制作为德国外交的平台。在全球化的时代，西方必须更加紧密团结，才能实现自己的利益，保留共同的价值观。德国作为欧盟以及欧洲—大西洋机制的成员国，同样符合德国与欧洲之外最重要的伙伴的双边关系的利益。我们决心充分利用跨大西洋关系的机会，系统性地加强德美关系。我们将与美国的政治协调一致视为我们利益的助力器，能增加德国在欧洲和世界上的分量。我们致力于跨大西洋经济空间的经济关系进一步深化"。

这些文字深刻表明德国已经将其对外政策深深地烙上西方价值观的印记。由于战后德国是在美国的大力援助和支持下重建复兴的，所谓的西方价值观，在很大程度上也是指的美国的价值观，具体地说，是美国霸权试图通过全球化和国际化进程在全球推广的价值观，目的是维护以美国为首的西方世界在世界上的战略地位，使在美国帮助下建立起来的政体能够和睦相处，而不是与美国希望遏制和击败的强大对手发生危险的冲突。① 德国吸取了历史的经验教训，遵循西方价值观，形成了德国的国家利益；向世界其他地区推行西方价值观，维护西方价值体系，为西方世界赢得更多空间，遏制其他文明和文化的发展，也构成了德国的德国利益，因为德国本身就是西方世界的一员。

① 〔美〕彼得·卡赞斯坦：《地区构成的世界：美国帝权中的亚洲和欧洲》，秦亚青、魏玲译，北京大学出版社，2007，第2页。

第二章　德国的国家身份认同

第一节　政治多极化中的德国

德国外交政策的法律基础和基本方针在《基本法》前言中有明确的规定："在统一的欧洲内为世界和平服务。"[①] 德国前任外交部长韦斯特韦勒在 2010 年纪念德国统一 20 周年讲话中重申了德国外交政策三个主导思想和与此相应的三大核心战略：强化欧洲一体化、以利益和价值为导向的欧洲与大西洋联盟、和平政策。[②] 托马斯·里斯认为德国的身份认同特点是：欧洲导向；强调出让部分主权和国家权利于欧盟层面；外交多边化。把第一根支柱欧盟和第二根支柱北约作为德国的安全保证，第三根支柱是德国努力和其他国家及地区如俄罗斯和亚洲保持友好关系，以文明国家身份（主要强调国际关系的文明化，即尽可能通过经济制裁、调节斡旋、政治手段等）以及采取和平方式化解争端。但是由于恐怖威胁的加剧，维和目的的军事力量投入也成了文明力量的组成部分。[③]

在冷战结束后的 10 多年里，德国始终在欧盟的框架内行动，维护跨大西洋伙伴关系，德国基本保持了对外政策的连续性。德国将欧盟视为一个价值共同体，以共同的价值观为自身对外行为的规范，并不只是基于物质利益的考量。对于德国在冷战之后的表现，建构主义提供了较为合理的解释。

是欧洲的德国，而不是德国的欧洲。德国这个欧洲身份定位，许多专家和学者给出了解释。卡赞斯坦（Peter J. Katzenstein）把德国和欧洲的关系变成了德国在欧洲内的关系，他认为，欧洲的制度不仅仅约束了德国的

---

①　Grundgesetz für die Bundesrepublik Deutschland, hg. von der Bundeszentrale für politische Bildung, Bonn, 1998, S. 12.

②　戴启秀：《德国对外关系发展述评》，载李乐曾、郑春荣主编《德国发展报告（2012）》，社会科学文献出版社，2012，第 204 页。

③　Thomas Risse, Deutsche Identität und Außenpolitik, 2003, S. 3 - 4.

行为，而且还改变了德国的身份。① 托马斯·班科夫 （Thomas Banchoff）从德国国家认同与欧洲一体化的角度剖析了统一后的德国外交政策，认为战后出现和延续下来的超国家的欧洲身份构成了德国国家身份的重要组成部分。② 这种欧洲身份决定了德国利益之所在——支持欧洲经济和政治一体化的深化，也决定了德国外交政策的连续性。

沃尔克·瑞特伯格 （Volker Rittberger） 等人从国际政治的三个主要方面：安全、福利和规则体系，全面地考察了德国统一后的对外行为。对不同理论的解释力得出了这样的结论：建构主义对统一后的德国外交政策最具有解释力。③ 德国的国家利益蕴藏在欧盟之内，蕴藏在西方共同体中。

探讨德国的国家身份认同首先必须考虑德国的特殊历史国情。20 世纪中叶以来，东、西德分裂长达 40 余年。东、西德分属于社会主义和资本主义两个完全不同的阵营，在冷战时期成为东西方对峙的前沿阵地。德国统一是东、西德人民的长期夙愿，两德统一之后东德接受了西德的民主政治体制，公民社会得到了迅速发展，德国人民的民族自豪感普遍增强，这使德国国家身份的形成具备了现实基础。但由于冷战的历史影响难以在短时期内消除，统一后的德国国家认同存在内在异质性。

融入西方、文明力量、多边主义、贸易治国和逐渐从"克制文化"到自信的外交政策，这些对德国统一之后的外交政策产生了深刻的影响，统一后的德国在欧洲一体化过程中担任先锋角色、积极融入北约。德国的外交政策也在影响、重塑德国的国家身份。例如，德国以"不要再有奥斯维辛"为口号派兵参加科索沃战争，既是对德国国家身份中文明力量的强化，同时又促使德国更加融入西方；德国积极谋求在联合国安理会中取得常任理事国的席位，显示了德国统一之后逐步偏离"克制文化"；德国坚持不参加伊拉克战争，反对以武力解决冲突，是文明力量的胜利；德国敢于对美国说"不"，则体现了德国从"克制文化"到自信的外交政策。

由于德国国家身份中的多重因素，它们之间存在的差异往往会造成德

---

① 参见 Peter J. Katzenstein, ed., *Tamed Power: Germany in Europe*, Ithaca: Cornell University Press, 1997, pp. 1 – 48。

② 参见 Thomas Banchoff, "German Identity and European Integration," *European Journal of International Relaxions*, p. 283。

③ Volker Rittberger et al., eds., *German Foreign Policy since Unification*, Manchester: Manchester University Press, 2001, p. 323.

国外交上的困境。例如，默克尔的价值观外交政策，使德国在文明力量和贸易立国之间陷入了两难境地。总的来说，从建构主义的视角出发，利用德国国家身份来解释德国统一之后的外交政策，能够弥补理性主义的不足之处。但是，仅仅依靠国家身份来解释外交政策是远远不够的。一个国家的外交政策的确往往非常复杂，涉及很多因素，牵涉方方面面。因此，在研究国际政治问题时，国际关系理论之间的借鉴、融合，取众家之长，是十分必要的。

德国参加北约领导的科索沃战争和出兵参加国际反恐行动。这是战后德国在安全防务领域的重大突破，也体现了施罗德总理的自信和德国外交及安全防务政策的正常化。他们现在一再强调要更多地维护德国自身的利益，并主张建立多边的世界格局。鉴于美国、法国和俄罗斯的重要性，德国继续与之保持密切的关系。作为欧盟、欧安会和北约的重要成员，德国致力于推动这些多边组织的发展以及各成员国之间的合作，同时强调联合国在国际事务中的领导地位。本书认为，施罗德政府所推行的安全防务政策其最终目的是为德国成为一个世界政治大国而提供服务。施罗德政府努力通过积极参加国际事务来提高德国的政治地位。施罗德政府主张通过政治对话等方式为各种争端来寻求解决的可能性。

德国身份认同理论的代表者认为，国家利益植根于社会的信念和价值观，也即国家的自我定位及在国际上承担的责任。德国外交身份认同最典型的特点是欧洲化、多元外交和文明力量。

一 西方的德国

从历史角度看，"欧洲统一是历史的成就，是从第二次世界大战的恐惧中产生的和平、自由、福祉的欧洲梦"①。政治上欧盟是德国外交的基础。德国政治家认为，德国只有同欧盟的成员国采取一致行动，才能赢得世界的信任和尊重，才会成为欧洲一体化的发动机。从经济和地缘政治角度来看，欧盟对德国具有决定性的意义。联邦德国由于长期不拥有充分的主权，又自认是战败国，只能借助于欧共体和北约来发挥自己在国际舞台

---

① Gunnar Schupelius, Interview mit Guido Westerwelle: Ich will die Vereinigten Staaten von Europa, S. 39.

上的作用；加之受到巨大制约，一直被排斥于"极"外，所以今天统一后的德国能否成为新的一极，出现"德国的欧洲"，除综合国力因素外，关键取决于它是否能够摆脱各方的掣肘，是否愿意、是否能够控制欧盟在国际上独立发挥重大作用。它主张并谋求政治多极化，反对单极世界和单边主义，竭力推动欧盟的建设，使欧盟尽快成为世界的一极，避免出现一个"德国的欧洲"给邻国带来恐惧。德国要把自己建设为一个"欧洲的德国"，而不是"德国的欧洲"，这既是对历史经验和教训的正确总结，也是现实的必然驱使。

德国把本国的利益、追求和意向置于欧盟这一超国家的机构之中，不走独立之路。它利用法国对大国地位的竭力追求，同法国联手，即所谓"巴黎-波恩轴心"成为欧盟的发动机。德国由于历史的沉疴，在欧洲各国，特别是在其邻国中的被信任度很低。人们普遍担心会出现"第四帝国"。因此德国便十分注意不当出头的橼子，不走特殊的道路。它也很清楚，欧洲各国都希望用集体组织（如欧盟和北约）来限制并监督德国的行动，因而德国也更乐于在欧洲大集体中来发展自己。这也就是德国之所以如此热衷于欧洲联合事业，不断呼吁要将欧盟建成为欧洲联邦，一直担当欧盟的最大净付款国的原因。

（一）大西洋伙伴关系

德美关系是德国外交的第二个核心战略，它以利益和价值为导向，两国的价值观是一致的。自从联邦德国成立以来，与美国建立的跨大西洋伙伴关系是德国对外政策最重要的支柱之一。德美之间这种特殊双边关系的形成既有历史的因素，同时也建立在两国共同的价值信仰与现实的安全与经济利益的基础之上。对于联邦德国而言，美国一直是其在欧洲联盟之外最亲密的同盟者和伙伴。1949 年之后，联邦德国同美国关系更是成了联邦德国外交政策的重要支柱之一，战后德国重建也得益于美国的马歇尔计划。

德国同意参与建立反导系统，就是与美国合作，向美国示好的表现。德国的外交政策的重中之重就是将自己融入欧盟、融入北约，在国际政治事务上以一个声音说话，谋求政治大国的地位。那么德国必须履行作为北约成员国的义务。根据北约宪章第五条，对一国的攻击"应被视为对缔约国全体之攻击"。北约将其引申为"对一国的潜在攻击应被视为对缔约国全体之潜在攻击"，欧洲导弹防御系统就这样"合理"地应运而生了。如此牵强附会，不得不说，尽管德国的政治地位有所提高，军事上唯美国马首是瞻的地位仍未改变。

共同的价值观取向以及美国作为世界上唯一超级大国的地位都充分证明德美关系在统一后德国外交政策中继续享有举足轻重的地位。无论统一后德国是否愿意继续充当美国的"小伙伴"，有一点毋庸置疑：维护良好的德美关系已成为德国统一后历届政府的共识。立足西方的另一个突出表现体现在德国和北约的关系上。虽然冷战结束后苏联作为潜在的威胁不复存在，华约业已解散，但是德国认为世界仍不太平，冲突仍时有发生，军事威胁无法彻底避免。只有继续留在北约才能保证德国的安全。此外，有着沉重历史包袱的德国认识到北约对于保证统一后德国军事政策透明度大有裨益，只有坚持留在北约才能扫除欧洲邻国对德国的疑虑，尤其可以消除法国的"恐德病"。

（二）　北约

为了排除邻国的疑虑，为了自身的安全，同时也为了表白自己坚定皈依西方的选择，统一后的德国选择了留在北约。二十几年过去了，德国眼中的北约却发生了变化。德国著名的德美关系专家、柏林自由大学教授海尔·哈甫滕多恩于 2002 年在德国外交政策协会季刊《国际政治》（*Internationale Politik*）杂志中撰文指出："2001 年 9 月 11 日发生的恐怖袭击事件中最知名的牺牲品就是北大西洋公约组织。所谓集体防御的呼吁只是一个有名无实的象征性姿态。北约已经从冷战时期的一个军事集体防御组织变为一个类似欧安会的政治组织，经历东扩后的北约正在欧洲化，北约的重要性也在丧失。"

2005 年 2 月在慕尼黑安全会议上，德国呼吁北约进行根本性改革，虽然紧密的跨大西洋关系符合欧洲和美国的利益，但欧洲形势和世界形势都已发生变化，过去的安全规则和行为方式都应随之改变。国际挑战的现实也发生了变化，除了传统安全问题还有非传统安全问题挑战，未来的问题仅靠军事回应是无法解决的。传统的跨大西洋合作机构，比如北约，没能足够适应这改变了的安全形势。这也导致了德美双方之间误解、不信任，甚至紧张局势的产生。为此，当时的德国总理施罗德建议组建一个高规格、独立的改革委员会。这一专家小组应在 2006 年初给北约和欧盟各成员国提交一份调查报告。美国国防部长对德国改革北约的建议反应非常冷淡，并称北约有可能是人类历史上令人印象最为深刻的一个松散的联盟组织。

北大西洋公约组织是维系德、美两国政治合作的重要纽带。北约作为冷战时期的产物，一直是欧美盟友关系的支柱和载体。20世纪90年代，苏联解体，华沙条约组织也不复存在，巨大的变化使欧洲的政治与安全形势面临新的挑战，北约也成了一个地区性防务协作组织，未来应该如何发展、如何重新定位都成了摆在美国和欧洲面前的问题。为了适应欧洲和国际形势的变化，北约先后经历了两次重大的战略转型期。北约的第一次转型期是从冷战结束到"9·11"事件。北约虽然继续发挥着其原有由美国主导的军事集团的功能，但已从原本的美国－西欧国家联盟变成了一个几乎覆盖整个欧洲、对付各种威胁的组织。1996年9月，北约发表了《东扩计划研究报告》。1997年7月，在马德里首脑会议上，确定了接纳波兰、捷克和匈牙利首批加入北约。自1999年3月开始，这3个国家正式变成北约新成员。

2002年11月，北约布拉格首脑会议又吸收爱沙尼亚、拉脱维亚等东欧7国加入。这是北约自1949年成立以来规模最大的一次扩大。2004年3月，以上7国成为北约的新成员，使北约成员国扩大到26个。"9·11"事件之后，北约开始了第二次转型，其军事功能进一步减弱，政治功能进一步强化，逐渐由单一的纯军事组织转向复合型的军事政治组织。在布拉格会议上北约明确提出，它今后的首要威胁来自国际恐怖主义、大规模杀伤性武器及其运载工具的扩散。在北约的新任务中，反恐居首位，维持和平与集体防御退居次要位置，协同美国打击恐怖主义成为北约的核心任务。2003年，美、英执意发动伊拉克战争，美国的单边主义思想急剧抬头，开始实施"先发制人"的战略，严重影响了国际政治安全体系，北约因此陷入了前所未有的内部纷争。法、德等北约成员国公开反对美国绕开联合国对伊动武。伊战后，法、德等国拒绝在没有联合国授权的情况下向伊派遣维和部队和捐款，要求尽快还政于伊，积极呼吁在伊重建中发挥联合国的主导作用。主要盟友之间的分歧使北约的第二次转型面临重大危机。德国前总理施罗德甚至称，北约"已不再是跨大西洋伙伴讨论和协调战略的主要场所"。北约的变化主要表现在以下三点：第一，"老欧洲"国家与美国的紧张关系会有所缓和，美欧在北约的框架内继续对话与合作；第二，北约组织结构将更加松散，作用也进一步弱化；第三，北约组织将实现其功能多元化，强化其政治功能，减弱其军事功能。

北约组织将进一步开展与非北约国家包括同俄罗斯的合作和协商。德、法等所谓的"老欧洲"国家虽然同美国分歧依旧，但出于各自利益需要和相同的价值观也都在同美国缓和紧张关系，以便从长计议地推进欧洲独立防务，为欧盟扮演全球角色培养所需的能力。美国也意识到了问题的严重性，也注意修复和加强美欧关系的发展和深化。2006 年 2 月 5 日结束的第 42 届慕尼黑安全政策会议给正处于转型期的北约注入了积极信号。会上，德国总理默克尔强调北约是跨大西洋价值集团的组织，是跨大西洋关系的"基石"，应该成为欧美讨论国际冲突的"第一场所"。默克尔要求"北约必须是针对新的冲突进行政治磋商的地方"。为确保这一点，北约必须成为不断分析世界面临的威胁的机构。德国认为冷战的结束并不意味着威胁德国和欧洲地区安全的危险就不存在了。同时默克尔还要求北约同样准备在地区之外进行合作，北约成员国所有的政治和军事措施都必须首先经过北约的讨论和策划。只有当北约内部无法解决时，才可以选择其他途径解决，但这并不意味着每个国家都要参与所有需要解决的问题。默克尔赞同重新讨论 2008 年或 2009 年的北约战略部署。北约的新转机正是在这种背景下出现的。

在对待北约和欧盟关系上，默克尔要求美国政府不要以怀疑的态度看待欧盟加强了的政治地位，而应当把它视为一种机遇。欧盟已经成长起来，从最初的 6 个成员国发展到现在的 27 个成员国，已在欧洲事务和国际事务中发挥着重要作用，包括在军事方面的安全。德国愿意在北约承担更多的责任，包括北约防区之外地区的安全责任，还包括所谓保障全世界的自由、民主、稳定与和平。根据德国《基本法》规定，联邦国防军不得参与北约防区以外的其他地区的防备活动。1993 年 7 月 28 日，联邦议会通过《国外使用法》，授权德国政府不仅可以向非北约防区提供野战医院和部分警察装备，而且还可以向海外派兵。1995 年 12 月 4000 名联邦国防军士兵被派到波斯尼亚地区执行联合国维和任务。1997 年初 3000 名士兵被派到波黑地区执行维和任务。1999 年 3 月 24 日起，北约在未获联合国授权情况下对南斯拉夫进行狂轰滥炸，德国派兵参加对科索沃战争，从而突破了战后德国联邦国防军不得到境外参战的限制，打破了德军只维和不参战的规定，摆脱了德国一直束缚自己的战败国阴影，这体现了德国争做国际大国的愿望。① 德国认为，欧洲集体防御仍然离不开北约，而且将来对国际危机做出反应时也必须有北约参与，同时，德国也认为"欧盟拥有军事行动能力"和"与北约并肩行动"同等重要，但这并不是欧盟与北约之间的竞争，而是一种补充，只有这样，大西洋两岸的北约伙伴才能应对未来的挑战。默克尔同时还支持北约加强与日本、韩国、新西兰、澳大利亚等非北约伙伴的合作关系，今后在世界上发挥更大的作用。

（三）从文明力量到建构力量

"文明力量"理论在 2013 年 9 月新大联合政府组成之前，一直是德国外交的指导思想，这一理念构成了德国外交的核心。根据"文明力量"理论，"文明力量"是影响国际关系变化和发展的一种特殊形式。"文明力量"虽然主要采用非军事手段来实现自己的目标，但并不排斥必要时采用军事手段。"文明力量"的目标是阻止有组织的社会暴力活动，建构并促进国际关系的人性化和社会化，以达到社会公正的宏伟目标。"文明力量"为保护自己不受外来力量的侵犯，在必要情况下也要使用军事力量。"文明力量"主要使用经济制裁手段来获取更大利益。在经济全球化的时代，经济强者也可以利用自己的经济实力来改变游戏规则。当今的超级大国就是这么做的。当使用军事力量不能如愿以偿时或倍受世界公众谴责时，经济制裁就是最佳的选择。"文明力量"在国际政治文明化过程中通过使用"文明手段"起着重要作用。德国对于世界上很多危机的解决态度充分体现了文明力量的指导思想。德国作为欧盟的"三驾马车"之一，作为欧盟内经济实力最强大、人口最多的国家，作为世界第四大经济体，参与伊朗核问题谈判。因此，对于德国为什么在利比亚问题上在联合国投弃权票也不难理解了。

"文明力量"这一概念最早由法国人杜希纳（François Duchêne）于 20世纪 70 年代提出，当时这一概念是用来描述欧共体的对外影响。德国特里尔大学政治学教授毛尔提出"文明力量"的外交理念，该理念主要包括三个核心内容：第一，提倡采取非武力的方式（如协调、对话、谈判等）解决冲突，并致力于将武力解决冲突的可能降到最低点；第二，赞成加强国际法以及多边国际组织参与国际事务处理；第三，促进国际关系的民主

---

① 殷桐生主编《德国外交通论》，第 450 页。

化。文明力量的角色理论被理解成一个理想的模式，没有一个国家完全符合它或者能够做到符合它。文明力量的理想模式勾画出一个特殊的外交自我理解以及特殊的国家外交政策的目标、战略和手段，以此赋予一个特殊角色方案的基本因素特征。①

德国特里尔大学政治系的毛尔教授及其课题小组开展了关于"文明力量"理论的研究，主要特点体现在外交理论和实践的结合。如毛尔教授在1992年提出"文明力量"理论的论文中，针对德国坚持放弃核武器等外交实践对"文明力量"理论进行了论证。1997年，毛尔教授及其课题小组完成了为期三年的"德国、美国、日本外交战略1985~1995"（deutsche, amerikanische, japanische Aussenpolitikstrategie 1985 – 1995），对三个国家符合文明力量角色的程度进行了分析，并得出结论，德国外交政策的文明力量模式是内化程度最高的。此后，毛尔教授及其领导的课题小组始终坚持用"文明力量"理论对德国的外交政策进行分析。

从文明力量理论本身出发，阐明"文明力量"这一术语的三个层面：第一，它指国际体系中，追求国际关系民主化、维护和平的行为主体，随着国际组织的发展及其国际影响日益增大，这样的国际关系行为主体不仅包括传统的国际关系主体即民族国家，而且包括在某一区域或国际舞台上举足轻重的国际组织；第二，国际舞台上，符合文明力量角色模式的行为主体强调观念的作用，以西方民主和人权作为核心价值观，致力于在国际关系中推行这样的价值观念，希冀其他国家也能成为这样一种角色模式，即文明力量被视为目标；第三，文明力量除了描述一种国家角色，还用以强调这一国家角色实现目标——追求国际关系民主化——的手段都是文明手段，主要指非军事手段，以和平方式来实现国际和平，但并不绝对反对动用武力。在这一外交理论的战略影响下，德国外交明显呈现对价值和观念因素的重视，这种重视并不等同于冷战时期联邦德国对两大阵营意识形态的重视。前者意在以大国身份承担更多的国际责任，并在世界上推行西方的价值观念，实现观念上的一统，而后者仅仅是以意识形态和观念的差别来区分敌我，划分界限。而在形成中的欧盟外交，也越来越多地呈现文明力量的特点：

---

① 参见 Hanns W. Maull, DFG – Projekt, Zivilmächte', 1997, S. 21 und Kirste, K., Rollentheorie und Außenpolitikanalyse, 1998, S. 45。

- 引入"价值、目标、原则和理想"等观念性因素来解释主体行为；
- 德国的基本价值观在外交政策中越来越重要；
- 实现国际关系民主化的非军事手段，超越单纯从利益考虑的角度出发来解释主体行为，德国外交思想中的价值观以某种机制影响德国政府的外交决策。

文明力量理论中的核心概念是文明，强调承担这一角色的国家非军事强权的状态，以及实现国际关系民主化的非军事手段，强调用"价值、目标、原则和理想"等观念性因素来解释主体行为。由此可见，一方面德国外交思想中的价值观以某种机制影响德国政府的外交决策，另一方面德国的基本价值观在外交政策中越来越重要。正是这些德国的基本价值观如民主、自由、人道、人权，构成了影响中德关系的因素。本书尝试以此来解释中德关系中的一些摩擦。

统一后的德国一直强调在世界上要做"文明力量"国家，认为单靠武力不能从根本上解决冲突，这一理念尤其对20世纪90年代以来德国外交政策的制定产生了很大影响。按照塞·哈尔尼施和汉斯·毛尔的"文明力量"理论观点，不以武力来解决冲突，努力使动用武力解决政治冲突的做法最小化，强调武力是解决冲突的最后手段，强化国际法和多边国际制度，提高把主权让渡给国际组织的积极性，推动国际关系的民主化和法治化。这既是对历史经验和教训的正确总结，也是现实的必然驱使。欧洲各国都希望用集体组织（如欧盟和北约）来限制并监督联邦德国的行动，因此德国也更乐于在集体中发展自己。

德国"文明力量"理论是从国家角色的角度，对德国外交提出一个理想的角色模式，对德国的外交政策进行分析。随后由其他学者加以补充和发展，并随着德国政府的更替不断地验证着理论的解释能力。文明力量理论中的核心概念是文明，在德文中所用的表述是 Zivilisation，对应英文中的 civilization，在该理论中不仅仅指一种文明的状态，更是指德国应当从野蛮状态进入文明状态的文明化转变。所谓的文明化，即国内政策的文明化以及国际关系的文明化。文明力量的德文表述是 Zivilmacht，取了文明"Zivilisation"一词的前半部分，强调承担这一角色的国家非军事强权的状态，以及实现国际关系民主化的非军事手段。

文明力量作为一种角色模式具有如下特点：

- 构建国际关系的意愿，这里指的是推动国际关系文明化、主动采取多边主义行动的决心和能力；
- 向集体安全机制让渡国家主权的意愿；
- 规范相对于国家利益的独立性，即使有违短期的物质利益或政治利益，也应当有争取实现国际秩序文明化的意愿。

而作为文明力量角色的国家，有其相应的外交行为准则、目标、实施手段等。这些基本原则主要包括：

- 在解决国内以及国际冲突时，克制和阻拦个别国家有组织地使用暴力；
- 对国际关系的法治化和调节；
- 加强多边合作，创建参与性决策机制，使基于自由、民主和市场经济等基本价值的国际秩序更为合法化；
- 促进全球层面的社会公平和平等；
- 进一步加强控制和贯彻普遍性规范的机制建设，同时愿意部分地让渡主权；
- 只在特定的原则下才能使用军事力量。

作为第二次世界大战后出生的第一代领导人，前总理施罗德多次毫不掩饰地将德国比拟为"欧洲的大国"以及"具有理性的自身利益的觉醒的民族"。1999年施罗德接受《明镜》周刊采访时说，"科尔这一代认为，我们德国人必须是欧洲人，因为要不然的话对'条顿式的疯狂冲锋'的恐惧有可能死灰复燃。……我说，我们必须同时也是欧洲人。这种独立和并非只是来源于历史责任的自愿具有优势，它使我们能够比过去更加毫无偏见地对待自己的利益"[1]。对于解决地区或国际冲突，使用非武力手段的看法在德国人中占据多数地位，这是德国一方面从自身经历中得出的正确政策，另一方面也是对战后国际经验得出的比较合乎当代国际大形势的看法。所以，德国人一般比较普遍地反对战争也就不足为奇了。

统一后的德国外交凸显了这一"文明力量"的色彩。两极格局的解体并没带来战争的消亡，世界仍旧冲突不断。从承诺不生产ABC武器到放

---

[1]　殷桐生主编《德国外交通论》，第159页。

弃核能，从倡议彼得斯贝格会议到积极参与阿富汗战后的重建，从拒绝派兵伊拉克再到着手谈判解决伊朗核问题，德国外交向世界展示了"非武力"的姿态。作为联合国、欧盟、北约、欧安会组织等世界重要多边国际组织的成员，德国积极奉行多边外交。从在欧盟事务中扮演"发动机"的角色到致力于联合国机制的改革，从签署《京都议定书》到加入"国际刑事法庭"，从斡旋中东危机到反对对伊动武，德国一直是当今倡导"文明力量"的重要一员，并积极致力于国际关系的民主化。

当然，"文明力量"并非等同于和平主义。在非武力无法解决危机时，尤其是当所谓"人权"受到侵害时，德国也不惜动用武力，如参加没有联合国授权的科索沃战争。

伊拉克战争的案例深刻地说明了这一点。2002年当美国宣布要对伊拉克动武时，正值德国大选期间，施罗德在未和其他欧盟成员国协商的情况下明确提出反对向伊拉克动武，反对布什政府"先发制人"的对伊政策。时任社民党议会党团主席的约瑟夫·施蒂格勒将布什比作"患有权利饥渴症的罗马皇帝"，前司法部长格梅林则将布什与希特勒相提并论，引起了一场外交风波，德美关系随之也进入了冰冻期。施罗德和布什之间的私人关系被描写为"无法修复"。施罗德还联合法国、俄罗斯、中国等国要求延长联合国对伊武器核查的时间，并明确表态自己将不会参加美国发动的军事打击伊拉克的行动。

2003年3月20日，伊拉克战争爆发，德国政府不仅坚决反对美国出兵伊拉克，而且还在随后的伊朗问题上也开始与美国唱反调。这个阶段的种种矛盾使德美关系降至第二次世界大战以来的最低点。美国对伊拉克发动先发制人的战争不符合联合国宪章中的自卫权原则，德国人在这一问题上十分敏感，是因为德国基于第二次世界大战的历史教训，崇尚和平主义，主张通过非军事的手段来解决国际争端和冲突。现行的国际法和联合国宪章的基本原则源自欧洲的《威斯特伐利亚和约》①。1648年签订的

---

① 威斯特伐利亚和约是1648年欧洲协议的总称。条约结束了西班牙荷兰八十年战争和德国三十年战争的局面。1644年在威斯特伐利亚的明斯特和奥斯纳布吕克两个城市开始和谈。1648年1月30日签订了西荷条约。1648年10月24日的条约的参与方包括神圣罗马皇帝费迪南德三世、德国其他诸侯、法国和瑞典。英国、波兰、俄国和土耳其是仅有的未派代表出席这两次会议的欧洲强国。参见《简明不列颠百科全书》第8卷，中国大百科全书出版社，1986，第156页。

《威斯特伐利亚和约》结束了新旧教派之间的"三十年战争",重新确定了欧洲的均势格局,但也加深了德意志的分裂局面,产生了300多个德意志诸侯,群雄割据。1740年12月,普鲁士入侵西里西亚,爆发了震惊欧洲的普-奥战争,普军大胜,开启了普鲁士与哈布斯堡争雄的局面。实际上,《威斯特伐利亚和约》反对一个国家的权力至上的原则,就是反对一个超级大国可以主宰别国、主宰世界的原则,保持了各国之间的平衡,维系了欧洲52年的和平稳定。美国的伊拉克战争推翻了萨达姆政权、力图实现中东地区的"民主化",想把中东地区变成美国的势力范围。美国这一行为与德国主张的国际关系法治化原则相违背,在国际法上也同欧洲传统的价值观背道而驰。德国虽然借助所谓欧洲的传统价值观来抨击美国,但从中也可看出德国想争得与美国相对平等的地位的端倪。

文明力量外交理论对德国外交政策一直以来产生了深刻的影响,但值得指出的是,德国外交在奉行文明力量理论后也经历了调整。从以价值观为导向的外交逐步发展为以利益为主导、以价值为制约的外交政策,到如今,价值也被纳入了德国的利益范畴。联邦德国自成立以来,一直坚持西方一体化的倾向,按照西方的建制确立了民主制度和经济制度以后,极力秉承西方的民主、自由、人权等价值观,并将其贯彻到德国外交政策中。在冷战时期,这种价值导向因为两大阵营的敌对而表露无遗。冷战结束后,意识形态之争的表述逐渐从历史舞台淡去,然而,对意识形态的坚持却从未放弃。在面对是否参与海外军事行动、在国际问题上采取什么立场的问题上,德国外交均要首先考虑其主流价值观的导向。在对华关系中,这种价值观导向体现在对中国人权问题的指责,也体现在德国政府领导人接见达赖的态度。当中国从落后的发展中国家一跃成为最大的发展中国家时,当拥有广阔市场的中国成为德国的重要贸易伙伴时,德国的价值观外交在对华关系中遇到了挫折。默克尔政府的价值观外交导致了中德关系的恶化,首先遭到冲击的是德国经济界。这次关系的波折导致了德国黑黄联盟政府外交政策调整为以利益为主导、以价值为制约的外交政策,试图在国家利益和价值观之间实现某种平衡,既能坚持西方价值观的传播,也能维护和实现德国的国家利益。在默克尔政府的第三届任期内,价值观开始被纳入利益的范畴,也即价值观不再是一种规范和框架,而是和利益一样成为维护和追求的对象。此举向世人展示了德国外交强烈的自信心和独立性,可以看到,德国的国家角色也在逐渐从推动国际关系文明化的"文明力量"过渡到积极建构世界的"建构力量"。

　　统一后的德国外交越来越独立、自信，并努力谋求获得联合国安理会常任理事国席位。德国早在 1992 年就表达想成为安理会常任理事国的愿望，并以"入常"为其联合国政策的核心目标。1995 年德国外交政策协会成立 40 周年，时任总统赫尔佐克（Roman Herzog）在庆祝会上发表演讲，首次提出德国"外交全球化"。1998 年上台的施罗德政府正式提出外交政策"正常化"。同时，德国的外交话语中出现了"国家利益"，强调外交政策的重要目标之一就是实现国家利益。提出"外交全球化"、愿意承担更大的国际责任，这一切充分体现了德国外交政策的转折，旨在从经济大国变成世界政治大国。例如德国作为安理会五个常任理事国之外唯一一个参与同伊朗进行谈判的国家，六方会谈本身就大大提高了德国的国际政治地位，为德国增加了其"入常"的一个重要的政治砝码。

　　2013 年 11 月 7 日德国外交政策网站公布了联盟党和社民党的大联合政府在当前组阁谈判中批准的德国外交政策战略文件，提出德国将推行"进攻性"外交政策，德国一改之前保守自抑的外交政策，表示要在外交行动中更加积极进取并成为世界的建构力量。政策表明，建构力量要求德国积极"参加世界建构，参与全球范围的任一干预"，"成为世界强国"，"更经常、更果断地领导世界"，"重新衡量"其国际政策。也就是说，由上一届联邦政府在 2012 年 2 月推出的战略文件中，"建构力量"这一外交理念为新一届政府所接受。从中人们可以窥见新大联合政府外交政策的端倪：

　　　　● 从防御性外交政策转为进攻性外交政策，要"重新衡量"德国的国际政策；

　　　　● 从文明力量（Zivilmacht）过渡到建构力量（Gestaltungsmacht），参加世界建构，参与全球范围的干预任务；

　　　　● 从区域走向全球，从欧洲走向世界，提出参与建构世界，要成为世界强国，要更经常、更果断地参与领导世界；

　　　　● 加强军力，加强军备建设，从军事是最后手段变为强军，要提高欧盟的军力，要提出《欧洲防务白皮书》，要竭尽全力"阻止欧盟军力的式微"，并要通过提供训练计划，帮助其盟友强军；

　　　　● 要在全球代表德国的价值观，强调亲西方导向，要加强同亲西方的地区和国家联盟的合作，如东盟和拉美加勒比共同体的合作；

　　● 要坚持国家利益，实行外交重点调整，推行双重战略，欧盟的伙伴关系＋地区强国，如印度、印尼、南非、巴西、墨西哥，要实施分层次结盟政策，要强化在阿拉伯地区的存在，对欧盟既维护又挑战，强调应成为"全球的掌权人，而不是全球出钱人"，欧洲只有用一个声音说话才有人听，但必要时可以不顾欧盟；

　　● 要加大对中国的研究，建立欧洲最大的中国研究所——柏林中国问题研究中心，集中研究中国的政治、经济、社会、媒体和当代文化以及创新与环保等领域，中国问题研究中心主任是特里尔大学的哈特曼（Hartmann）教授。①

　　建立中心的创议人是德国墨卡特基金会，即德国最大的私人基金会。墨卡特基金会从 2014 年起的 5 年内预计投资 1840 万欧元建立欧洲最大的中国问题研究所即中国问题研究中心，通过"独立的研究"，向德国人展示一个多元化的中国形象。民调显示，只有 15% 的德国人认为自己比较了解中国，德国人是欧洲人中对中国持负面印象最高的。②

　　联邦政府在 2012 年 2 月推出的战略文件对"建构力量"有如下定义：德国是区域经济的火车头，对区域合作具有决定性影响，也影响世界其他地区，并在国际决策过程中扮演越来越重要的角色。德国对国际关系中的地位充满自信，要对全球问题承担更多责任。③ 从定义中可以看出，"建构力量"具有霸权国家的烙印：在解决全球问题时，地缘经济利益高于地缘政治利益；积极推进地区以及全球范围内的多边合作以保障德国的政治、经济和军事利益；谨慎而克制地使用大国权力，对于外界期望的反应要更强烈，而不是一味追求不受干预的、积极的强权。在有利于德国利益的时候，不惧怕反对的声音。④ 新政策表明德国外交在对国家角色的定义

---

①　Offensiver Ansatz in der Außenpolitik, www. tagesspiegel. de, 2013 年 11 月 5 日检索。

②　管克江、青木：《德国建欧洲最大中国研究所》，《环球时报》2013 年 11 月 19 日，第 3 版。

③　Vgl. Deutscher Bundestag, Unterrichtung durch die Bundesregierung, Drucksache 17/8600, http：//www. bpb. de/apuz/75784/deutsche – aussenpolitik – eine – gestaltungsmacht – in – der – kontinuitaetsfalle – essay? p = all, 2012, 2013 年 11 月 29 日检索。

④　Eberhard Sandschneider, Deutsche Außenpolitik：eine Gestaltungsmacht in der Kontinuitätsfalle – Essay, http：//www. bpb. de/apuz/75784/deutsche – aussenpolitik – eine – gestaltungsmacht – in – der – kontinuitaetsfalle – essay? p = all, 2012, 2013 年 11 月 29 日检索。

上以建构力量为导向。如果德国建构世界的力量越来越强大，德国在危机中的角色或许会越来越重要。自诩为"文明力量"并积极向"建构力量"过渡的德国，从相对保守的"文明力量"过渡到更加积极进取的"建构力量"，德国积极同国际社会一道参与到解决世界重大问题的谈判中去，努力使国际问题得到妥善的、和平的解决，也是对其外交政策指导思想最好的诠释。

（四）实行多边外交政策

德国统一以来，提倡并坚持多边主义外交战略，是指德国对待国际关系时趋于依据规范的无差别行为原则，寻求与协调和他国进行制度化的合作的一种对外战略。通过对多边主义进行工具化的应用来提高德国在国际组织中的影响力与话语权，德国外交政策中的这种多边主义的趋势也已展现。多边主义之所以成为德国外交的核心理念，一方面是由于战后德国对历史进行了深刻反思，经历过分裂、主权不完整的困境及冷战的国际环境，德国如果想要崛起，单凭自己的力量是不行的，必须与其他国家进行比较平等的合作才能实现德国重新崛起的梦想；另一方面是由于战后德国的经济社会发展越来越深地融入到欧洲一体化和经济全球化进程之中，在经济全球化的情况下，你中有我，我中有你，可以说，谁也离不开谁，由此为德国带来了高度的相互依存性。当今德国多边主义的特点即在强调多边主义的义务性、必要性的同时，不断将多边主义作为扩大德国影响力，维护德国国家利益的工具。

德国通过与伙伴国的联合行动，例如和美国、法国合作以及多边行动来排除其外交政策的孤立和民族单干。[①]它努力保持和改善同其他几个潜在"极"的友好关系，大力发展同它们的经贸关系，特别是同俄罗斯和中国的关系。小布什政府时期的美国奉行单边主义的外交政策，企图建立单极世界秩序，这与德国政府一贯坚持的多边主义外交理念，追求建立多边国际秩序的目标背道而驰。在美国小布什政府执政 8 年期间，两国围绕伊拉克战争、气候变化/环境保护、关塔那摩问题、建立国际刑事法庭等问题出现了严重的分歧甚至是冲突。

---

① 参见 H. Haftendorn, Deutsche Außenpolitik. Zwischen Selbstbeschränkung und Selbstbehaup-
tung, 1945 – 2000, Stuttgart u. München, 2001, S. 95 – 96。

在地缘军事层面上，德国外交与安全政策的目标是建立以规范多边主义为基础的世界秩序，主张用和平方式解决区域或国际冲突，非到万不得已时不使用非和平手段，反对单边主义，反对美国"先发制人"的策略。而美国则依仗自己的实力，致力于维护自己的军事霸权地位，建立以美国为中心的单极世界秩序，将多边主义矮化为美国实现这一目的的工具。因此德美之间在地缘军事层面的互动中存在着不可调和的目标和冲突。

在经济全球化层面上，德美之间的互动特点并非是单边主义和多边主义的冲突，而是两国都倾向于将多边主义进行功利化、工具化的阐释与应用，旨在维护和扩大本国的经济利益。当两国的经济利益发生矛盾和冲突时，仍然以本国的经济利益为主导加以解决，尽管双方会做出一些相互妥协但又照顾各自利益的解决办法。究其原因，这一方面是两国在国际经济秩序和制度的制定方面所持理念不一，具体经济利益相异产生利益冲突；另一方面也是两国在发达国家经济利益共同体框架内开展合作，为共同面对新兴国家崛起的挑战，继续共同掌握全球经济治理权提供了机会。奥巴马执政以来，德美双方围绕国际金融体系改革问题的冲突与合作在很大程度上印证了该特点。而随着以德国为代表的欧盟在国际经济事务上影响力不断上升，可以预见，德美之间在这一层面将会出现更多的利益纠葛。

在国际相互依存层面上，多边主义规范是国际社会普遍承认的主导性行动准则。任何国家只有按照国际社会普遍承认的规则行动，才能建立一个和谐的世界，国家与国家之间才能和平相处，共同发展，共同受益。德国依据自身利益定位和国际政治条件，实行道义责任和利益影响并重的多边主义策略。可以说，德国遵守了国际社会普遍承认的行为规则。这样，德国对多边主义的大力提倡则使德国政府在无形中获得了"多边主义红利"，在国际社会中增强了公信力以及得到更多的机会把符合自身利益的规则转化为国际规则。这在许多需要共同解决的国际问题上与超级大国相背而行。美国定规则让其他国家照办，甚至把美国国内法变为国际法，让世界普遍遵守，这与德国的行为规则相悖。美国既损人又不利己的做法必将遭到德国抵制和国际社会的反对。虽然德美两国价值观相同，但为维护本国利益，相互之间也会出现龃龉甚至矛盾冲突。

德国积极扩大在第三世界国家的影响。19 世纪后半叶，欧洲列强对非洲进行野蛮的殖民主义掠夺时，德意志各诸侯还在为本民族的统一而相互争斗。1848 年在柏林召开的刚果会议，以图解决欧洲列强对非洲殖民的争夺。柏林会议为年轻的德意志帝国对外搞殖民掠夺扫清了道路。1883~1884年西南非洲的纳米比亚、多哥和喀麦隆成为德国的殖民地。在亚洲，德国殖民者占领了中国的胶东半岛。经过两次世界大战，德国丧失了海外所有的殖民地，这反倒成了第二次世界大战后德国发展与第三世界国家关系的有利条件。20世纪六七十年代，随着大批第三世界国家进入联合国，联合国本身及世界形势的变化和发展，西方发达国家不得不认识到第三世界对它们的经济和政治的影响。第三世界国家一向是德国的重要原料来源国和产品销售地，大约40%的原料来自这些国家，15%的产品出口到这些国家。例如德国石油总进口的82%是从欧佩克（OPEC）国家进口的，铁矿砂的48.2%主要从巴西进口；还有铜矿砂的36.3%，铝矾土的88%，原锡的71.6%，亚镍的83%，铅矿砂的32.3%，铁矾土的28.8%以及棉花的55.2%，植物纤维的82.8%等都是从发展中国家进口的。1978年1月3日，施密特政府在答复社会民主党和自由民主党议会党团的一项提案中说：联邦德国在加入西方阵营、并安排好同东方国家关系之后，应该不失时机地承担起它在联合国所负的责任，推行一种"面向南方的政策"，一种"第三世界政策"，向第三世界国家提供发展援助。[①]1980年施密特总理在联邦议会上指出，第三世界国家的独立和不结盟国家的独立是世界和平与稳定的重要因素。同年，时任德国外长的根舍也在联合国大会上明确表示，第三世界的发展才能保障持久的可靠的和平。德国对发展中国家的政策是，与第三世界国家发展"平等伙伴"的合作关系，加强对第三世界国家的经济援助，以克服其"群众性的贫困"，举行南北会议讨论原料、能源、贸易和财政政策等问题，把促进农业发展解决第三世界国家粮食问题、保护自然资源和开发能源资源列为重点项目。

　　在亚洲问题上，德国统一后，改变了过去不重视亚洲的政策，大踏步地进入亚洲。1980年3月，在西德倡议下，欧洲共同体与东南亚联盟签订合作协定，加强双方的贸易和科技合作。德国外长金克尔说，"从国际竞争角度看，我国经济必须出现在亚洲国家市场上"，把亚洲列为德国外交政策的一个重点。1993年2月科尔总理对亚洲的印度、新加坡、印尼、日本和韩国五国进行访问，这是德国统一后积极开展对亚洲的经济、政治外

---

① 参见 H. Haftendorn, Deutsche Außenpolitik. Zwischen Selbstbeschränkung und Selbstbehaup-
tung, 1945 – 2000, Stuttgart u. München, 2001, S. 95 – 96。

交的重大举动。同年 5 月德国出台了"德国的亚洲政策",也被称为德国的"新亚洲政策",把日本、印度、中国列为重点,其中中国处于"关键地位"。科尔政府认为,"亚洲在 21 世纪将出现许多机会。我们在政治上和经济上都必须充分考虑这种机会。一项积极的亚洲政策要为我们当前的政治和经济利益服务。它是德国未来的保障"①。该政策分为亚洲的发展和德国的亚洲政策以及新亚洲政策的重点和实施措施两部分,主要内容是:文件在谈到其产生的背景时说,"在 21 世纪亚洲将有突出的机遇,从政治和经济上必须估计到。推行一种积极的亚洲政策符合我们现实的政治和经济的利益。这种积极的亚洲政策确保德国的未来,也是确保和平的全球政策的不可缺少的组成部分",亚洲拥有世界人口的一半以上,亚太地区经济增长迅速,是世界上最富活力的地区。1960 年该地区只占世界国民生产总值的 4%,在亚洲政策出台时达到 25%,10 年后可能达到世界总产值的 1/3。其中"大中华经济区更是以令人窒息的速度发展着"。文件要求德国人更多地了解和熟悉亚洲;不仅政府,而且各种社会的和政治的组织要与亚洲国家建立和保持关系,扩大经济合作;特别要加强中小企业与亚洲国家的合作。文件认为德国与亚洲国家合作方式主要是:促进当地私营经济的发展居于合作的中心地位,支持中小企业扩大生产,促进职业教育和继续教育,促进基础设施建设,改善环保。

1993 年 9 月"德国经济亚太委员会"在科隆成立,促进德国企业在亚洲的活动,金克尔外长和雷克斯洛特经济部长出席成立大会,经济部长强调说,德国政治界和经济界应该挽起手来,"共同迎接亚洲经济的挑战"。1994 年 1 月德国驻 21 个亚太国家的外交官在波恩举行会议,会议通过一项"十点文件",强调德国的新亚洲政策是保证德国未来发展的优先关注事项。"十点文件"的主要内容是:新亚洲政策是确保德国未来的优先任务;加强与亚太地区的关系;加强与该地区政治、经济、科技和文化方面人事关系;创造和改善及投资的总体条件;加强与亚洲国家在环境政策和技术方面的合作;地球上大多数穷人生活在亚洲,亚洲是德国发展援助的一个重点;加强与亚洲国家的政治对话,使他们参与解决全球的重大问题;加强对亚洲的传媒工作;加强欧盟与亚洲的关系,最后强调德国愿意成为亚洲国家的一个好的、可信赖的和有益的伙伴。2002 年 6 月 25 日又

---

① 吕耀坤:《德国亚洲政策》,《现代国际关系》1993 年第 12 期。

出台了默克尔政府的"新亚洲政策"，声称将以更积极的态度参与解决亚洲地区的各种冲突。新亚洲政策首先提出，亚洲不仅对德国出口贸易重要，而且也关系到德国的政治和其他方面的利益，强调发展与亚洲国家的全面伙伴关系，从而改变德国过去只重视发展与亚洲国家经济关系的偏颇。默克尔政府的"新亚洲政策"概括起来有三个方面的内容：一是经济利益如贸易、投资、竞争力的保障和科技合作；二是地缘政治战略利益如保障和平、防扩散、尊重人权、法治国家；三是全球利益如资源和气候保护、全球治理。该政策认为亚洲的崛起，特别是中国和印度的崛起，不仅给西方带来经济影响，而且还在世界范围内产生巨大的地缘政治和安全影响，欧洲和美国必须在一个欧洲和大西洋影响日渐削弱的世界上重新定位，强调要在共同价值观和意识形态基础上建立"伙伴关系"。文件认为中国崛起具有深远影响，同时也强调印度和日本的重要性。德国政府经济合作和发展部长海德玛丽·维佐里克－佐尔（Heidemarie Wieczorek－Zeul）把发展政策看作全球结构政策与和平政策，是一项"全球结构政策的任务"，是确保全球未来机遇的重要部分。她还认为，发展政策的目标是"社会公正，建立人道的生活条件，减少贫穷，尊重人权，促进民主基本秩序与全球生态平衡"，贫穷与社会不公是暴力与恐怖主义的温床，不减少贫穷便不能成功地反恐怖。为此，德国政府制定了《2015年行动计划》，并决定到2010年把发展援助的资金提高到占国内生产总值的0.51%，到2015年达到联合国规定的0.7%的标准。①

二　欧洲的德国

（一）立足欧盟

从阿登纳政府开始，立足西方，积极推动欧洲一体化进程就成为德国外交的基本方针。1949年8月14日，德国西部三个占领区举行首次联邦议会大选，基督教民主联盟和基督教社会联盟（简称联盟党）胜选，阿登纳担任联邦德国首任总理。他一直借助以美国为首的西方国家势力让德国变得壮大起来，摆脱战败国地位，成为欧洲国家中平等的一员。阿登纳在

---

① 殷桐生主编《德国外交通论》，第339页。

其回忆录中写道，"如果单单靠自己，我们就将一事无成；如果同西方团结一致，我们就能——这是我的信念——维护我们的自由，并随着时间的推移而使德国在和平与自由中重新获得统一"[①]。但是，德国与美国毕竟远隔重洋，真正能帮助德国的还是欧洲。为此，阿登纳极力改善与法国的关系，建立"波恩－巴黎轴心"，推动欧洲建设，在当时就是推动西欧一体化建设。前总理施密特当时认为，联邦德国的利益只有在得到法国的合作和支持时才能得到保障，而法国要想在世界舞台上起一种领导作用，也必须有联邦德国的支持，因此，德法两国的合作是符合两国利益的。统一至今的23年也是德国积极致力于欧盟建设的23年，欧盟政策继续成为德国外交政策的重要支柱，统一后的德国重回欧洲中心的位置，德国外交政策日益打上了深深的欧洲烙印。1998年红绿联盟政府执政初期，时任总理的施罗德曾经说过，社民党领导下的联邦政府将不会改变德国的外交政策、欧洲政策及安全政策的基本走向，仍把欧盟政策放在他的外交政策中的核心地位。2005年11月，大联盟政府在执政纲领的欧洲部分中表示德国将致力于挽救《欧盟宪法条约》，并承诺将打造一个"公民的欧洲"。2007年上半年德国利用担任欧盟轮值主席国期间制定了"路线图"计划，为《里斯本条约》的出台发挥了重要的作用。[②] 20世纪80年代初，在西欧开始散发一种西欧衰落悲观的论调，当时主要指西欧在高科技领域落后于美国和日本，如大型计算机、新材料、生物工程、光导纤维、机器人等。例如在集成电路技术方面，美国和日本在1982年就已制成256千位的存储器芯片，到1985年开始批量生产，而当时西欧还处在试制期。1972~1982年，西欧共同体在世界新技术出口市场上所占份额下降了17%，而美国和日本却分别增长了36%和38%。法国外交部长迪马写信给德国外长根舍说，欧洲如果不能把握住这种尖端技术的发展，就不会有前途。而要改变这种状况，只有西欧国家联合起来。[③] 西欧国家一直担心德国统一后会坐大欧洲。对此，科尔总理不断强调统一后的德国是欧洲的德国而不是德国的欧洲，以消除欧洲国家，特别是法国的疑惧。2007年1月德国接任欧盟主席国旗帜后，重新激活《欧盟宪法条约》进程，是年10月通过"简化版欧盟宪法条约"——《里斯本条约》，把西欧一体化进

---

① 潘其昌：《走出夹缝》，中国社会科学出版社，1990，第263页。
② 殷桐生主编《德国外交通论》，第151页。
③ 潘其昌：《走出夹缝》，第315页。

程向前推进了一大步。

第一阶段：德国作为19世纪后期崛起于欧洲的强国与大国，长期以来在国际上的大国地位毋庸置疑，但由于两次挑起世界大战且以失败告终，使其大国的国际地位受到严重影响和削弱，因此当时西德建国后不得不再度依靠欧盟这杆大旗来发展自己，平抑邻国的反感和警觉，争取成为国际社会中平等的一员。这是德国谋求国际大国努力的思想和实力准备阶段。

第二阶段：1990年两德统一，这为德国谋求国际大国的努力提供了最佳的时机。第二次世界大战结束后，世界很快进入东西方对立的冷战时代。联邦德国成立后自觉把自己置身于西方世界，推行西方的价值观念和意识形态。阿登纳一上台就密切地与西方国家相配合，坚决推行向西方一边倒的政策。这必然导致联邦德国与建国伊始向苏联为首的东方阵营一边倒的新中国相对立。东欧剧变和苏联解体后西方世界一片兴奋，认为这是"历史的终结"。

第三阶段：1998年红绿联盟登上联邦政府宝座，德国谋求国际大国地位的企图更加公开化，到伊拉克战争前达到巅峰。德国的主要表现是：施罗德总理与英国首相布莱尔合搞《伦敦宣言》，并与法国共同大力推动欧盟东扩；努力与俄罗斯和中国搞好关系，希望在争取联合国常任理事国席位上得到支持；逐渐突破《基本法》限制，向北约防区以外派兵参加联合国维和行动，如向阿富汗派医疗队，参加阿的重建工作，以及不断努力摆脱美国"小伙伴"角色，表示要走德国道路等。[①] 它们积极推行既有的价值观念和意识形态，更加突出"民主、自由、人权"的价值观。而默克尔上台伊始推行的价值观外交就是例证。德国是当今颇具影响力的国家，也是欧洲的核心国家之一。正如德国历史学家弗兰茨·施纳贝尔所说："在欧洲的所有的民族当中，德意志人由于他们居住空间上的地理条件，使他们成为了一个负担最为沉重的民族，特别是地理上的负担，造就了他们历史上的一种特别有负担的传统。"[②] 因此，德国同东西欧国家之间的恩恩怨怨，使德国问题在历史上一直是一个"欧洲问题"。

欧盟已成为德国走上国际舞台的跳板，积极打造"一个声音的欧洲"，也是发出德国声音的平台。欧盟需要德国，德国离不开欧盟。这就是德国

---

① 殷桐生主编《德国外交通论》，第153页。
② 转引自唐晋主编《大国崛起》，人民出版社，2006，第236页。

极力打造欧盟的初衷。

（二）　面向东欧

冷战结束和德国统一，使德国的安全环境发生了巨大变化。随着东欧地区的捷克、波兰和匈牙利加入北约，德国已从原来的东西两大阵营对峙的"前线国家"转而成为欧洲的中心，周边国家要么为盟国，要么为友好国家如瑞士等。德国安全防务政策仍然离不开三个内容：一是依靠北约来维护自身安全，推进北约东扩；二是致力于实现欧盟一体化进程，利用地缘优势扩大对东欧国家的影响，建立欧盟自己的安全与防务政策；三是谋求联合国安理会常任理事国席位，跻身世界政治大国行列，争取在维护国际安全与稳定方面发挥重要作用。德国的防区原来只限于本土防御和北约地区范围内的防务，现在欧洲和世界的安全形势出现了变化，德国欲要谋取大国地位，所谓承担更多"国际责任"，就必须走出北约地区范围，走向世界，参与更多的世界防务活动。[①]。

欧盟政策已经成为德国"国策"和外交政策的重要支柱，统一后的德国致力于欧盟东扩，重又回到欧洲中心的位置，德国外交政策日益打上了深深的欧洲烙印。德国 RTL 电视台 2004 年调查结果显示，多达 59% 的德国人欢迎欧盟东扩。德国《世界报》网 2004 年 4 月 26 日报道，其中18～29 岁的德国人对此的支持率最高达到 69%。德国是欧洲拥有邻国最多的国家，具有特殊的地缘战略地位，也决定了它对安全有着特殊的需求。1991 年科尔在爱丁堡大学演讲指出，联邦德国对欧洲一体化的需求超过任何其他国家。"我们需要欧洲，不仅出于经济上的原因，还有政治原因，对德国来说，这种需求比任何其他欧洲国家都要强烈，因为由于地理位置居中使我们比任何其他欧洲国家都拥有更多的邻国和更长的边境。"[②]德国经济部长克莱门特在 2005 年强调，欧盟东扩一年里，德国的商品出口保障了德国国内的工作岗位。他说，10 个新成员国加入欧盟整整一年了，欧盟的东扩为德国增强了活力。德国中小企业在快速增长的中东欧市场开发方面卓有成效。德国商品和服务业出口到这些新成员国为德国创造了无数的工作岗位。新成员国的优惠商品使德国企业和消费者从中获

---

① 参见《德国军事力量详表》，战略网，http：//www.chinaiiss.com/military/view/162。
② 殷桐生主编《德国外交通论》，第 163 页。

利，并且使德国的经济竞争力更持久，居民的购买力得到提高，拉动了德国的内需。① 这就需要德国进一步改善和发展与东欧国家的双边和多边关系。德国总理默克尔于 2006 年 9 月 22 日就在国际贝斯特曼"欧洲未来"论坛上明确提出，"至于新成员问题，我们在可以预见的时间里不会做出新的承诺"，"那些极力赞成欧盟扩大的人——我不一定属于这些人的范畴——必须明白，如果他们同时对宪法条约持怀疑态度的话，那么在现行的法律基础上不会再有扩大"②。

德国处理好与东部邻国波兰的关系是进入东欧圈的重要一步。前总理科尔曾说，"没有德法的友谊，欧洲一体化大业无法开始；没有德波的友好，欧洲一体化大业无法结束"③。波兰部长会议主席西伦凯维茨于 1957 年访问印度时说，波兰同联邦德国的关系是波兰外交政策中的一个主要部分。因为波兰反对联邦德国在边界问题上的立场，波兰多次努力并未得到联邦德国的积极响应。由于历史原因，德国与波兰关系一直龃龉不断。进入 21 世纪以来，德波两国媒体中出现了不和谐声音，波兰媒体经常出现比如两国已从"利益共同体变成了争论共同体"，"忘恩负义的人"，"出卖朋友的德国人"，等等言论，不一而足。波兰是德国东部的最大邻国，面积为 31.2683 万平方公里，略小于德国（35.6545 万平方公里），两国有很长的边界线，特别是两国边境地区人们来往密切。另外，由于历史原因，联邦德国能否改善和发展与波兰的国家关系，是联邦德国进入东欧的一块试金石。1970 年 12 月 7 日，联邦德国前总理勃兰特在对捷克、波兰进行国事访问后，来到华沙犹太人死难者纪念碑下，双膝跪地，以此举向第二次世界大战中无辜被纳粹党杀害的犹太人表示沉痛哀悼，并虔诚地为纳粹时代的德国认罪、赎罪（见图 2 - 1）。勃兰特的历史性一跪震惊了东欧各国人民，也引起全球瞩目，为其尔后推行"新东方政策"打下了基础。在此期间，匈牙利、罗马尼亚也纷纷表示愿与联邦德国改善关系。

冷战结束，两个德国统一，德国从东西方对峙的"前线国家"转而成为欧洲的"中心国家"，地处欧洲中心地带，成为东西欧接触和交流的中心场所，德国又是欧洲的经济大国，因而也提高了德国的欧洲地位和国际

---

① 《欧盟东扩德国受惠》，商务部网站，http：//de. mofcom. gov. cn/aarticle/jmxw/200505/20050500086827. html，2011 年 6 月 14 日检索。

② 殷桐生主编《德国外交通论》，第 168 页。

③ 殷桐生主编《德国外交通论》，第 163 页。

图 2 - 1　勃兰特的历史性一跪

地位。但是，德国如果要发挥大国作用，不仅要拉住西欧国家，而且还要拉住东欧国家，甚至成为东欧国家在国际事务中的代言人。正是在这样的历史条件下，德国才力促欧盟东扩，东扩至俄罗斯边界。

　　根据《罗马条约》规定，任何一个欧洲国家都可以申请加入欧共体，只有欧共体成员国一致同意才能接纳新成员国。1958～1972 年欧共体 6 国经济增速超过美国，显示其巨大优势。1973 年 1 月 1 日欧洲经济共同体（简称欧共体）第一次扩大，正式接纳英国、爱尔兰、丹麦为欧共体成员国。1981 年 1 月 1 日欧共体第二次扩大，吸收希腊为正式成员国。1986 年 1 月 1 日第三次扩大，西班牙和葡萄牙加入欧共体。1995 年 1 月 1 日欧共体第四次扩大，瑞典、芬兰和奥地利正式加入欧共体/欧盟。2004 年 5 月 1 日爱沙尼亚、拉脱维亚、立陶宛、马耳他、塞浦路斯、波兰、斯洛伐克、斯洛文尼亚、捷克和匈牙利 10 国加入欧盟。罗马尼亚和保加利亚于 2007 年 1 月 1 日加入欧盟，克罗地亚于 2013 年 7 月 1 日入盟。欧盟现有成员国为 28 个，涵盖了欧安会大部分成员国。从政治上看，欧盟努力东扩，把中东欧国家纳入欧盟有助于西欧国家达到其长期追求的"联合欧洲"的目标。从经济上看，欧盟仍是世界上最大的经济体，其国内生产总值达到 17.6 万亿美元，比美国高出 10%。①欧盟东扩可以给德国带来更大

_____

①　参见〔英〕罗思义《说欧洲衰退，中国人是幸灾乐祸》，环球网，http://opinion.huan-qiu.com/roll/2012 - 04/2617872.html。

的市场机会，进一步扩大出口，增加国内就业。德国是一个出口贸易大国，德国出口的一半以上进入欧盟市场，德国的 GDP 中的 1/3 依靠出口，为出口工作的就业人数占总就业人数的 20%。德国经济总量占欧元区的 1/3，故力促欧盟东扩是德国对外政策的主要任务之一。①

1993 年在德国支持下，欧盟在丹麦哥本哈根峰会上通过了《哥本哈根入盟标准》，规定要达到三个标准才能加入欧盟。这三个标准是：政治上，候选国必须拥有稳定的政治体制、民主和法治、保护人权、尊重和保护少数民族；经济上，候选国必须拥有运转良好的市场经济体制，并能抵抗来自欧盟统一大市场的竞争压力；法律上，要求加入欧盟的国家必须遵守欧盟已有的一切法律法规。② 2010 年 12 月建立的欧洲外务局，实际上就是欧盟的"外交部"，其编制将达到 7000 人，并将在全世界绝大多数国家设立大使馆。2012 年 3 月 1 日欧盟吸收塞尔维亚为欧盟候选国。拉脱维亚于 2014 年 1 月正式加入欧元区，成为欧元区第 18 个成员国。欧元货币虽然存在这样那样的缺陷，但仍有生命力，其一跃成为世界第二大货币，目前仅次于美元。

2008 年爆发的全球金融和经济危机催生了欧元区主权债务危机，危机从欧元区的边缘国家蔓延到核心国家，动摇了欧洲的根基。主权债务危机已经证明，欧元区需要制定一项共同的财政政策，创建一个共同的财政部，应给予欧洲央行更大的权力，让它承担更大的风险。因此，批准更加严格和严密的《稳定公约》，对于实现进一步一体化也必不可少。③ 2012年 5 月 19 日 G8 集团政府首脑在美国戴维营举行峰会，讨论采取何种办法应对危机、振兴经济成为本次峰会的重点，会后发表了《戴维营宣言》。《戴维营宣言》还讨论了粮食安全、阿富汗经济、中东地区形势、叙利亚问题、伊朗核问题、朝鲜核问题等。

目前欧盟正面临着财政紧缩还是刺激增长的问题之争。2012 年 5 月，德国工业重州北莱茵—威斯特法伦州举行选举，总理默克尔的基督教民主联盟党败北；2013 年 1 月 20 日德国第二大州——下萨克森州议会选举，执政达 10 年之久的基民盟和自民党丢失大权，反对党社会民主党和绿党胜选入主州政府，这不啻是给希冀蝉联下届联邦总理的默克尔泼了冷水。

---

① 殷桐生主编《德国外交通论》，第 168 页。
② 殷桐生主编《德国外交通论》，第 168 页。
③ 作者系美国布鲁金斯学会外交政策资深研究员，ESADE 全球经济和地缘政治中心主任。

法国大选中萨科奇总统的保守党失败，主张扩大消费增加就业的社会党奥朗德获胜登上总统宝座，强烈震动了欧洲政坛，这无疑使默克尔总理在2013年德国联邦议会大选中争取连任第三届德国总理的期望受阻。欧洲面临着非传统安全问题的挑战，国际反恐怖主义任务严重，应对全球气候变化任务艰巨，重振经济刻不容缓。这些都是默克尔面临的挑战。

希腊债务危机，导致挤兑银行风潮。数据显示，比利时、法国和意大利的银行储户也纷纷从银行提款，欧元出现了所谓"缓慢的"银行挤兑风。2011年法国农业信贷银行和巴黎国民银行各自流失达300亿欧元。西班牙巴塞罗那市中心的大银行（BANKIA）大门前上千人排队，要求从银行取款，但银行已无现金可取。自2010年初以来，希腊银行流失的存款达720亿欧元，比利时两家银行存款流失超过1200亿欧元，法国银行900亿欧元，意大利300亿欧元。[①]希腊的危机尤为严重，希腊是否退出欧元区成为一个严峻的考验。在应对希腊债务危机的问题上，有两种主流观点，即"输血"和"紧缩"。现实表明，希腊国内经济不断萎缩。"财政紧缩、信贷紧缩、需求紧缩"使希腊留在欧元区的成本并不比退出欧元区要低。

预计2014年欧猪五国（PIGS）的经济状况会有所改善，经济数据会有增长，爱尔兰已退出救助项目，于2014年1月7日重返债券市场，第一次拍卖了10年期债券。2010年爱尔兰经济危机后，其欧洲伙伴国和国际货币基金组织（IMF）向爱尔兰提供了为期3年总额高达675亿欧元的紧急贷款，于2013年12月到期，爱尔兰不仅偿还了债务，而且还积攒了200亿欧元现金，足以支付到2014年的账单。[②]西班牙在2013年第3季度已摆脱经济衰退，展望2014年会有0.7%的增长率。

债务危机的严峻性暴露出欧元区内部经济结构的致命弱点——长期存在的严重结构失衡。人们不禁要问：欧盟经济靠什么竞争来支撑？德国经济在这次债务危机中之所以能挺立不倒，靠的是能生产第一流的产品。德国的机械制造、化工、纳米技术、环保技术等均居世界领先地位，环保技术贸易额占世界总贸易额的1/6，环保产品在世界市场上占近1/5。德国连续6年保持世界第一出口大国地位，靠的是质量和信誉。德国产品的竞争力一直走强，法国、意大利和西班牙竞争力大幅下降，反衬出德国的竞

---

① 参见朱周良《欧元区降级噩耗接踵而至 欧债局势险象环生》，经济参考，http：//jjckb. xinhuanet. com/2012 - 05/19/content_ 376297. htm。

② 《爱尔兰"脱援"后首次发债受追捧》，《参考消息》2014年1月9日，第4版。

争力和生产效率，德国在欧洲的市场份额得到了扩大。

作为欧元区内首富，德国对希腊不能袖手旁观。据报道，希腊于2015年开始还需要第3轮援助。迄今，希腊已获得了2150亿欧元的援助，但希腊的经济前景仍表现暗淡，政府负债占其 GDP 的180%，失业率居高不下，高达27.6%，是欧元区平均失业率的两倍之多。但希腊政府还在积极努力采取措施，如减少开支，已缓和了对市场的压力，稳定了市场信心。希腊经济已与欧盟经济紧密联系在一起，为了欧元区稳定，欧元区其他国家也应拉希腊一把，以达到相对的共同富裕，欧盟才能稳定，才能在世界事务中作为一极发挥作用。

三　德国的德国

德国作家托马斯·曼曾撰文谈到了德国历史的基本矛盾，即德国属于古老西方文化和社会的一部分，却走上了一条与西方邻国截然不同的政治发展之路。和英国、法国相比，德国很晚才成为一个民族国家，实行民主制的时间更晚。联邦德国的宪法就是这种经验学习的结果。德国前总统理查德·冯·魏茨泽克（Richard von Weizsäcker）认为，1990年10月3日具有历史性意义，因为这一天德国才第一次在西方民主的框架内找到了自己永恒的位置。

1951年12月6日，阿登纳在英国伦敦皇家国际事务研究院发表了一篇题为"当代问题中的德国"的演说，深入分析了德国的历史。他比较了英国和德国的发展史，并从中得出结论，英国的"民主是其历史不间断地发展的成果"，这种民主被视为"一种无可置疑的国家和社会体制"。阿登纳认为，德国历史上也出现过"具有类似可能的美妙萌芽，特别是在各个城市中"。"然而随着德意志民族神圣罗马帝国逐渐解体，领土国纷纷诞生，各邦之间权力争夺阻碍了民主理念的发展以及民主机制的建立。直至19世纪初，德国才开始萌发新的政治意识。这种对自由国家体制的追求理所当然地和民族统一的愿望融为了一体。民众的愿望促成了1848年的第一届德国人民民主代表大会，然而大会没能组建起一个民主的德意志帝国。这为德意志民族带来了灾难性的后果。1871年德意志帝国建立以后，非但没有实现民族自由，却为追逐权欲的民族主义提供了温床。这种观念不断激化，加上一战之后的社会困境，纳粹主义终于产生，给全世界，尤其是德国带来了难以言喻的灾难。"以上寥寥几句不仅体现了阿登纳对德国历史观点的看法，而且揭示了"德国特色道路"的核心含义。"德国特色道路"并不是要暗示德国与其他西欧大国之间存在巨大差异，它强调更多的是德国与西欧以及北美国家在社会和文化上的共同点，以期在这种背景下突出德国政治发展的特性，尤其是德国集权制的悠久传统。

身为联邦德国第一位总理，阿登纳认为未来的德国不会成为一个松散的民族联邦，政治上在东西方阵营之间摇摆不定，因而只能走"特色道路"。阿登纳并不希望德国走到这一步。"自始至终，欧洲都需要统一起来"，阿登纳在回忆录中提到 1954 年夏天欧洲防御共同体以失败告终时这样写道，"联邦德国和统一之后的德国必须要与西方保持联盟关系"。这正是阿登纳的政治路线，这一路线基于他对局势的判断，他认为，在东西方之间摇摆不定的德国迟早会让苏联成为欧洲的霸主。

对于西方是否（还）是一个价值共同体这一当今经常讨论的问题，从弗兰克尔这些思考中我们也能得到一个辩证的回答：西方是一个价值共同体，它在从共同价值派生的政治论断上存在争论，且必须争论。西方价值受到了跨大西洋色彩和经验的影响，同时也和所有历史现象一样不断发展。当人们将西方和其他社会文化进行比较时，西方的共同点表现得尤为明显。在政治文化上，欧盟国家和美国有着许多自己的特点。值得欣慰的是，这些国家都会为了强调集体"身份"而标榜自己与其他地区的差异。

欧盟和美国也不需要第三方来认可它们的共同点。它们有理由、有必要维护西方的价值和机构不受任何攻击和威胁，并尽可能地宣扬它的影响。然而如果某种政策意图强制性地推广西方价值观和生活方式，则注定会一败涂地。历史上，德国政体在专制和民主之间摇摆。魏玛共和国是德国历史上首个民主政体，但缺乏民主政治的基础，成效不大。而后被改造成以希特勒独裁为特征的专制国家，为追求"生存空间"而发动了战争。此后，两个德国分别成为美苏两大对立阵营的成员，联邦德国与民主德国分属不同的阵营。两个具有对立政治取向的德国并存。对于第二次世界大战后的欧洲国家来说，民主须是民族国家政治生活的基本原则。这对于德国来说恰恰是挑战。德国不是如法国和英国那般的民族国家，它先天就缺乏实行民主政治的条件。战胜国一致要求德国去纳粹化，防止军国主义死灰复燃，迫使整个德意志民族进行了彻底的批判式的自我反思，迫使他们在西方国家强制实行的"再教育"的道路上，不得不为所有那些以整个民族的名义犯下的罪行赎罪。没有这样一种前提，民主制度是难以在联邦德国这片土地上真正建立起来的。通过基本法所肯定的"人的尊严是神圣不可侵犯的"宪法形式，非纳粹化以及德国战后民主制度的建立，才替代了德意志历史上从来没有经历过的一场彻底的民主革命的胜利。德国与整个欧洲各国的政治制度头一次变得完全相似了。

（一）德国吸取历史教训，走出德意志帝国的阴影

德国是两次世界大战的发动者，背负着沉重的历史包袱，历史教训严重，在欧洲各国，特别是在其邻国中的信任度很低。人们普遍担心会出现"第四帝国"。欧洲人的"恐德病"由来已久，尤其法国人的恐德心理更重。早在 17 世纪中叶，法国首相黎塞留即明确宣称"德国弱，法国才能强"。先是拿破仑横扫德意志诸邦，而自 1870 年普法战争法国战败后到1945 年第二次世界大战结束的 75 年间，两国三次大规模交战，法国都处于下风，三次遭受德意志铁蹄的蹂躏和屈辱。在第二次世界大战后很长时间内，法国各界对德国普遍抱有严重不信任感和戒备心态。①统一后的德国的面积为 35.6545 万平方公里，小于法国；人口达到 7950 万，为欧洲（俄罗斯外）之最，是欧洲的一个经济大国。德国的经济总量占欧元区经济总量的 1/3。据同创同德网 2012 年 6 月 8 日报道，2007 年德国出口额为13330 亿美元，德国对欧盟出口占德国出口总额的 64%，对欧元区出口占42.8%。德国不敢走特殊道路，不能执西欧联合之牛耳，而历史经验又证明，西欧联合离开法国也毫无前途，因此科尔政府和过去德国历届政府一样，十分重视改善德法关系，形成"波恩－巴黎轴心"共同推动西欧联合的发展。正如英美关系是传统的特殊关系一样，战后以来的德法关系也是特殊关系，双方都把对方放在最重要的外交位置上，两国首脑上台后的首次出访都是到对方国家。②英国首相撒切尔夫人曾说，德国将在欧洲占支配地位，英国的任务就是要防止发生这种情况。为了消除西方，特别是欧洲国家对德国的疑虑，当时的阿登纳政府执行一边倒（向西方）的政策，认为，只有依靠西方大国，德国才能求得统一。科尔政府执政以来，在德法

---

① 刘立群：《德法关系：从宿敌到盟友》，载刘立群主编《金融危机背景下的德国及中德关系》，社会科学文献出版社，2011。

② 刘立群：《德法关系：从宿敌到盟友》，载刘立群主编《金融危机背景下的德国及中德关系》。

两国密切配合和推动下，恢复了西欧联盟的活动，解决了共同体内部长期争吵不休的英国农业回扣问题，通过欧洲政治合作条约草案和修改罗马条约的建议，吸收西班牙、葡萄牙为欧洲共同体新成员国，提出并开始实施"尤里卡"计划，促进欧洲科技合作，把西欧联合推进到一个新的发展阶段。

积极改善和发展与东欧各国及苏联的关系。据报道，当时德国人捐款380万马克给苏联人过冬，西柏林将储存的价值5亿马克的食品运往苏联进行救济。阿登纳称，与苏联建交是一种特殊的例外，苏联是四大战胜国之一，对德国统一负有责任。1955年6月7日苏联通过其驻法国大使馆建议阿登纳访问莫斯科，就两国建立外交关系和经贸关系进行谈判。双方经过艰苦谈判就两国建交条件达成一致，即苏联同意释放9626名德国战俘，对德国东部边界即奥德－尼斯河边界各自保留自己的意见。科尔政府外交政策的战略目标是：德国统一以及应对世界战略格局的多极化。主要做法是：推动西欧联合，加强对美关系，对苏以抗求和，促进两德对话、合作，重视对日关系，发展同中国的全面合作。科尔政府强调，苏联的扩张性是对西欧的严重威胁，主张对苏联采取强硬态度，实现力量均势是防范苏联、确保欧洲地区稳定与和平的最可靠办法，按计划在联邦德国土地上部署美国的潘兴 II 导弹和巡航导弹，实现欧洲战区战术核力量的大体均衡。与此同时，科尔政府坚持与苏联进行政治对话，促成美苏首脑冰岛会晤，以缓和东西方关系。在德苏两国关系上，科尔、根舍外长一再强调恪守已签订的一系列东方条约，承认欧洲战后边界现状，多次声明对苏联、波兰等没有领土要求。苏联与联邦德国建交后，东欧国家也纷纷向联邦德国投送秋波，表示愿意和联邦德国实现关系正常化。德国统一后欧洲中心向东转移，德国成为主角，人们也看到德国的大国意识日益增强，开始要求在欧盟中维护德国的国家利益，提高德国在欧洲和在世界上的发言权。

德国外交政策的最重要的两个指导原则是"不要再有战争"和"不要再有奥斯维辛"，这是在历史教训的影响下形成的。[①]在这两个标准之上总结出的阿登纳外交政策上的西方一体化，最终成为德国政治外交文化的

---

① 参见 Hans Martin Sieg, Weltmacht und Weltordnung. Der Krieg im Irak, die amerikanische Sicherheitspolitik, Europa und Deutschland, Münster, 2004, S. 337。

宗旨。①这促进了德国与西方国家实现经济、政治一体化，以及安全政策一体化。德国加入了西方的价值共同体（欧盟）和北约组织。②随着德国统一后外交正常化，德国竭力谋求大国地位，要求成为联合国安理会常任理事国，至少希望成为同英、法平起平坐的不属单独一极的"正常"国家。用"克制文化"来指导联邦德国的外交政策。简单综合一下联邦德国外交政策的策略原则，不难发现，其中贯穿着一条价值的红线，那就是"克制文化"。无论是"人在屋檐下，主动低下头"，还是不当出头的椽子；无论是尽量适应占领国的利益，还是在美法关系中保持中立，都是受这一红线牵动的。甚至当1994年克林顿在柏林呼吁联邦德国承担起新的世界领导责任时，联邦德国的"克制文化"仍然占主导地位。强调"克制文化"对联邦德国，对德意志民族都具有特别重要的意义：放弃领导要求，把间接行动作为指导原则。德国尝试，避免追求单纯的国家利益，而是通过国际组织以及和伙伴国共同行动来实现目标。③ 而且德意志民族也很好强，不甘居人之下，加上历史上法西斯分子灌输的"优等民族"和"超人"意识，德国也确实有那么不小的一部分人头脑膨胀、行为傲慢。如果不无时无刻地让他们"克制"一点，就不知道会闯出什么祸来。因此提倡"克制文化"既有战术上的意义，也有战略上的作用。从科尔政府单独率先承认克罗地亚和斯洛文尼亚的独立，到施罗德政府大胆突破海外派兵的禁忌，不甘心做美国的"小伙伴"，积极开展"穿梭外交"推动中东和平进程，斡旋伊朗核危机，再到默克尔政府对积极谋求联合国安理会常任理事国席位的坚持，统一后的德国外交上更加自信。

在冷战时期，由于德国的战败国身份，且当时的联邦德国的国防政策是纳入北大西洋公约组织的威慑战略之中的，因此联邦德国在军事上一直采取"自我约束"的对外政策。基本法第82a条第二款规定：除防御之外，德国可在基本法明确允许的范围内派遣武装部队。但基本法并未对允许的范围和程序做出明确规定，因此联邦德国向海外派兵始终是一个禁

①　参见 Ludger Kühnhardt, Wertgrundlagen der deutschen Außenpolitik, S. 106 – 108, in Karl Kaiser, Hanns W. Maull, Hrsg., Deutschlands neue Außenpolitik, Bd. 1：Grundlagen, 2. Auflage, München, 1995, S. 99 – 126。

②　Karl Kaiser, Das vereinigte Deutschland in der Internationalen Politik, S. 10, in：Karl Kaiser, Hanns W. Maull, Hrsg., Deutschlands neue Außenpolitik, Bd. 1：Grundlagen, 2. Auflage, München, 1995, S. 1 – 14.

③　N. Jakobs, Deutsche Sicherheitspolitik nach dem 11. September 2001, S. 27.

区。统一后的德国致力于参加联合国的维和行动。1991 年以来，德国已经派遣超过 15 万名联邦国防军士兵，3500 名警察和 1000 名文职专家参加了国际和平使命。[①] 统一后德国外交的一个重要转变就是超越"克制文化"的羁绊，逐步向海外派兵，然而它同时也难以摆脱诸多困扰：历史重负的困扰，纳粹德国犯下的滔天罪行罄竹难书。因此，德国大举向海外派兵的政策也不言而喻地受到历史重负的困扰。

2002 年 4 月，执政党和在野党就有关联邦国防军是否派兵中东展开了激烈的争论。争论的导火线是此前施罗德提到有关派兵参加中东地区军事行动的想法。当时的在野党——基民盟的主席默克尔原则上认为可以派兵，不过她认为派兵只是漫无边际的想法罢了，并非上策。而时任联盟党总理候选人、基社盟主席施托伊伯则明确表示反对这一想法。当时担任绿党议会党团主席的米勒女士（Kerstin Müller）则要求马上停止这场"莫须有"的辩论，应该在菲舍尔外长"七点计划"的基础上寻找政治解决冲突的途径。该计划旨在有步骤地解决巴以冲突，实现中东和平，它要求冲突各方放弃暴力，互相承认生存权利，计划在结束巴以之间的最终地位谈判后，实现以色列和阿拉伯国家的关系正常化。法兰克福犹太人社区主席科恩（Salomon Korn）则认为，即使有联合国授权也无法想象德国人派兵以色列，"那种德国士兵可能向以色列人开枪的设想简直就是骇人听闻"。联邦国防军存在人数困扰，统一后联邦国防军的数目锐减，现有 183828 名士兵的联邦国防军最多只能向国外派遣10000 名左右的士兵。与此同时，联邦国防军自身的问题也逐渐暴露出来：武器装备的落后，尤其是缺乏易于空运和海运的轻型装备，使海外派兵无法适应快速变化的形势。为了适应新的任务，联邦国防军必须对武器装备和自身体制进行重大调整和改革。同时，由于派驻地区自然条件的恶劣以及士兵身体条件和精神准备不足，士兵还要面临死亡的威胁。例如 2003 年 6 月，驻阿富汗德国士兵中有 4 名战士死于自杀式爆炸袭击，29 名士兵受伤。此外，士兵还要面临来自家庭的压力。联邦国防军海外派兵政策还在一定程度上有悖于依靠非武力的方式（如协调、对话、谈判等）解决冲突的"文明力量"理念。战后德国的反战情绪一直高于其他欧洲国家，德国也由此成为欧洲和平主义运动的始发点之

---

① 《德国与联合国手册》，柏林，2008，第 5、384 页。

一。尤其是经历过学生运动和"新社会运动"的那代人已经成为德国社会的中流砥柱。和平、反战的理念早已深入人心。2002 年 10 月 31 日，当造价 7 亿欧元的德国海军萨克森（Sachsen）级防空型护卫舰（F124型）交付使用时，德国和平运动的一位发言人批评说，"德国海军的扩军导致其他民族受到世界范围内长期的威胁，并让人联想到威廉帝国和希特勒法西斯时期的不光彩的传统"。

（二）统一后德国政治家和学者对德国定位的思考和争论

托马斯·里斯（Thomas Risse）提出了德国国家认同的三个概念，也就是欧洲导向、外交多元化和文明国家。对于统一后德国外交的走向，国际理论界三大主流范式——新现实主义、新自由主义和建构主义一直有着不同的解释和判断。新现实主义者坚持德国应继续以国家利益和大国权利政治为导向；而新自由主义者则认为，"相互依存"的国际政治体系使民族国家的行为能力受限，德国政府应致力于在多边主义的框架内寻求合作；建构主义者认为社会结构和行为者之间有相互建构的关系，强调社会共同的规范和理念。统一后德国的外交政策是以延续为主，但排除以追逐权力为导向的政治。

统一后的德国称得上是欧洲的真正大国，它的发展方向引起政治界和学术界的广泛关注和争论。这些争论主要表现为以下三个方面。

首先，统一后的德国依然是西方"大家庭"中的一员，否定推行以德意志民族利益为主导的单边的外交政策。据日本《读卖新闻》和盖洛普民意测验机构于 1990 年 4 月底 5 月初对两个德国举行的民意测验结果，71% 的东德人不希望德国统一后加入北约，赞成中立的人达 80%；西德有 34% 的人反对加入北约，53% 的人赞成中立。①多数学者认为，德国统一后仍然属于西方，仍然留在欧盟和北约，德国只有和西方结盟才能发挥更大作用。统一后的德国是"欧洲的德国"，而不是"德国的欧洲"，以释除欧洲邻国及西方盟国对德国的质疑。德国领导人甚至保证，统一后的德国"绝不会出现德意志民族的单干和民族问题的中立化解决"，（Kein deutscher Sonderweg）②并明确提出"绝不再"（走特殊道路），"绝不单干"

---

① 《德国统一纵横》，世界知识出版社，1992，第 49 页。
② 参见 Elizabeth Pond, *Beyond the Wall: Germany's Road to Unification*, Washington: Brookings Institution Press, 1993, pp. 18 – 19。

（Nie allein）①的口号。德国著名政治学学者钱皮（Ernst – Otto Czempiel）教授强调"联盟的共同利益"，强调世界政治结构已发生重大变化，不再是用军事武力的占有、瓜分权力和势力范围的世界。② 钱皮教授于 2000 年在他的一篇文章中指出，由三个重要因素决定德国未来的外交政策，这三个因素：一是深化欧洲政治联盟，继续欧盟东扩；二是在大西洋联盟中必须具有政治指导机制，防止联盟解体，平衡美国的优势；三是把欧盟与俄罗斯的合作机制化，必须重新致力于欧洲安全与合作组织的建设，其中欧洲联盟深化与扩大是德国在 21 世纪外交政策的首选任务。扩大和深化本是一个矛盾的两个方面。新加入欧盟的成员国，它们的政治体制不完全相同，经济发展水平参差不齐，人民的生活水平更是高低悬殊。

其次，统一后的德国融入欧洲大家庭，融入国际社会，推行合作、维护共同利益、多边主义的外交政策。默克尔总理和其前任施罗德总理一样，坚持广泛的国际合作和多边主义的政治理念。他们多次表示，德国要避免单独行动和追求特殊道路，单边主义会让德国陷入外交孤立，德国的国家利益只能通过同其他国家密切合作才能实现。

德国资深外交专家施瓦茨（Hans – Peter Schwarz）教授认为冷战的结束使德国以"中心大国"的身份重新回到世界舞台。埃朗根大学历史系教授朔尔根（Gregor Schollgen）认为德国重又成为"欧洲大国"。该校教授乔治·雪尔根（Gregor Schoellgen）主张"德国回归世界舞台"。特里尔大学教授毛尔等人甚至认为德国将因此被潜在地"边缘化"③。毛尔教授等展开的"文明力量"（Zivilmacht）研究，认为促进国际关系文明化，"文明力量"也要追求国家利益，只是这种国家利益受到价值、规范的直接影响并是集体学习过程的结果。他在发表的《文明力量联邦德国》文章中指出，冷战经济、经济全球化和国际关系相互依存的加强、国际关系中现实主义理论及其主张，使以民族国家为主导、以追求权力和国家利益为目标、以国家实力（主要是军事遏止和威慑等）为手段，已经不适应新的时代要求了，必须有新的理念，即要从国际、国内

---

① 参见 Philip H. Gordon，"Berlin's Difficulties. The Normalization of German Foreign Policy"，*Orbis*，1994，38（2），pp. 225 – 243。

② 殷桐生主编《德国外交通论》，第 147、264 页。

③ 殷桐生主编《德国外交通论》，第 147 页。

政治的整体性出发，推动国际政治的文明化进程。毛尔教授认为，国际政治文明化进程的主要标志是：禁止在国内和国际政治中威胁和使用武力，国际关系法治化，支持国际机构民主化，创造公正合理的国际新秩序。前总理施罗德于1999年2月跨大西洋会议上曾经指出，"德国仍然是一个可以信赖的伙伴，德国的历史责任使它不得不用所有必要的手段，防止大规模屠杀"①。

此外，统一后的德国凭借自身强大的经济实力，希冀在国际上也拥有相匹配的政治影响力，这就需要突破德国《基本法》的限制。德国前总统魏茨泽克呼吁结束安全政策方面的"搭便车"时代。②德国积极派兵到阿富汗参加联合国的维和行动。"9·11"事件之后，德国立即承诺可派出4500名国防军参加阿富汗反恐。目前德国已在巴尔干、阿富汗、非洲之角等世界各地派出了10000名军人参加维和及反恐行动。德国突破了《基本法》中不得向北约地区以外派兵的规定而走向世界。德国向海外派兵在国内也引起广泛争论，使德国成为欧洲和平主义运动的始发地之一。2002年10月31日，德国海军萨克森（Sachsen）级防空型护卫舰交付使用时，和平主义一位发言人批评说，"德国海军的扩军导致其他民族受到世界范围内的长期威胁，并让人联想到威廉帝国和希特勒法西斯时期的不光彩的传统"③。

最后，德国积极扩大在第三世界国家的影响。20世纪六七十年代，随着大批第三世界国家进入联合国，联合国本身及世界形势的变化和发展，西方发达国家不得不认识到第三世界对它们的经济和政治的影响。第三世界国家一向是德国的重要原料来源国和产品销售地，大约40%的原料来自这些国家，15%的产品出口到这些国家。1978年1月3日，施密特政府在答复社会民主党和自由民主党议会党团一项提案中说：联邦德国在加入西方阵营，并安排好同东方国家关系之后，应该不失时机地承担起它在联合国所负的责任，推行一种"面向南方的政策"，一种"第三世界政策"，向第三世界国家提供发展援助。④

---

① 转引自张骥《统一后德国的政治文化与对外政策的选择》，《当代世界与社会主义》2007年第6期。
② 殷桐生主编《德国外交通论》，第147页。
③ 殷桐生主编《德国外交通论》，第452页。
④ 殷桐生主编《德国外交通论》，第452页。

第二节　经济全球化中的德国

德国在战争废墟上从自身国情出发重建家园。艾尔哈德执政时创立、实施的社会福利市场经济模式，实践证明是较为成功的一种经济与社会发展模式。它既保障了市场的自由竞争，又强调了国家在市场经济秩序中的积极作用，对纠偏与补充市场秩序、维护经济与社会秩序的稳定有重大作用。艾哈德强调要在生产效率的基础上解决分配问题："有了一个较大的蛋糕，就不难让每个人分得较大的一份，如果只有一个较小的蛋糕，尽管讨论了怎样分法，总不可能使每个人多得一点。"[①] 50 多年来，德国无论是在哪届政府任期，无论是哪个政党掌权，经济政策基本上没有发生大的变化，能做到"大方向"一直稳定，是由于他们基本上都奉行明确一贯的社会福利市场经济理论原则。[②]

德国是一个经济高度发达的工业国家，经济实力雄居欧洲首位。由于国内资源匮乏，德国的原料和能源供应在很大程度上依赖进口。在经济全球化步伐日益加快的今天，如何确保德国的能源供应，扩大德国产品的海外市场，提高德国的区位竞争力显得越发重要。作为商品出口大国，德国经济与世界经济休戚与共。德国的对外贸易是德国经济的发动机，也是德国经济的晴雨表。无论是 20 世纪 90 年代初期发起的"亚洲攻势"，还是发展同俄罗斯的友好关系，抑或积极推动欧盟东扩，统一后德国的外交都恪守"贸易立国"，外交为经济服务这一宗旨，以实现"以经济促外交、以外交促经济"的良性循环。德国奉行理性的对外经贸政策，减免部分发展中国家的债务，提供人道主义援助，推进发展合作，为今后的多极世界争取尽可能多的盟友。

在重视经济外交的前提下，统一后的德国外交重视发展同亚非拉等发展中国家的关系，致力于建立公正合理的世界经济新秩序，并将发展援助政策纳入全球和平政策的范畴，扩大自己在第三世界国家的影响。中国的经济发展给德国企业在本国之外提供了一个巨大的销售市场，并为德国国

---

① 〔德〕艾哈德：《来自竞争的繁荣》，祝世康、穆家骥译，商务印书馆，1983，第 13 页。
② 参见裘元伦《稳定发展的联邦德国经济》，载裘元伦《裘元伦文集》，上海辞书出版社，2005，第 1~11 页。

内创造就业机会做出了贡献，据德国工商总会称，目前德国有 20 万以上的就业机会取决于对华出口。① 两国愿意首先在能源领域和环保领域签订合作协议。②

一　德国和全球化

（一）全球化

全球化是一个既不可逆转又无法在近期实现的目标。多年来人们追求全球化，为了获得实际上的福利收益，因此它是不可逆的。但它仍是遥远的，因为世界各地区的发展程度非常不一致。首先要提到的就是非洲。根据联合国发展机构贸发会议最新的报告，非洲除了少数一些新兴国家之外，都在继续变得糟糕。此外，每天收入不足 1.25 美元的人数持续增加。非洲已经是并将继续是地球最贫穷的大陆，是地球上一个几乎被遗忘被边缘化的角落，它很难在可预见的未来积极主动地加入到全球化中。而没有非洲，全球化是不可想象的。

（二）全球化对德国经济的影响

从总体上看，主要是发达国家受益于全球化，特别是美国和德国。德国一直从全球化受益很大，比如说出口经济和投资。最近几年的经济形势显示，几个门槛国家和发展中国家也成为受益者，如金砖四国。相反，很多发展中国家在全球化中的损失要远远超过获益，如大部分阿拉伯国家。全球化真的是一把双刃剑。自从世界金融危机和欧洲债务危机以来，大部分发达国家经济陷入低迷、萎缩以及混乱。高福利和高消费的欧洲模式面临崩溃的危险，贫富差距加大，社会冲突尖锐化。越来越多的西方政治家和科学家把这一切归咎于全球化。在德国，很多人理直气壮地批评全球化：有很多经济领域深受其害，受教育低的雇工，领取社会救济的人，总之大部分情况下雇员都是全球化的失败者。也许下面的引言可以直观地显

---

① 《德报：中国对德国经济日益重要》，新华网，http://world.people.com.cn/GB/41217/7606573.html。

② "Merkel beginnt ihren vierten Chinabesuch," http://german.china.org.cn/fokus/2010 - 07/15/content_ 20505507.htm。

示出对全球化的批评态度："在德国到处弥漫世界末日的悲观情绪。没有一天没有噩耗。失业率只升不降。国家债务不可控制。只有交易所里面有乐观派，那里制造不稳定的巨额利润。如同一个自然灾害一样，全球化也降临了，并且把德国硬是带入了衰落。它给这个社会市场经济国家强加上无情的资本主义。"

德国国内有着各种不同的利益集团，对全球化的认识各异，各利益集团对全球化的政策甚至相去甚远。德国政府和工业制造业利益集团对全球化持欢迎态度，因为全球化可以为德国出口带来更多机会和机遇。与之相反，雇员们的心情则复杂得多。雇员们分属各种不同行业，有他们各自不同的利益。例如机械制造业的雇员欢迎全球化，他们生产出的各种机械、各种汽车等产品因质量保证而受到世界的广泛青睐。相反，德国的服务业和农业则要受到全球化冲击。德国劳动力贵，德国农产品也贵，这就竞争不过发展中国家的产品。很多德国人担心，全球经济快速转型会使德国部分产业部门外迁，从而造成国内就业市场低迷。德国人对于全球化的态度十分复杂，一方面德国经济从中受益匪浅，另一方面也遭到了很多德国人的反对，但德国融入全球化的趋势是不可逆转的。

德国国民经济中进出口比例就反映了参与全球化的发展趋势。全球化对德国劳动力市场产生负面影响并不大。经济全球化意味着，德国需要与时俱进，调整产业结构，改善并完善产品结构，以更加适应变化并发展的国际市场。劳动市场和就业状况向来是德国政府经济政策面临的一大挑战。灵活的劳动力工资和工资结构是劳动力市场改革的一大创举。

德国还改革移民政策，通过人才引进以补充国内劳动力不足，尤其弥补高科技人才的不足。随着经济全球化的深入发展，德国已感受到国内劳动力之不足和高端人才的匮乏，不得不调整和改善人才引进的条件。施罗德政府时期曾以发放绿卡吸引计算机和软件领域的专业人才，欢迎在德国完成了学业的外国留学生在德居留。

二　德国和三洲化

（一）三洲化

世界经济被分为三极格局。它是由三个经济区域——欧盟、北美自由贸易区和东亚共享。

北美、西欧、东亚这三个地区支配着巨大的经济总额并且占有世界经济的最大比例。特别是美国、欧盟、中国和日本，它们是各自所在地区的核心国家，不仅对自己所处的地区，而且也对世界其他国家和地区产生巨大的影响。世界上的投资活动主要在这些地区之间进行；汽车、能源、消费品都由全球五百强生产；这些企业以及其他大型跨国公司也都在这些地区产生，三个地区几乎控制着整个世界的经济活动；世界上最优秀的学生都在这些地区学习，三个地区从而也控制了人力资源。

（二）德国在三洲的实力

1. 德国在欧洲的实力

德国处于欧洲中心，欧洲是德国最重要的市场，特别是西欧。在与欧盟 28 个成员国的合作中，德法合作关系占据了突出位置，这很大程度上归因于紧密的经济联系。

德国经济几乎欧化，当前既面临着不仅来自发展水平一样并且生产同类产品的西欧的挑战，而且面临发展水平比欧盟平均水平还低，劳动成本因此也很低的东欧的挑战，这都是对德国的压力。

2. 德国在北美的实力

作为一个对外经济大国，德国在这个地区并没有展现它相应的优势。其经济实力在美国的发展大体经历了四个阶段：实力不足、实力增强、实力降低、实力恢复，现今却仍面临巨大挑战。

3. 德国在东亚的实力

东亚是未来的主要市场。然而，大多数的国家处于欠发达阶段。德国同该地区应该有许多合作的可能性。但目前在这里实力依然不足。

还处于欠发达阶段的非洲、拉丁美洲和大洋洲地区，经济总额仅占全世界总额的一小部分。即使在外国直接投资方面也较少受到关注。在这些地区，德国实力也非常薄弱。德国对非洲出口了很多产品，但投资很少。德国在拉丁美洲要同美国竞争，美国对拉丁美洲的影响很大。在大洋洲两个最重要的国家澳大利亚和新西兰，德国经济实力也远远不足。因此，德国在欧洲、北美洲和东亚、东南亚地区的经济实力建设，是一个现实的战略选择，是对外经济的重中之重。但要实现这一点，德国面临着以下三层挑战。

第一，国内的挑战意味着社会福利标准降低的必要性。

第二，区域挑战主要涉及欧盟扩大和深化，德国也面临很大的困难，欧债危机就是一个典型的事例。所以德国要在加强欧洲经济实力的同时，解决好欧盟扩大和深化问题、维护德国在欧盟的地位、妥善解决欧债危机。

第三，地区间的挑战主要来自同日本和美国公司激烈竞争的高科技领域和同新型工业国家激烈竞争的劳动密集型行业。

第三节　文化多元化中的德国

一　西方文化的特点

（一）西方文化的定义和起源

西方文化在广义上是西欧、北美的文化，它融合了西方世界中所共有的价值观、风俗等。谈到西方文化，就不得不说到西方世界这个定义的范畴。西方文化包含了文学、科学、音乐以及哲学原理，且和其他文化有显著的差异性。受西欧移民或殖民影响强烈的国家，都在西方世界这个范畴之内。西方文化起源于西欧、北美人的历史活动。它的起源、发展以及成熟都存在于欧洲，进而通过殖民扩张于19~20世纪扩展到南美洲、北美洲以及南非和大洋洲，甚至给全世界都带来影响。

古希腊和罗马帝国被认为是西方文化的起源。斯拉夫人、北欧的日耳曼人及凯尔特人的文化也被认为是西方文化的起源，欧洲的形成主要由这几种文化所推动。基督教文化统治了欧洲近千年的时间，阿拉伯文化也渗透并融入了进去，因此，提到西方文化，许多人不由自主想起基督教文化。早在公元前1世纪，希腊被罗马帝国攻占，古希腊的科学、哲学、民主、建筑、文学以及艺术融入了罗马，由此发展了一种混合的文化。罗马文化又因日耳曼、斯拉夫以及凯尔特文化融入而发展得更加多元化，但随着罗马帝国的衰落，许多艺术、文学以及科学都消失殆尽。而罗马基督教地位不断提高，使圣经成了西方文化中的核心部分，并且影响到了其所有领域，包括法律、艺术、哲学、政治以及教育。阿拉伯文化很好地保存了古希腊和古罗马的知识，它随着十字军东征，进而对西欧产生了深远的影响。由于资本主义经济不断发展，14世纪欧洲历史上出现了著名的文艺复兴运动，16世纪亨利八世又开展了宗教改革，西方文化遂逐渐定型。17世纪科学革命又蓬勃发展，18世纪启蒙运动大幕开启，到19世纪工业革命，西方文化历经巨变，日趋成熟，开始随资本主义的侵略扩张而传向世界。其中的一些理念，如民权、法律面前人人平等、司法公正以及民主已成为现代西方文化的基石。与此同时，美国从19世纪开始发展自成一体的西方文化，并于20世纪50年代后，逐渐占据了主导地位，其时尚、娱乐、技术以及政治，逐渐影响其他西方世界。

（二）西方文化的特点

西方文化的核心是人文主义，它以人为中心，强调人是万物之灵，认为人有能力认识自然、征服自然、改造自然。科学和理性是它的法则；重视个体的发展、人与自然的对抗，崇尚民主与法治的意识，鼓励冒险精神等。具体来说，西方文化有以下五个特点。

1. 天主教和新教

西方的基督教，从起源上来说以天主教为首，而后是天主教和新教，从历史地位上来说是西方文明唯一最重要的特征。在它诞生后的最初1000年中，人们把西方文明统称为基督教世界；西方信仰基督教的各民族，都具有成熟的社会群体感，这一点使它们区别于土耳其人、摩尔人、拜占庭人以及其他民族；宗教改革与反改革，以及西方基督教世界中新教与天主教的对立也是西方历史的特征，这一特征在东正教中是不存在的。西方文化还沿袭了基督教的原罪说，认为趋利避害是人的天性，因此它也是一种"罪感文化"。基督教的教义认为人生即是有罪的，这和人本中心的世界观互相矛盾，其实二者也是相互依托，互为补充的。前者强调人的主观能动性，鼓励人积极地改造自然；后者则是前者的规范，用上帝的惩罚约束人的妄为之行。

2. 法治

一个文明社会最核心的观念是法治，这一点取自罗马。中世纪的思想家就自然法的思想进行过详细的阐述，君主行使权利应当以自然法为依据。而在英国，普通法的传统得到了发展。在16~17世纪的君主制时期，法治在现实中遭到极大的破坏，然而，人类的权力必须受某种外力所制约的思想仍然延续了下来。宪政和人权的保护以法治为基础，个人的财产亦不受专制权力的管制。同一时期的其他文明中，法治在对于思想和行为的影响方面并不十分重要。

3. 个人本位

西方文化模式的主要特征是个人主义，这也是西方文化的一个主要信条。西方文化以个人为社会本位，以个体为中心，注重人格的尊严。个体、人格和尊严是西方文化强调的三个关键词。西方人看重通过自我奋斗实现个体的自由与价值，坚信只有个人得到充分发展才有社会的充分发展。

4. 天人相分与征服自然

在认识自然的过程中，西方人主张"天人相分"，认为人与自然是一种对立的关系，认识自然，进而改造自然是西方人的追求。西方文化注重科学与理性。早在古希腊、古罗马时期，就涌现了许多科学家与哲学家。对自然进行探讨、探究事物的本质，是西方文化所鼓励的思维方式。经过中世纪神学思想的统治之后，科学开始登上历史的舞台。科学在西方的发展是西方社会从传统走向文明的转折点。科学主义与人文主义在西方文化中同等重要，二者共同构成了西方文化的主要特征。

5. 理性精神

西方人特别重视理性思维的发展。理性与科学是西方人的第二个上帝，它成了西方文化的典型特征。哲学是理性精神发展的产物。科学与技术使西方不断涌现新的发明，产生源源不断的社会革新力量。

这些是西方文化独特的组成部分。它们形成了西方文明的核心内涵与特征。它们使西方区别于世界的其他部分，具有不可替代的特点与作用。它们使西方文化成为引导现代社会进步的主要文化，也支撑着整个西方社会乃至世界的现代化进程。西方各国的文化都难免具有这种色彩。

二　欧洲文化的特点

欧洲的历史应从古希腊和古罗马算起。欧洲文化继承了古希腊的哲学思想、古罗马的权利意识和基督教信仰，经过几个世纪的融合与发展，逐渐形成了同一的文化体系，并且从基督教文明中还产生了欧洲各民族特有的民族文化和衍生出的不同价值观念。因此在当今欧洲政治文化中，既可以看到普遍性，又可以看到特殊性。

基督教认为，人由上帝创造，是上帝的肖像，因而具有至高无上的尊严，是一切行为的目的而非工具和手段。虽然人各有异，但每个人为上帝所创造，因此他们具有同样不可侵犯的尊严和价值。艾哈德说："根据我的宇宙观，根据我对经济政策的看法，人，才是一切事物的中心。"[①]如欧洲流行的社会市场经济中蕴含的善心、博爱、社会责任、人的尊严、自我责任的承担、自由、全民幸福、人与人信任关系的协调、求真等价值观念，都可以溯源到基督教伦理。这些价值则基于基督教文化的核心——对人的认识。阿尔马克指出，"基督教诸宗派的贡献主要在于给我们的社会秩序一个具有原则意义的基础"，天主教和新教的社会伦理共有"关于人性的思考及关于上帝造化秩序的思想"，要选择"一种自由与约束之间的中庸制度"[②]。人的尊严体现为人的自由、独特性及社会秩序三个价值原则。同时，人的自由与责任密切相关，没有责任就没有自由。人格原则赋予所有人不可侵犯的尊严与自由，因此，人的自由都以不妨害他人的自由为界限，而且每个人要对他人负责，要对上帝所创造的世界负责。自由与责任形成平衡关系。对他人和上帝所创造的世界负责体现为团结弱势人群，争取公平，保护人的生命。其最终目的在于保证上帝所创造的每个人的自由和尊严，实现公众的幸福。

综观欧洲各国的政治文化，可以总结出，当代欧洲文化的基本价值是：其一，尊重人本身的内在价值，认为这一价值具有至高无上性；其二，强调自由和道德责任不可分割，与基督教一脉相承；其三，强调自由与实现全社会福祉的统一性；其四，主张自由讨论各种意见，在互相尊重的基础上阐明观点；其五，遵循理性原则，主张建设一个理性主义的欧洲。

欧洲文化的同一性是欧洲联合的思想基础。西方学者坚持欧洲联合必须以西方的价值观为指导。欧洲和美国在价值观方面有五大区别：其一，欧洲人更加重视国家在经济生活方面的组织和调控作用，对市场的无限作用持怀疑态度；其二，欧洲人对技术进步不持无条件的乐观态度；其三，欧洲人重视社会福利制度，主张社会各界互助；其四，欧洲

---

① 〔德〕艾哈德：《来自竞争的繁荣》，第16页。
② 〔德〕阿尔马克：《社会观念的协合》，第30、33、36页，载〔德〕何梦笔主编《德国秩序政策理论与实践文集》，庞健、冯兴元译，上海人民出版社，2000，第23~45页。

人难以容忍对人行使暴力；其五，欧洲人主张建立一种多边的、依法行事的国际社会，重视联合国的作用。这些特点在德国文化中也都有明显的体现。

三 德国文化的特点

德国文化不仅有前面提到的西方文化和欧洲文化的特点，而且还具有德意志民族本身的特点。德国也有悠久的基督教文化传统，基督教伦理深刻影响德国社会生活的方方面面。马丁·路德的宗教改革运动就是在德国进行的，北欧的新教和南欧的天主教也在德国汇集，各自都有较强的影响力，且长期共处。个体自由、尊严、责任和社会互助是基督教伦理的基石，进而具体体现在德国的宪法中。《基本法》序言中写道："德国人民怀着对上帝与人的责任意识，并愿意作为统一欧洲中平等的成员致力于世界和平，在立法权的基础上订立此基本法。"该宪法中规定的多种自由都以符合法律及秩序为基础。主导这些价值的则是基督教对人的认识。价值作为文化的深层组成部分，以文化的核心部分——"对人的认识"为基础。①

德国政治文化的变化体现在：首先，德国人已经摆脱了普鲁士时期的对权威的迷信和崇拜，比较积极地参与政治和具有了权利意识；其次，第二次世界大战后的改造清除了德国的容克地主和军阀，经济的腾飞和各项福利制度的贯彻使国内阶级矛盾淡化，地区冲突缓和；最后，联邦德国在欧洲的信任指数逐步上升，赢得了邻国的信任。德国政治文化战后向西欧的"民主政体"回归的趋势集中表现在人民的价值嬗变上，就是指人民价值观念的变化，主要是通过德国吸取西欧"民主政体"来实现的。

德国文化也受到他国文化的影响，主要表现为受美国文化和伊斯兰文化的影响。德美之间由于宗教和价值观相似，美国文化很容易影响和渗透到德国文化中。德国电视台经常播出美国影视剧就是一个佐证。德国有大批土耳其移民，而且占了德国移民总数的大部分，以他们为代表的伊斯兰文化难以融入德国文化，但对德国文化也带来了一定的冲击。

文化是德国外交的第三根支柱，尤其向发展中国家传播德国文化旨在

---

① 姚燕：《德国社会市场经济体制中的基督教伦理》，《世界宗教文化》2013年第4期。

输出德国的自由、民主和人权价值观，提高德国的国家形象。德国外长韦斯特韦勒在 2011 年把这种理念概括为，"在全球化时代，德国的对外文化教育政策是赢得伙伴，传递价值，维护利益"①。重视对外文化交流，有助于德国文化和异质文化之间的相互交流，促进国际理解与合作。

第四节　社会信息化中的德国

信息社会是以信息和通信技术为基础的社会。信息社会的各个领域都离不开信息和通信技术，唯有利用信息和通信技术才能建设一个后现代的信息社会，通常信息社会的概念也离不开知识社会的概念，很多情况下，二者被视为是同义词。

在德国政府看来，西方工业国家从 20 世纪 70 年代开始就显现出朝向服务型社会的社会结构转型，到 90 年代中期，现代信息和通信技术渗入了社会生活的各个方面，给社会关系和社会结构打下了深刻烙印。现代社会的信息交换变得越来越重要，因此现代社会也被称为信息社会。对信息流起着决定作用的是数码数据传输、移动通信、卫星技术和网络，这些领域的技术发展日新月异。数码信息已然成为社会经济的重要组成部分。要想在国际上保持信息社会的领先地位，保持德国的经济区位优势，就必须适应信息和通信技术的发展，将其作为创新和竞争能力的源泉。

1999 年德国政府首次提出一个战略性的方案，题为"21 世纪信息社会中的创新和工作"，为德国进入信息社会确立了方向。2003 年国际社会在联合国的倡议下召开了一个国际峰会，探讨全球信息社会的问题，强调了知识和创新对全球发展和富裕的重要性。在发达国家如德国，现代信息和通信技术是实现增长、提升国际竞争力、加强就业的关键所在。根据全球经济论坛的排名，2002 ~ 2003 年度，德国在各国的 IT 排名中从第 17 位前进到了第 10 位。在创新、在线营销领域处于领先地位。每千人拥有的网站数量也超过了美国的数值。早在 2001 年，德国的手机数量就超过了固话数量，手机密度达到了 80% 。信息社会在德国早已形成。

---

① 转引自李以所《全球化：德国的应对、经验与启示》，《改革与战略》2013 年第 6 期。

2006 年德国政府提出了"2006 年德国通向信息社会行动计划",旨在加强德国在信息和通信领域的领先地位,在 1999 年战略方案的基础上,加强与所有经济主体和社会主体的合作,推进公共领域和私人领域的创新服务。计划重点领域是:①数字经济的增长和竞争力;②教育、研究和机会均等;③电子政务,网络安全与信任;④电子医疗事业。①

到 21 世纪第一个 10 年,德国信息社会在各个方面都得到了长足发展,如在学校、教育、职业等领域都充分利用了信息和通信技术的优势。此外,信息和通信技术也在企业和私人家庭中得到普及,并且政治经济方面还实现了电子政务和电子商务的发展。

根据联邦统计局 2009 年发布的《德国的信息社会》中的数据,2006~2008 年德国信息和通信技术行业的商品进出口连续 3 年缩减。在进口的信息和通信产品中,从中国进口的产品数额却在逐年上升,如图 2 - 2 所示。

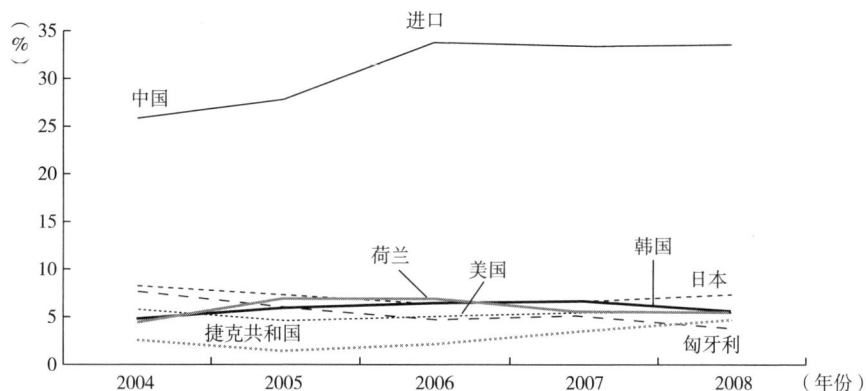

图 2 - 2　德国最重要的信息产品贸易国家

资料来源:联邦统计局,《德国的信息社会》,2009。

2008 年中国在德国进口的信息和通信产品中所占比例为 33.5%。而德国出口的信息和通信产品则主要流向欧洲大陆其他国家。

在企业和私人家庭中,信息和通信产品的配备在不断普及,几乎成为一种标准配置,大多数德国人都认为此类产品是参与社会生活所必需的物品。2008 年,电脑在家庭的覆盖率已经达到了 76%,在企业的覆盖率达到了 84%。

———————————

① 参见 2006 年德国通向信息社会行动计划。

在行政管理方面，电子办公的趋势为管理的现代化做出了重要贡献。电子政府使联邦、各联邦州和行政区域能够有效地提高资源利用效率和服务效率。自 2002 年以来，德国的官方机构大幅度提高了在线服务的覆盖程度，涵盖了如收入申报、证件办理、驾照办理、公开招标等核心服务。

电脑和网络的普及为企业和私人家庭提供了选择新型服务的方式——电子商务。2008 年德国境内大约 45% 的企业将电子商务作为额外的销售渠道，相比 2005 年增长了 5%。全德国销售总额的 14% 来自电子商务。

在教育领域，2007 年，99% 的德国中小学校都配备了用于教学的电脑；2008 年，平均 9 名中小学生拥有一台学习电脑。

德国通信领域的价格不断回落，销售额有所减少，但是个人持有两部移动电话的趋势仍在持续。

然而信息技术的发展也使信息安全成为人们开始关注的重点。随着智能移动通信的普及，利用新技术犯罪的情况也逐渐增加，例如窃取信用卡密码、通过电脑/网络行骗、软件剽窃、信息泄露等情况给德国带来了挑战。

在信息安全方面，2013 年最引人注目的当属斯诺登事件和默克尔总理手机遭监听。7 月，"棱镜"项目泄密者爱德华·斯诺登揭露美国的间谍和监视活动之后，德国民众对美国的信任度直线下降。德国《明镜》周刊刊载了一系列根据从泄露美国监听机密的斯诺登那里取得的材料所撰写的报道，认为默克尔总理的私人手机曾遭到美国监听。德国终止了与英国、美国签署的"信息共享"协议，德国外交部部长韦斯特韦勒称这是十分必要并且正确的决定。① 这一事件严重影响了跨大西洋伙伴关系，德国向美国提出紧急质询，要求其做出澄清，但美国总统奥巴马的回答"现在不会""将来也不会"监听则令人感觉像是文字游戏。

第五节　身份认同决定的德国国家利益

一　德国的国家利益

德国的国家利益受到诸多因素的限制，由于其特殊的历史和政治文

---

① 参见刘瑾《斯诺登事件致使德国终止与英美"信息共享"》，环球网，http：//world.huanqiu.com/exclusive/2013－08/4208369.html。

化，德国形成了对其盟友的高度依赖。施塔克指出，"在战后格局终结后，德国不再位于敌对阵营的分界线两侧……东西方之间仍然存在着生活水平的差距。基于其位于该分界线上的引人注目的地理位置，德国对东方的社会经济、政治以及生态稳定有着特别的兴趣"。冷战结束后，通过推动欧盟扩大和合作，加快欧洲一体化，以保障欧洲的安全和稳定，在欧洲范围内促使国与国关系的法治化，一直是德国外交的主线。联邦政府一向把完成东扩看作德国的根本利益。推动欧盟东扩是符合德国自身的根本安全利益要求的，保障德国拥有安全的东部边界，也符合德国的经济福祉利益。可以说，这种对自身安全利益的认识不仅仅是基于物质利益的考量，更是建立在德国对其历史、责任和角色理解的基础上。基于集体认同，德国放弃了狭窄的以邻为壑的安全观，而是试图用安全共同体来超越无政府主义下的安全困境。

对于德国这种缺少传统外交资源的国家来说，需要提升软实力。德国在多边贸易体制内支持国际规制、接受国际规范的约束、维护多边主义、赞成向超国家机构让权等，都是该利益的要求。参与国际规制的建设和国际规范的制定，则是多边层面扩大一国影响力的最有力手段。在价值取向的指导下，德国对国际地位和影响力的追求避免采取武力的方式。身份、规范、互动等观念因素会直接派生出一系列利益。在此同时，文化因素也会对外交政策决策者对其他利益的认知产生影响。德国非常重视利用文化宣传、发展援助等手段来提高本国的国际威望和影响力。德国作为一个出口导向型国家，出口是经济增长的发动机，所以在大多数时候，德国致力于推动世界贸易的自由化。海外投资的安全则是经济安全的一部分，所以德国曾经要求把投资纳入多边谈判议程。

无论是中国还是德国，都追求实现双赢局面，在互惠互利的基础上进行合作。在欧洲深陷主权债务危机之时，中国通过购买欧洲成员国的债券、增加从欧洲的进口、扩大对欧盟成员国投资等方式对欧洲提供援助，支持欧洲国家渡过此次难关，恢复经济增长和活力。俗话说，赠人玫瑰，手有余香。帮助欧洲走出债务危机的泥潭，凸显了中欧战略伙伴关系，也有利于中国经济乃至世界经济的发展。有朋友自远方来，不亦乐乎。今后，只要对中德、中欧双方有利的事务，中国将一如既往地做下去。如果给这种互利共赢的合作扣上负面的政治帽子，既损人也不利己，反而会成为双方进一步合作的障碍。这种现象的存在反映出，欧洲对于发展对华关系长期以来受到两股力量的影响，这两股力量方向相反、互相牵制：一股是加强中欧合作的引力，希冀借助中国力量来发展欧洲自己的力量；另一股是怀疑猜忌的排斥力量，这股力量不甘心欧洲地位的降落，畏惧中国的崛起。这两股力量相互制约，使中欧关系发展难以迈出大的步伐。中国的发展水平和发展道路远远不同于欧洲和欧盟的历史经历，欧洲对此缺乏理解在所难免。然而，在世界逐渐多元化发展的当今时代，欧洲也需要加强对中国发展道路的深入了解和尊重，而非固执地认为中国一定要选择西方模式才算走入正轨。西方工业国家今天的繁荣并不是一蹴而就的，而是经历了数百年的建设和发展，在面临问题、解决问题的过程中逐步形成和完善的。直到今天，人们在认可西方国家所取得的成就的同时，也无法否认，西方社会仍然存在着十分棘手的社会问题，如资本主义国家的贫富分化日益严重的问题，也对西方国家的发展模式提出了挑战。中国是在一穷二白的农业国基础上开始工业建设的，经历了重点发展经济到发展经济与社会福利、民主决策、环境保护的转变，基于中国人口众多、各地区发展不均衡的特点，中国的工业化道路上必然充满了荆棘和挑战。欧洲在对中国发展道路做出评判时，应当结合中国的历史和国情，用发展的眼光来看待中国所取得的成就和尚待解决的问题，尊重中国人民的选择和正在付出的艰苦努力。①

　　欧洲政府和民众应该多到中国来走走看看，多和中国民众交流。中国是一个开放的中国，中国人是喜欢并愿意与外国人交流的人民，他们希望从欧洲和其他西方国家学到更多更好的东西来建设和发展自己的国家。当然，中国政府和人民也欢迎西方人对中国友善的批评，俗话说，三人行，必有我师，中国决不拒绝来自各方面的批评。中国对来自欧洲的批评会辩证地看待：接受有道理的善意批评来改进自己，进一步把中国自己的工作做好；对于误解和偏见也会坚持多做说明和解释；对于恶意的挑衅也会给予有理有节的批驳。

　　价值观念影响中德关系是因为中德的文化传统不同。在外交思想中，这种不同更是来源于外交理论的不同，中国坚持用马克思主义、毛泽东思想和中国特色社会主义外交理论来指导外交实践，德国外交决策在20世

① 参见《外交部副部长：中国毫无利用金融工具谋权益打算》，新浪新闻中心，http://news.sina.com.cn/c/2011－12－02/225223566466.shtml。

纪 90 年代之后则深受建构主义（身份认同理论和文明力量理论）的影响。中德文化传统和外交理论中有共同和相近的东西，这是双方合作的基础。价值观念是重要的，但国家利益更为重要，这是中德发展关系的另一个重要因素，也是中德发展关系中出现摩擦的一个重要因素。物质和精神（观念）的相互关系中，物质始终是第一性的，物质决定精神，精神对物质起反作用。所以在中德相互交往中，既要看重本国利益，也要照顾对方利益，争取双赢的结果。

二　德国的价值观念

德国前总理施罗德于 2005 年 4 月 13 日在与到访的韩国总统卢武铉联合举行的记者招待会上说，以"审慎和自省"的方式正确对待本国历史"不会失去朋友，反而将会赢得朋友"①。德国这种感悟诚恳的态度应该以主流话语方式融入国际社会的共识中。对于战争历史的反思，应当成为德国价值观的一部分。正是德国自己对待历史的诚恳态度，才使它能够在赢得的国际政治空间中进退有度，游刃有余。

德国的价值观就是西方的民主人权观，它始终是中德关系的一个干扰因素。在德国最近几届政府任期内，最显著的便是 2007 年 9 月德国总理默克尔在总理府接见达赖集团分裂势力头目达赖喇嘛，通过接见达赖来强调、推行西方的民主人权价值观，干涉中国内政，致使双边关系受到严重损害。价值观念影响中德关系首先是因为中德的文化传统不同，德国政府把达赖看成是一个"宗教领袖"，而无视达赖的"政治地位"作用；其次双方所依据的理论不同，中国外交始终坚持以马克思主义、毛泽东思想和中国特色社会主义外交理论为指导，德国外交则以建构主义及文明力量理论作为其理论支撑，核心是人权和西方式民主。分析中德两国人权观念的巨大差异，有助于两国在这一问题上加强谅解，减少干扰。1985 年 6 月，邓小平就指出，中国和西方世界对于人权的理解并不完全一样。随着人类文明的进步，承认人权、尊重人权和保护人权已经发展为世界各国共同信奉的原则，但是各国出于各种不同的政治、经济、文化背景，对人权的理

---

① 戎昌海：《施罗德：正确对待历史可以赢得朋友》，新华网，http：//news. xinhuanet. com/video/2005 - 04/14/content_ 2826724. htm。

解仍然存在着较大不同。① 人权问题实际上是一个文化问题。每个国家的人权观都是本国主流文化在人权领域的表现。中国和西方的人权观在诸多方面存在截然不同的价值定位和选择。中国人权观主张义务本位，西方人权观主张权利本位；中国人权观起源于中国古代文化中的礼治，侧重于对人生价值的思考，重视群体的权利，西方的人权观则起源于法治思想，侧重于现实中的效用，重视个体的权利。简而言之，中国人权观看重人权的精神性，而西方人权观更看重人权的工具性。②

第二次世界大战后，在德国的政治版图中，当时的阿登纳政府没有与逃亡到中国台湾省的蒋介石保持政治关系，就是向新中国示好。其后的基督教民主－社会联盟联合政府、社会民主党联合政府等都向新中国表示友好，都承认西藏是中国的一部分。1987 年 7 月 12 日德国前总理科尔第三次访华期间，他对西藏自治区进行正式访问并登上了宏伟的布达拉宫。一位西方外交官评价说，科尔的访问也许能够叩开西藏的大门，这是意义重大的一次访问，西藏不再是有争议的神秘的政治问题区域。③ 德国绿党虽然访问过中国，但对华一直持不友好态度，亦是最早攻击中国人权的政治组织之一，绿党曾经推动所谓的"西藏事业"。早在 1987 年 10 月，绿党就妄图推动议会通过《西藏的人权侵犯》决议，给中国施加压力。20 世纪 90 年代，德国自民党智库瑙曼基金会不顾中国政府反对，执意举办有关西藏问题的国际会议，1996 年在波恩举行的西藏大会引起了两国的外交争端，瑙曼基金会驻京办事处被关闭。然而，德国政党政治出于国内政治斗争的需要，时不时会选择拿西藏问题来作为议题，借此抨击中国的社会制度、鼓吹西方民主。现任总理默克尔，在第一届任期内不顾中方强烈反对，执意在总理府接见达赖喇嘛，也意在推行西方的价值观，拿人权作为牵制中国的一个工具。所谓"西藏问题"折射出不同价值观念的冲突与交锋，也反映出德国的价值观念在与经济利益一争高下。

德国外交理论中的核心论点：观念（文化、价值观等）决定身份

① 参见李燕奇《学习邓小平关于人权问题的思想》，中华人民共和国国史网，http：//www.hprc. org. cn/gsyj/zzs/zzsxs/200909/t20090912_ 30910. html。

② 参见屈新儒《中西人权观差异的历史文化反思》《西北大学学报》（哲学社会科学版）2006 年第 4 期。

③ 唐亦政、易红编著《世界名人传记系列——政治家卷科尔》，辽海出版社，1998，第 31 章。

（国家的身份认同，即国家的自我定位及在国际上应承担的责任），身份决定国家利益。和其他主流的国际关系理论相比，这一流派重视国际关系中的观念性因素，摒弃了单纯考量物质权力的思路，是具有积极意义的。然而在物质和（精神）观念的两分法之中，认为精神（观念）起决定作用，必然违背客观规律。

如果不尊重其他国家自主选择的发展模式，打着民主、自由的旗号来实现以西方为中心的世界同质，认为国家和社会的建设与发展，只能按照西方国家的套路进行，则完全违背了人类"平等、自由"的价值本质，只是在为资本主义的进一步扩张、为西方发达国家全方位控制全球资源充当优秀鼓手。在中德关系发展中，人权问题、西藏问题和台湾问题是三个干扰因素，而其中西藏问题又是影响较深的一个问题。德国的一些议员和政党要人不时地在此问题上做文章。他们的动机各不相同。有些人是因为对中国情况不了解；有些人是为了使本党摆脱生存危机或为竞选议员席位而迎合选民的心理；有些则是基于根深蒂固的偏见、意识形态和冷战思维，强调在对华关系上要突出西方的政治价值观。政治上，德方承认与中国存在价值观的差异，在产生歧见时，努力以对话替代对抗。施罗德政府秉承德国传统的人权观，一再重申"人权领域进步的可复核性、民主与法治国家是衡量中德关系进一步加强的重要标准"，但在具体做法上，表现出对中国人民的政治选择的尊重。施罗德政府对中国在法治建设方面所做的努力给予了充分的肯定，对囿于客观条件尚存在的不足，则表示了理解和期待。德国视中国为国际事务中一个积极的力量，而不是威胁。与此相应的是，中国也十分重视与德国的合作，为维护中德之间的良好关系，对德国政界个别人士的不当言论采取了宽容的态度。人权政策是东西方制度竞争的一个政治武器，也是东西方制度竞争的牺牲品，因为它为地缘策略的利益所覆盖，如今，促进人权已经不仅仅是民主国家的道德义务，更是一项利益政策。德国外交也未能避开这一重点。1989年之后的德国对人权的促进被强调为德国外交政策的中心问题，主要代表人物便是德国外长金克尔（Klaus Kinkel），还有原德国联邦议院副主席沃尔默（Vollmer）。沃尔默在谈到西藏问题时表示，他们会要求中国制定专门的宗教法，实施像西方国家一样的宗教政策。德国一再谴责中国没有人权、没有民主、没有新闻自由、不是法治国家，其实换个角度看也是要求中国追随他们的文化标准。这种做法也印证了德国的另一个文化维度：普遍主义。

从辩证唯物主义和历史唯物主义的立场出发，人权观主要包含以下几点基本内容：第一，人权不是天赋的，人权同国家一样有自己的历史和社会基础；第二，人权是具体的，不是抽象的，人权随着社会发展而发展，人权口号中的自由、平等也不是抽象的，在一定历史时期有一定的内容和存在条件；第三，人权具有相对性和物质制约性，人权的内容和享有的程度受一定的物质条件制约，各国政治、经济、文化等差异决定其人权表现形式和保障方式各不相同；第四，主权平等原则，反对民族压迫和民族特权。

第六节　小结

自 1945 年第二次世界大战结束、德国分裂以后，虽然德国重新统一一直是东、西德乃至世界各国普遍关注的一个重要问题，但由于受到整个国际形势，尤其是欧洲政治地理格局的制约，德国统一问题一直没有取得较大的实质性进展。20 世纪 80 年代末，随着美、苏关系的缓和和国际政治形势的变化，德国统一问题再度成为各国舆论关注的焦点。然而德国统一进程的发展之快大大地超出人们的预料。

1990 年 10 月 2 日晚，民主德国领导人和各界代表庆祝民主德国加入西德。民主德国总理德梅齐埃发表讲话说："一个国家自动退出历史舞台是不多见的，但国家的分裂也是不合常理的。"[1]魏茨泽克总统说，德国统一是"全欧历史里程的一部分"[2]。关于德国对外关系，总统说，"国外仍对德国统一怀有明显忧虑，让德国的所有边界都成为通向邻国的桥梁"，表示德国"不会拿大西洋伙伴关系和欧洲伙伴关系去冒险，这是德国的利益所在"，统一后的德国"完全融合在西方，面向全欧洲，使德国分裂的消除成为欧洲统一的重要篇章"[3]。科尔总理于 1990 年 10 月 3 日就德国的对外政策致函世界各国首脑说，德国发动的第二次世界大战给欧洲和世界各国人民带来无限灾难，"今后从德国土地上只会产生和平"，并强调"德国统一与欧洲统一是密不可分的，德国人将像争取德国统一那样继续

---

① 《德国统一纵横》，第 79 页。
② 《德国统一纵横》，第 80 页。
③ 《德国统一纵横》，第 82 页。

坚持不懈地争取欧洲统一"，并强调说，"统一后的德国特别愿意为已经获得自由并已经走上政治、经济和社会改革道路的中欧、东欧及东南欧国家与欧共体发展更为密切的联系做出贡献"，声称"德国将同所有把和平、尊重人权与自由以及人们的幸福视为自己的义务的国家站在一起"①。科尔政府认为，只有打破"两极"体制，建立一个有多种力量并相互制约的新的世界格局，欧洲才能发挥它应有的作用。

两个德国的统一改变了欧洲形势，瓦解了冷战时期形成的两极体制，结束了东西方冷战对峙的格局，使世界形势进入一个新的时期，进入一个美国"独霸"的单极世界。冷战结束，两德统一，这改变了德国与美国的关系，德国从一个被美国保护、看美国眼色行事的国家成为一个争取和美国平起平坐的国家，积极参与欧洲事务和世界事务，做一个"承担更多国际义务"的国家。科尔说，"随着德国统一，德国在国际上也将肩负起更大的责任，德国愿意为联合国在建设和平的世界和应对全球挑战中发挥重要作用而做出贡献，愿意在将来参加联合国为维护和恢复和平而采取行动，包括派遣德国的武装力量并将为此创造出所需要的国内条件"。

但是两极格局的解体并没带来战争的消亡，世界仍然不太平，世界的矛盾呈现多样性和复杂性的特点。冷战时期被压抑和掩盖的民族、宗教、历史问题都充分暴露出来，最典型的便是前南斯拉夫以及大规模杀伤性武器和运载工具的扩散及这些武器落入恐怖分子之手的可能性给人们带来了新的恐惧。在国际关系发生如此巨大变化的时候，统一后的德国，仍然选择立足北约和欧盟，继续立足西方，推动西方一体化进程。科尔表示，德国仍将置身于北大西洋联盟，"愿意同盟国一起根据西、东关系的发展和时代要求的不断变化，来继续发展这一富有成效的联盟"，并把它作为欧洲新的集体安全结构的柱石予以保护。

欧洲一体化符合德国的政治和经济利益。德国由于发起两次世界大战，"政治侏儒"的身份使其在国际政治的舞台上备受压制，其"经济巨人"与"政治侏儒"的地位不相匹配。德国要寻求政治上的话语权最好的办法就是通过国际组织和区域组织，而欧盟恰恰是其提高政治地位最好的工具。德国和法国是欧盟的两只"发动机"，而德国比法国经济发展得更好，更是欧盟内的老大，国内政治和社会也相对稳定，在欧盟内部有很

---

① 《德国统一纵横》，第82页。

大的话语权。但由于历史原因，德国必须借助法国一臂之力才能实现自己的"大国梦"。由此就产生了"法－德轴心"，"法－德轴心"是主导欧洲形势发展的一支不可替代的力量。1963 年 1 月 22 日签订的德法合作条约，标志着联邦德国和法国的关系从和解进入合作阶段。虽然这个愿望很好，但由于两国合作的出发点不一样，这种良好愿望并未立即实现。法国企图把美国从欧洲排挤出去，建立一个在法国领导下的欧洲联盟；而德国认为美国是制约法国不可替代的力量，只有同美国保持尽可能的紧密联系，才能保障西欧的防务。德法两国领导人在对待美国的态度上一直存在分歧。勃兰特领导的社民党政府推行"新东方政策"，改善和发展同苏联和东欧国家的关系。法国政府虽然表示赞同，但担心德国和苏联及东欧国家走得太近，关系太深，以致再次出现"拉巴洛幽灵"①。施密特担任总理后，德法两国关系得到进一步改善和发展。根据施密特自己的说法，他当初是一个亲英派。1957 年联邦德国议会表决批准罗马条约时，施密特投了弃权票，他认为欧洲共同体如果没有英国，则将一事无成。但此后的事实告诉他，只有法国才是欧洲联合的推动力量，英国并不真心实意地同欧洲国家荣辱与共。施密特认识到，只有得到法国的支持，与法国并肩合作，德国的利益才能得到保障，而法国也只有得到德国的支持，才能够在世界上起到领导作用，法德两国的合作符合两国的利益。

北约和欧盟同样也需要德国的支持。只有北约欧洲成员国团结一致，才能振兴欧洲，欧洲作为一个整体在国际事务中才能做到"用一个声音"说话。经济是基础，只有经济好，欧洲在政治上说话才有分量。

德国和法国是欧洲两大经济体，其经济形势的好与坏直接关系到欧洲经济能否渡过难关，直接关系到欧洲一体化能否向前推进。2012 年 5 月 15 日，法国新总统奥朗德在就职典礼后仅几个小时就在雷电交加的恶劣天气中前往柏林进行访问，可见法国对法德关系的重视。当然，法德两国在如何处理欧债危机的思想和办法上不完全相同。法国认为应当先刺激国内经济增长，再采取欧洲紧缩政策；而德国认为，要先确定欧洲框架内的紧缩，然后再促进经济发展。在希腊债务危机问题上，德法两国也存在意

---

① 拉巴洛幽灵：1922 年第一次世界大战结束后，列宁为打破当时帝国主义国家对苏联的封锁，同德国在意大利拉巴洛签订协定即《拉巴洛协定》。该协定使德苏关系走向缓和，加深了帝国主义国家之间的矛盾。此后西方国家常把联邦德国同苏联接近称作"拉巴洛幽灵"的重现。潘琪昌：《走出夹逢》，第 261 页。

见分歧。法国表示，应当给希腊人民定心丸，让他们知道德法两国正在为希腊而努力，尽力保障希腊在欧元区的地位；而德国则强调希腊应当进行结构改革，德法两国应当尽快提出振兴经济的建议。①

2011年3月，欧盟峰会就已同意欧元区和国际货币基金组织联手援助希腊。德国《金融时报》评论认为，这次救助让希腊脱离了生命危险，但让欧盟奄奄一息。美国的《华尔街日报》也发文称，欧洲是世界的病夫。《商业知情者报》称，"欧洲仍处在死亡旋涡之中"。欧元区各国在危机面前，不是相互帮助，而是同床异梦，真是"夫妻本是同林鸟，大难来临各自飞"了。自2010年以来，希腊就陷入其近代史上严重的经济、政治和社会危机，GDP减少1/4以上，27%的希腊人处于失业状态，其中25岁以下的劳动人口中失业者达到60%以上。为防止希腊国家破产和退出欧元区，2010年以来欧洲伙伴国和国际货币基金组织提供了2400亿欧元信贷给希腊，分两个救济包提供。这些贷款的条件是，希腊政府和欧盟委员会、欧洲央行及国际货币基金组织"三驾马车"对希腊进行改革。希腊的经济和其政治危机紧密联系在一起，政治危机是造成经济灾难的根本原因。据德国《世界报》2013年4月9日报道，希腊政府完成一个秘密报告，要向德国索要第二次世界大战的"战争赔款"，不含利息约1600亿欧元，这相当于希腊一年GDP的80%。不管怎么样，尽管有这些苛刻条件，这个国家的政治经济社会的中期愿景还是可能很快得到实现的。当然也有人提出，希腊国家虽然小，但是一个文明古国，实际上许多东西可以出卖。这不啻是对希腊形象的损害。

英国历史学家安德鲁·罗伯茨说，"欧洲已经走进历史的死胡同，欧盟未来有望恢复增长的唯一可能，也许就是借助中国、美国、印度和巴西这样的增长"。荷兰在线网站5月17日评论说，"在当前这场全球经济危机中，欧洲已经是筋疲力尽了。一个灾难接着一个灾难"。欧盟统计局2012年4月23日宣布，欧元区2011年债务占GDP的比例从2010年的85.3%上升到87.2%，标志着欧元区国家债务总额创下历史新高。从2009年冬天开始席卷欧洲的多国罢工潮至今仍令人心有余悸。希腊公务员罢工，波兰护士罢工，捷克运输工会罢工，英、德的航空公司罢工，法

---

① 参见《奥朗德冒雷雨会晤默克尔　法德共商拯救欧洲》，环球网，http://world. huanqiu. com/exclusive/2012 – 05/2727892. html。

国更发生全国性各行业大罢工，欧洲媒体惊叹欧洲"正面临42年来最为罕见的社会动荡"。欧洲政策研究中心研究员索特拉·特德罗伯称，欧洲的经济危机正演变为社会危机，"欧洲越来越危险"。德国《法兰克福汇报》发表文章称，到2040年，欧洲将从现在占全球经济总量的21%降到5%，这将在一代人内发生。①澳大利亚《商业旁观者》称，对于世界来说，如今正在沉睡的是欧洲。②

希腊各政党领导人于2012年5月15日未就组建一个总统帕普利亚斯提出的"技术官僚联合政府"达成共识，谈判失败。16日22时希腊股市下跌了1.28%。6月18日希腊议会选举揭晓，新民主党得票率约为29%，左翼激进联盟得票率为27%，排名第三、支持财政紧缩的泛希腊社会主义运动党得票率约为12%。按照希腊议会席位分配制度，新民主党和泛希腊社会主义运动确保了议会中的多数席位，使希腊退出欧元区的可能性锐减。新民主党党首萨马拉斯在大选结果宣布后称，保证希腊留在欧元区，并承诺履行希腊在与欧盟和国际货币基金组织签订1730亿欧元救助协议时的约定，留在欧元区"毫不动摇"。新民主党支持财政紧缩政策，争取外部援助。从长远看，新政府在应对债务危机和兑现减赤承诺方面依然步履维艰，大选只是给希腊判了个"死缓"。当前希腊正处于退出还是留在欧元区里的两难境地，进退维谷。如果希腊真的退出欧元区，那么将影响到全球经济，欧元区的前景也将更加恶劣。

德国《明镜》周刊评论说，德法无法轻易放弃希腊，否则会引起多米诺骨牌效应，自己也将面临失败，"欧洲将走上一条不归路"③。瑞银集团（UBS）经济学人史太芬·迪欧（Stephane Deo）于2011年9月6日发表研究报告称，德国若撤出欧元区，该国人均损失第一年预计将高达8000欧元，并给全球经济带来灾难性后果。史太芬·迪欧表示，像德国这样的欧元区大国若撤离欧元区，将引发企业违约、银行体系资本重组以及国际贸易中断等严峻后果，预计德国人均损失第一年约为6000～8000欧元，占该国国内生产总值（GDP）的20%～25%，之后每年的人均损失将减少到3500～4500欧元。欧元区实力较差的成员国若撤出，所带来的损失

① 《欧元区陷入危机无力自救　或持续面临8年困境》，环球网，http：//world. huanqiu. com/roll/2010 - 03/762002. html。
② 《欧元区陷入危机无力自救　或持续面临8年困境》。
③ 《奥朗德冒雷雨会晤默克尔　法德共商拯救欧洲》。

将相对较小，但仍会给全球经济与全球银行体系带来严峻挑战。欧元区崩溃所引发的经济后果将很严重，但所引发的政治后果将更严重。① 牛津大学范德尔普鲁格教授于 2012 年 5 月 17 日接受荷兰在线网站时表示，对欧洲经济相当悲观，希腊离开欧元区的可能性很大。希腊人以欧元的形式欠下了债务，而他们之后将不得不以另外一种价值低得多的货币来偿还。

1947 年 6 月 "马歇尔计划" 出台，这是联邦德国战后经济得到迅速恢复和发展的主要动力之一。从第二次世界大战结束至 1955 年，联邦德国从美国总共获得 36.5 亿美元援助，并把每年偿还金额又作为短期信贷方式投入经济，至 1956 年该款项已达 100 亿美元，遍及德国一切经济部门，推动了经济的复兴和发展。1947 年 12 月苏、美、英、法四国外长伦敦会议破裂，以美国为首的西方阵营与以苏联为首的社会主义阵营关系进一步恶化。1949 年 4 月 4 日，西方 12 国外长在美国首都华盛顿签订了《北大西洋公约》，宣布成立北大西洋公约组织，简称北约。1991 年苏联及其华沙条约集团解体，北约本应该随之解散，但依然存在，这是因为北约对美国的欧亚战略来说非常重要。北约不仅是美国影响欧洲事务的主要途径，而且还为美国在欧洲保持有重要政治意义的军事存在提供了基础。苏联解体及华沙条约集团消亡，北约组织从以对抗华约集团为目的的纯军事组织转变为军事政治组织，仍把苏联的继承者俄罗斯视为威胁。

2011 年 11 月布拉格峰会提出 "全面改造" 北约的决定，旨在全面提升北约的军事活动能力，以适应其盟主美国的全球战略需要。德国的统一和苏联的解体标志着维持世界近半个世纪的雅尔塔体制寿终正寝，以美、苏争霸为核心的旧的世界格局已被打破，新的世界格局还未形成。德国认为，在当今相互依存的世界里，美国虽然是一个超级大国，但如果没有其他国家的合作，也是不可能取得反恐战争胜利的。所以，美国应该与欧洲和其他国际力量一道共同反对恐怖主义，摒弃单边主义。同时德国也主张尊重国际法规和国际条约义务。德国和欧盟虽然不主张动用武力或少用武力解决冲突，但是希望用其所谓欧式民主，用它们的制度和价值观来改造世界。

---

① 解琳：《欧元崩溃的政治影响料将甚于经济后果》，中华人民共和国商务部网站，http://www.mofcom.gov.cn/aarticle/i/jshz/zn/201109/20110907731779.html。

欧洲一体化符合德国的政治利益，德国需要欧盟，欧盟也需要德国。德国等欧洲多数国家则强调世界的和平与稳定，主张建立一个多种力量并存，多种力量既合作又相互制约的"多极世界"，欧盟作为正在形成中的一极应发挥与其实力相称的作用。随着欧洲一体化进程的不断深入，欧盟的实力日渐强大，尤其是在与俄罗斯的关系趋于缓和改善之后，包括联邦德国在内的西欧更想摆脱美国，走自己的路。它们认为单靠武力不能从根本上解决冲突，强权不能缔造真正的和平。这一理念尤其对20世纪90年代以来德国外交政策的制定产生了很大影响，使其继续坚持广泛的国际合作以及多边主义的政治理念。冷战后世界形势发生了天翻地覆的变化，地区冲突和局部战争依然连绵不断，需要国际社会共同参与解决；德国愿意承担起更多的国际责任，因此德国的政治家们目前表现出的是在坚持和平、合作和文明理念的前提下尽力避免在外交实践上的矛盾，以便在国际社会中能发挥更大的作用。

德、美保持的大西洋联盟关系建立在共同反苏的基础上，即所谓的跨大西洋主义。在这样的关系中，美国对包括德国在内的西欧国家提供经济援助，通过北大西洋公约组织为西欧国家提供军事安全防御的保障，成了西方阵营中毋庸置疑的主导者。随着冷战的结束，德、美联盟一夜之间失去了冷战时期的共同敌人，西欧对美国军事保护的依赖程度大大降低；另外，此时的美国和包括德国在内的西欧的实力都发生了变化：美国作为唯一超级大国的地位逐渐凸显出来，对美国而言，西欧的战略意义大不如前；而同时"新欧洲"也伴随着欧洲一体化的进程在加速崛起，这一切都对传统的大西洋联盟构成了挑战。在这种新型的双边关系中，美国与包括德国在内的西欧超越了传统的大西洋联盟的框架，由过去的保护与被保护的关系转变为西欧谋求与美国建立平等的伙伴关系。因此，对于北约的继续存在，学者和一些政治家均表示出不同程度的质疑。德国著名政治学家钱皮教授指出，"世界政治的结构将发生重大变化，世界将不再是一个'国家世界'，即通过军事武力的占有、瓜分权力和势力范围的世界。但它也不是一个'世界社会'，即放弃武力手段，服从于一个中央权力的世界。这个新的世界更像是一个'社会世界'，即由国家组织所构成，但却受各个社会的利益所制约的世界"。《中国评论》期刊的何涛和倪海宁特约评论员认为，北约与亚太国家加强合作，是它为弥合美欧分歧、提升全球影响力而实施的重要战略步骤。东扩进程暂缓，北约开始走出欧洲，将战略触角伸向亚太，伸到了蒙古，这将对未来美欧与亚太国家关系产生重大影响。① 据美国著名评论网站"SperoForum"2011 年 5 月 30 日消息，意大利知名记者及学者德尔·博卡（Angelo Antonio Del Boca）日前接受媒体采访时表示，北约针对利比亚的军事行动已失败，利比亚仍是一个主权国家，北约联军发动的战争是非法的。美国前国防部部长罗伯特·盖茨于 2011 年 6 月 10 日在其卸任前发表最后一次政策讲话时，严厉批评北约和美国的欧洲盟友，并告诫说，北约"这个跨大西洋联盟存在着前景不说凄惨至少也是暗淡的实际可能"，北约继续存在的合法性问题依然没有解决，这也就是 2012 年 5 月 20～21 日北约美国芝加哥峰会所谓的丰硕成果。其实，那只是雷声大雨点小而已。

---

① 参见扈大威《美国往前推 欧洲往后拉 北约触角伸向亚太》，人民网，http：//world. peo-ple. com. cn/GB/1030/4417332. html。

第三章 中国的自我定位

第一节 中国定位的现实基础

中国的国家身份实际上是历史悠久的文明古国和发展中社会主义大国的复合体。十七大报告把我国国家身份的目标描述为"富强民主文明和谐的社会主义现代化国家"。十八大报告也把我国国家身份的目标描述为"中国特色社会主义道路……建设富强民主文明和谐的社会主义现代化国家"①。中国的国家身份定位应该是发展中国家,是亚洲发展中的中国、世界发展中的中国。中国离不开世界,世界需要中国。在治理现在的国际秩序并营造国际新秩序中,中国不谋求一己私利,不以我为中心,而是力促构建一种国家不分大小、强弱,权利平等,利益和谐共享的民主的国际新秩序。

随着中国国力的日渐增强和国际地位的不断提升,中国越来越意识到自身的国际责任。中国在和平发展的过程中的国家身份包括"负责任大国",其国家利益包括维护世界和平与稳定,积极履行国际责任,尽其所能对世界做出积极的应有贡献。一方面,中国应当通过文化交流向世界人民传达中国人崇尚"和为贵",讲求"礼尚往来""乐善好施",奉行"己所不欲、勿施于人"的文化传统和处事原则;另一方面,对外宣传既要充分发挥自己媒体的作用,也要利用西方媒体,例如发表中国领导人个人的文章和中国专家学者的文章,宣传中国当前的社会变迁和现代化进程所取得的辉煌成就,以及介绍中国的国内政策和应对诸多国际问题的政策和新举措。新近,国务院总理李克强在英国媒体上发表个人文章,介绍中国改革开放的具体情况和发展的路线图,得到当地众多媒体和民众的普遍认同和赞扬。当前,西方一些政治人物和部分媒体仍然对中国存在一种偏见和

① 胡锦涛:《坚定不移沿着中国特色社会主义道路前进 为全面建成小康社会而奋斗——在中国共产党第十八次全国代表大会上的报告》,人民出版社,2012,第12页。

傲气，他们应该放下架子，亲自到中国来走一走看一看，就会看到和了解到一个真实的中国，读懂中国。中国是一个和平发展的中国，是一个与人为善的中国，中国人是一个好客的民族，"有朋自远方来，不亦乐乎"。

　　作为具有世界影响力的地区大国、国际体系内负责任的社会主义发展中国家和迅速发展的大国，中国的外交正从应对型转为主动进取型，从"韬光养晦"转为"有所作为"，这源于中国作为发展中国家的基本国情，源于中国文化传统"己所不欲，勿施于人"的理念。从国际政治伦理和外交哲学层面上看，韬光养晦是国家追求和保持谦虚自信、与人为善、和谐发展的高尚道德境界，体现了中华民族在思考民族复兴与世界共同发展方面的大智大慧。当然，只是韬光养晦不能提高国家声望，还必须有所作为。中国已经来到国际舞台中心，世界的繁荣与稳定需要中国，中国的发展也离不开世界，中国已成为世人瞩目的中心。在世界中心的舞台上，中国不能只考虑自己的利害，更要谋划世界的未来。习近平总书记曾经在一次讲话中，讲到利和义的关系，强调说，有时候为了义，有必要牺牲一点利。世界的未来是义，人类的共同利益是义。① 在全球相互依赖的时代，国际或地区多边机制成为国家形象的重要显示平台，多边外交成为国家建构积极声誉和良好国家形象的有效途径。中国开始有意识地通过多边途径来推动和维护国际和平、安全与稳定。在国际层面，中国重视发挥联合国在处理国际安全事务中的核心作用，积极推动通过多边合作解决地区冲突。近年来，中国积极参与了联合国的多项维和行动。在地区层面，中国积极实施睦邻、安邻政策，促进地区安全合作。中国积极推进地区安全对话与合作，在上海合作组织、东盟地区论坛、东盟与中日韩等地区合作机制中发挥积极和建设性作用。

　　而今，世界风云变幻，国与国关系在各自利益驱动下不断变化，中国周边环境不甚安宁，发展中国家进入利益分化甚或重组阶段。在这些变化中，中国既要调整与一些大国的相互关系，构建一种新型的大国关系，也要调整和发展与一些新兴国家的关系，在国际事务中维护国家的核心利益，争取更多更大的话语权。中国将会进一步扩大对外开放，进一步深化国内方方面面的改革，做一个负责任的大国，与世界共享机遇，共创繁荣，共同建立一个和谐的世界大家庭。

_____

①　吴建民：《大外交需摆脱弱国心态》，《环球时报》2013 年 11 月 20 日，第 14 版。

中国在邓小平的改革开放理论指导下，综合国力快速发展，中国GDP已位居世界第二，中国的经济总量从世界第六跃升到世界第二，2012年中国GDP为7.484万亿美元，仅次于美国（15.09万亿美元），而超过日本（5.872万亿美元）。若按经济总量计算，中国则是世界第二大经济大国，这也是西方国家要求中国在国际事务中承担更多责任的理由，换句话说，就是给中国摊派更多的份子，要中国出更多的钱。如果这个经济总量按人均计算，中国则属于发展中国家，是发展中大国。同年，中国人均GDP仅为5670美元，在世界100个国家排名中居第87位，仍然属于欠发达的发展中国家（见表3-1）。

表 3-1　2012 年世界主要国家 GDP 比较

国　别	GDP 总量（万亿美元）	人均 GDP（美元）	人均 GDP 排名
美　国	15.09	48373	15
中　国	7.484	5670	87
日　本	5.872	45947	18
德　国	3.578	43760	19
法　国	2.778	42625	20
英　国	2.424	38630	22
意大利	2.199	36215	24
俄罗斯	1.849	12939	51
印　度	1.839	1530	—

因此，中国的国家身份定位也就在传统意上的发展中大国与崛起的发展中大国之间徘徊，既要考量中国经济总量的大国地位，又要考虑其仍然是个经济上不富裕的发展中大国。

中国的快速发展对西方来说是一个很大的冲击。西方国家心态复杂，看法不一，众说纷纭，有唱衰中国的，有赞扬中国的，出现了应对中国发展问题的不同主张。但其中多数仍然对中国不放心，仍然对中国采取防范的态度。"中国威胁论"就是其中一种，一些国家同时利用人权等价值观问题来干涉中国内政。中国奉行独立自主的和平外交政策，国家主权神圣不可侵犯。在国际事务中，中国主张和平共处，地区问题或国际问题应该用和平共处五项原则来解决，应该通过和平协商和谈判来解决，反对各种形式的霸权主义和强权政治；主张尊重各国自主选择的发展道路和模式，各国的事应由各国人民自己解决，世界上的事应由多边集体通过对话和协商解决，反对以"人权""民主"为借口干涉别国内政，反对把某一种社会制度或发展模式说成是普世的，强加于人。各国不同的发展道路和发展模式，是各国人民自己的选择，是世界多极化的具体表现。

人之相知，贵相知心。这是中国人常说的一句老话。世界是复杂的，世界形势更是纷繁乱象，各种势力既相互竞争，甚至争夺，又合作互补，逐渐形成利益交汇点，或形成相关的利益共同体。今天的中国已经从地区性大国走向全球性大国，其国家利益已经从中国大陆向外延伸到海洋，遍布全球并延伸到太空，这必然会与超级大国和某些西方势力发生碰撞，甚至可能会擦枪走火。一方面，和平与发展是当代世界主流，各国利益相互依存且不断深入；另一方面，霸权政治依然存在，强权政治依然是超级大国手中的大棒，不断向世人挥舞。美国的霸权观与中国的和谐发展观格格不入，也与欧洲的"法治观"相抵触。

现在世界存在三种秩序观：一是美国的霸权秩序观；二是欧洲的法治秩序观；三是中国的和谐世界秩序观。① 在当今经济全球化的新时代，尽管各国的意识形态和价值观不同，但都应该抛弃相互之间的芥蒂，不以意识形态划线，不以结盟划界，而应相互宽容和包容，相互学习，相互认同，互通有无，这样才能建立一个和谐世界大家庭。

中国的发展有中华民族的伟大复兴、亚洲崛起、发展中国家崛起和全球化的四大背景。当然，温特的国家身份分类法，把中国定为"负责任大国""双边关系中的敌人朋友或竞争者""社会主义国家和发展中国家""地区性大国和国际组织（条约）的参加者"四种国家身份。这和我们的四种分类有些雷同。这四种国家身份是内属，还是外生，并无统一的定论。但内属是中国的社会主义文明古国身份；外属是中国的国际角色。中国一方面要发展自己的经济，使全体中国人民富裕起来；另一方面又要承担一些国际责任，支援一些发展中国家，参与国际事务，担负应当且能够担负的国际责任。但中国的发展不以牺牲别国利益为前提，而是以自力更生为主，争取更多的国际援助。其他国家援助中国，中国也援助其他国家，这种援助是相互的，是双赢和共赢的，中国发展壮大了，对世界的贡献也就更大了。

---

① 秦亚青：《国际体系与中国外交》，世界知识出版社，2009。

一　中国特色的社会主义

中国正处于并将长期处于社会主义初级阶段，有以下两层含义。第一，我国已经是社会主义。我们必须坚持而不能离开社会主义，我国今后的发展，不能偏离社会主义的大方向，要坚定不移地走中国特色的社会主义道路。第二，我国还处在社会主义初级阶段。我们要一切从实际出发，如果超越这个阶段就脱离了我国的最基本的国情。中国的国情是，虽然经济总量在世界上排在第二或第三位，但中国地大人口多，人均 GDP 仍然在世界上排在较为靠后的位置，中国只不过是一个发展中的社会主义大国，依然属于发展中国家，而不是发达国家或富裕国家。[①]我国长期处于社会主义初级阶段，这是最大的实际，考虑一切问题都必须从这个最大的实际出发。中国共产党十八大报告指出，中国进入全面建成小康社会决定性阶段，应进一步解放思想，深化改革开放，攻坚克难，紧紧抓住当前的发展机遇期，认真对待面临的挑战。笔者认为，西方社会关于中国的"社会主义国家"身份的认同主要存在两方面问题：一方面，某些西方国家包括某些发展中国家从意识形态出发有意强调中国"社会主义国家"的身份，这会导致双方在可能的领域如经贸方面出现利益矛盾时加剧摩擦和冲突，同时也为它们联合起来制裁中国提供借口；另一方面，中国自身在对待"社会主义国家"身份时在对外宣传上也存在一些问题，对我们的成就有时候过分宣扬，不讲或少讲自己的缺点和落后面，喜欢听西方国家的赞美声。为了实现"中国梦"，我们仍然要头脑清醒，韬光养晦，不做领头羊，扎实搞好经济，一百年不动摇。在外交工作中，我们必须警惕某些时候表现出的"发达国家"的意识和行为。比如在一些国际组织中的摊款、捐款或救灾方面，出手大方，甚至比世界大富美国还大方许多。我们应该清醒地牢记，中国边境地区、贫困地区的人们还过着欠温饱的生活，还有很多孩子上不起学读不起书。

王毅外长在世经论坛 2014 年年会上的演讲中明确说："我们对于中国改革的成功充满自信……自信来自于中国业已选择的正确道路。新中国成立 65 年来，我们经过上下求索，找到了一条完全符合中国国情并且得到

---

① 参见蔚彬《转型期中国国家身份认同的困境》，《现代国际关系》2007 年第 7 期。

全体人民拥护的发展道路，这就是中国特色社会主义道路。实践已经并将继续证明，只要坚持这一方向，不偏离这条道路，中国就能保持发展活力，获得发展动力。"①

二　发展中国家的身份

改革开放以来，中国经济飞速发展，在 21 世纪初，年均增长率为10%，过去几年遭受了经济危机的冲击，年均增长率也达到7%以上，远远超过了其他国家的发展速度。在经济发展取得瞩目成就的同时，也不能忽视，中国人口众多，各项人均发展指标始终保持在较低水平，中国仍旧是一个发展中国家。

第一，2010 年中国 GDP 达到了约 5.9 万亿美元的水平。但如果除以13 亿人口，将中国的发展水平与发达国家相比，就知道差距很大，明显具有发展中国家的特征。根据世界银行数据，从人均生产水平看，2009年中国人均 GDP 只有 3744 美元，不到世界平均水平 8594 美元的一半，不到美国、日本等发达国家的 1/10；从人均消费水平看，2009 年中国人均消费 1306 美元，不及世界平均水平 5093 美元的 1/3，仅为美国的 4.0% 和日本的 5.5%；若按人均水平计算，中国人均财政支出只是美国的 5.5%，是欧洲发达国家的 4%，即使与巴西等国相比，中国人均财政支出也不高。

第二，中国对外投资能力不足，城乡差距较大。中国与发达国家之间的差距，特别明显地体现在农村地区的发展程度上，中国农村人均可支配收入、参加养老保险的比例等各项指标都与城市人口相距甚远；反观发达国家，城乡之间、社会阶层之间的差距较小，发展比较均衡。

第三，2009 年中国的出口额达到 1.2 万亿美元，占世界出口总额的9.6%，超过了出口大国德国，并一跃成为世界第一大出口国。不过，中国出口的产品大多为最终产品、消费品，在国际市场上主要以数量和价格优势为竞争力，与发达国家如德国主要出口以质量和技术优势为竞争力的产品不同，产品增值主要集中于低附加值的劳动密集型产品。在中国的出口产品中，95% 是制成品，其中高新技术产品所占比重略超过 30%。

---

① 《中国新发展　世界新机遇——王毅外长在世经论坛 2014 年年会上的演讲》，http://www.fmprc.gov.cn/web/ziliao_ 674904/zyjh_ 674906/t/122808.shtml。

第四，"中国制造"的产品因出口数量庞大、经济实用，逐渐渗透到西方国家生活的方方面面，西方民众很容易就感受到中国产品对自己生活的影响，却不容易觉察到中国在服务贸易这一条隐性战线上所处的劣势。在全球服务贸易中，发达国家服务业的竞争力普遍较强，因而享有服务贸易的顺差，而发展中国家服务业竞争力较弱，长期存在服务贸易逆差。在世界贸易格局中，中国出口廉价的体力劳动，进口的却是发达国家昂贵的脑力劳动产品，尽管中国在商品贸易方面享有贸易顺差，但服务逆差始终没有减少。

第五，中国的外汇储备总额十分可观，然而人均外汇储备额并不比发达国家高。中国外汇储备的主要来源并不是贸易顺差。在过去 30 年中，扣除了服务贸易逆差后的外汇储备仅占全部外汇储备的 1/3，组成外汇储备的主力是外来的直接投资、外债和投机性"热钱"。由于中国人口基数大，经济总量也在不断扩大，很容易令人忽视人均指标较低、经济结构不合理等问题，产生不符实际的印象。

不可否认的是，中国的经济总量在不断扩大，中国也力争在国际事务中发挥更大作用。中国人口众多，在某些方面的影响力自然会比人口少的国家更大，所以应当承担的国际责任也相应地更多。同时也要看到，中国承担国际责任不能超越现阶段的承担能力，否则会带来"盛名之下、其实难副"的误解和指责。中国还是一个地地道道的发展中国家，唯一不同的是，中国在发展中国家的地位已大大提高。发展中国家是中国的根，中国外交离不开发展中国家。

三　中华文明的渊源

文明的核心是文化，文化是灵魂，是一个国家、民族，甚至是一个阶级、集团以及社会团体或个人的精神支柱。文明程度的高低体现在文化程度的深浅上。一般说，文化程度高，文明程度也相对比较高。中国是一个文明古国，其文化源远流长。中国社会主义文化是社会主义核心价值体系，是实现中国梦的源。中共十八大报告所提炼的"富强、民主、文明、和谐、自由、平等、公正、法治、爱国、敬业、诚信、友善"共二十四个字，从国家、社会和个人三个层面对社会主义核心价值观做出概括。社会主义核心价值观具有迫切的现实功能，它需要凝聚社会，提振信心，能够涵盖中国社会的庞大，又能引领十三亿人民形成共识。中国的价值观既是总结，也是建设，它是社会主义中国不断改革、发展的精神支点。[①] 中共中央政治局常委刘云山在一次讲话中对中华文明做了精辟的阐述。他说，源远流长、博大精深的中华优秀传统文化，积淀着中华民族最深层的精神追求，包含着中华民族最根本的精神基因，是社会主义核心价值观的深厚源泉。培育和践行社会主义核心价值观，就要从中华优秀传统文化中充分汲取思想道德营养，结合时代要求加以延伸阐发，既使中华民族最基本的文化基因与当代文化相适应，与现代社会相协调，又让社会主义核心价值体系之树深深植根于中华优秀传统文化的沃土之中。牢记中华文化的历史渊源、发展脉络、基本走向，讲清楚中华文化的独特创造、价值理念、鲜明特色，增强我们的文化自信、价值观自信。要认真汲取中华文化的思想精华、道德精髓，大力弘扬以爱国主义为核心的团结统一、爱好和平、勤劳勇敢、自强不息的思想和精神，深入挖掘和阐发中华传统文化讲仁爱、重民本、守诚信、崇正义、尚和合、求大同的时代价值，使中华传统美德实现创造性转化、创新性发展。当然，对传统文化，也要辩证地对待，加强鉴别、合理扬弃，取其精华、去其糟粕，真正把中华传统文化这个宝库开掘好、利用好。通过文化传承来以文化人、以文育人，既要有内容还要有载体，要有文化活动还要有文化产品。要广泛开展中华优秀传统文化的宣传普及活动，在国民教育中增加优秀传统文化内容，更好地用中华优秀传统文化滋养人们心灵、陶冶道德情操。刘云山的讲话，为中华文明发展进一步指出了具体方向，是中国文化工作者必须坚持的方针。

第二节　当前中国外交的时代性

一　新中国外交的优良传统

新中国成立 60 周年以来，以改革开放为界线，可以分为两个阶段。前 30 年中国外交首要任务是实现和巩固国家的独立与外交自主，维护国

---

① 《24 字不短，核心价值观构建路更长》，《环球时报》2014 年 2 月 13 日，第 14 版。

家安全和领土完整，与大多数邻国通过谈判以和平方式解决历史遗留问题，创造较为稳定的周边外交环境，同时，建设新型的外交队伍和外交机制。改革开放后的30年，中国外交进一步维护国家主权和领土完整，维护和改善中国的国际安全环境，为经济高速发展创造了稳定的外部环境，为提高综合国力和国际竞争力奠定基础。此外，中国也开始走向世界，在与广大发展中国家的传统友谊中，不断提高中国的国家地位，为世界的和平与发展做出重大贡献。

1. 前30年中国的外交成就

新中国成立初期，我国外交的首要任务是：彻底摧毁帝国主义对中国的控制和封锁，恢复国家的独立和主权，提出了"另起炉灶"、"打扫干净屋子再请客"和"一边倒"的三条方针。在中国外交史上揭开了独立自主的崭新一页。周总理在解决中印之间的边境问题时，提出的和平共处五项原则，受到国际认可和赞誉。"和平共处五项原则"不仅成为解决中印之间问题的国家准则，而且成为处理与世界上其他国家之间关系的基本准则，反映出我国外交政策的成熟。20世纪60年代我国坚持"两个拳头出击"，放弃"一边倒"的政策，提出依靠广大的亚非拉国家，反对帝国主义、修正主义和反动派。60年代末至70年代末我国奉行的是"一条线""一大片"的联美反苏政策。"一条线"，即按照大致的纬度画一条线连接从美国到日本、中国、巴基斯坦、伊朗、土耳其和欧洲的战略线。"一大片"即团结该战略线以外的国家，就是团结一切可以团结的力量共同反对苏联的霸权主义。70年代中国迎来第三次建交高潮，同70多个国家建交，基本完成了与西方国家的建交过程。至1979年底，中国已与120个国家建交，国际地位日益提高。

2. 改革开放后30年中国的外交成就

党的十一届三中全会开启了前所未有的改革开放，使中国的对外关系进入了崭新的历史时期。20世纪80年代至今，中国坚持奉行独立自主的和平外交，实行不结盟政策，全面对外开放。中国提出和平与发展两大主题，确立了对外开放为长期的基本国策，以"一国两制"来促进国家统一。中国将政治互信和经济合作融合在对发达国家的关系中，对发展中国家坚持互相尊重、平等互利、共同发展的原则，积极融入国际社会，综合国力明显提高。特别是在与西方发达国家发展关系的过程中，中国建立了不同类型的战略伙伴关系与合作关系。坚实的基础和丰富的经验是宝贵的财富。改革开放以来，中国从贫穷走向富裕，从"摸着石头过河"到形成系统理论支撑和完整政策体系。中国不仅清晰地把握了自身存在的各种问题，而且完全具备了解决这些问题的能力。

二　奉行多边外交的负责任大国

随着中国国力的日渐增强、国际地位的不断提升和国际影响力的提高，中国越来越意识到自身的国际责任。党的十八大报告指出，"中国反对各种形式的霸权主义和强权政治，不干涉别国内政，永远不称霸，永远不搞扩张"，"以更加积极的姿态参与国际事务，发挥负责任大国作用，共同应对全球性挑战"。中国在和平发展过程中的国家身份包括"负责任大国"，首先要维护本国人民利益，维护本国的国家利益，其国家利益包括维护国家领土完整、主权独立，维护友好国家和广大发展中国家的利益，积极履行自己能承担的一份国际责任，为维护世界和平和稳定做出应有的贡献，并推动世界经济发展。在经济全球化的现代世界里，你中有我，我中有你，可以说，谁也离不开谁，大家相互交融，彼此交织在一起。早在20世纪90年代中期，中国明确提出要做"国际社会负责任大国"这一理念。有学者认为完成"负责任大国"身份塑造的方向包括：促进地区经济繁荣，塑造和平的地区环境，促进世界的和平与稳定，维护现有的国际秩序，推动现有国际秩序的调整和改良。完成"负责任大国"身份塑造的途径还包括：努力开展区域经济外交，帮助和支持发展中国家的经济发展，大力倡导和落实新安全观，深化与世界主导力量或重要组织间的战略对话，积极参与和主导与世界主导力量或重要组织间的战略对话，积极参与和主导多边国际制度的建设，建立新型大国关系。[①] 由此可见，"负责任大国"身份内涵丰富，涵盖了"地区责任""全球责任""国际组织成员国责任""发展中国家责任"等。因此，中国的个体身份——"负责任大国"是一个最宽泛意义上的身份，也是各种国家利益交织的身份，甚至包含着其他身份和其他身份后的国家利益。

正是基于"负责任大国"身份的复杂性，任何事件都可能触及中国"负责任大国"的身份，直接导致的结果是中国会面对众多"中国未尽

---

① 王公龙：《塑造负责任的大国形象》，《党政论坛》2007年第3期。

到大国责任"的指责。本研究认为中国"负责任大国"身份要注意两点：一是中国"负责任"并不是什么事都有责任，中国不是"世界警察"，更不可能对世界上任何地区性或全球性事务承担责任；二是在具体事件中，中国"负责任大国"身份的排序并不总是第一位的。美国这个超级大国更应该是"负责任大国"，但是它负责任了吗？如果说美国"负责任"的话，那是美国围绕其自身利益在世界上扮演霸权和强盗的角色。中国绝不可以接受美国抛来的"负责任大国"的高帽。中国提出做"负责任大国"，就等于对外界做出了一个庄严承诺，并得到外界的认可，中国就要努力正确妥善地处理各种地区问题和国际问题，这正是中国"责任"的一种表现形式，甚至已经成为中国的一种"责任"。但中国不可能在任何国际问题和事务中都打头阵。中国不是超级大国，不谋求地区霸权，从现状和实力看，中国只是一个次经济大国，做好次经济大国比较符合中国的身份定位，也比较符合中国的国家利益。邓小平同志曾说过："这个头我们当不起，自己力量也不够，当了绝无好处，许多主动都会失掉。"①

作为世界上最大的发展中国家，并且作为一个社会主义国家，在面临国际问题时，中国应当发出自己的声音并强调自己的话语权，让世界，特别是个别大国能真正听得进中国的声音，中国根据自身经济实力来承担国际义务和责任，量力而行，做一个切实负责任的大国，而不是在任何事情或问题上都出手阔绰，到处撒钱。新中国发展对外关系的基本原则是平等互利，互相尊重，坚持中国的核心利益，在互利合作的基础上解决对外经贸活动中的问题和矛盾。西方媒体包括某些发展中国家的媒体、政界人士罔顾客观事实，给中国对外资源开发扣上新殖民主义的帽子，宣称中国在全球掠夺原料和市场，导致了西方国家对中国的误解和中国国家形象受损。如何改变这种误解，是中国外交必须认真对待的挑战。中国在对外关系和发展援助中一直以实际行动证明中国是可靠的、负责任的伙伴。中国的对外传播应当向世界人民宣传中国人崇尚和为贵的理念，自古以来就奉行"己所不欲、勿施于人"的处事传统，也应当向世人展现中国当前的社会变迁和现代化进程中所取得的进步，将古老文化和创新发展结合起来吸引世界。积极报道中国的发展变化、改

---

① 《邓小平文选》第三卷，人民出版社，1993，第363页。

革开放所取得的成就以及和平独立自主的对外政策，一定会增进世界人
民对中国的深入了解。①

三 中国对时代脉搏和国际潮流的把握

（一）和平发展

拿破仑曾预言："中国是一头雄狮。如果有朝一日它苏醒了，它会震
撼这个世界。"② 中国正在崛起是有目共睹的，在发展壮大的过程中，中
国国力必将增强，身份也必将改变。西方国家从利益争夺的角度看待中国
的发展，他们认为中国经济上的强大可能使其谋求政治和军事的强权，挑
战其霸主地位，甚至侵略他国。实际上，中国的外交已经明确说明了中国
将实现和平发展，不会挑战任何其他国家；后来考虑到"崛起"一词的特
殊含义，中国改用了和平发展。在现实中，中国已经有学者提出，西方国
家在看待中国崛起的同时，更应该看到中国是儒教文明的国家，长期奉行
中庸之道的文化，发动战争，进行侵略完全背离了中国的文化观念。从文
化的角度看待中国发展，又是建构主义的一种分析方法。

建构主义认为，并不是行为体行为决定结构，而是结构决定行为体行
为。假设国际社会分为中国和其他所有西方国家两个国际政治行为体，那
么国际社会的状态是冲突还是合作则取决于与这两个行为体各自的行为。
中国的和平发展可以理解为一种行为，对中国来说，其行为不具备针对
性，也就不具备对抗性，更不具备对外侵略性。

自现代民族国家体系形成以来，中国历史上极少对外用兵扩张疆土。
中国强调按照以理服人、和睦共处的原则来处理国与国之间的关系。历史
上，中国通过和亲、派遣使者、通商贸易来建立和发展与周边或远方邦候
或国家的关系。汉朝张骞于公元前 138 年出使西域，以图与当时的大宛国
结盟共同对付匈奴。唐朝贞观十一年（公元 641 年）文成公主入藏，远嫁
吐鲁番国王（今西藏自治区）松赞干布，加强了藏族与汉族的亲密关系，
松赞干布为中国这个统一的多民族国家的历史发展做出了杰出贡献。中国

---

① 罗建波：《中国国家形象战略的基本框架与实现途径》，《理论视野》2007 年第 8 期。
② Pamela C. M. Mar, Frank – Jürgen Richter, *China – Enabling a New Era of Changes*, Singapur,
2003, S. 219.

多以互利互惠、互谅互让的理念处理与别国的关系。中国疆域的扩大和朝贡体制的建立也主要是以外邦对中国文化的认同和采纳为基础的。正是从几千年的中国历史中，罗素"羞愧地看到，（中国）在用理解对待白人的蛮横无理，他们并没有自我贬低到去用粗鲁回敬粗鲁"，而这种"不恃""不宰"也正是中国近代以来积贫积弱的原因之一。①

"文明""和平"等核心概念令笔者联想到中国的和平发展理论，即中国不同其他国家结盟，不争霸、不称霸，努力用和平手段实现世界和平与国家的复兴。德国文明力量的"文明"是否等同于中华文明古国的"文明"，和平手段是否意味着放弃武装力量和武装行动？诚然，统一后的德国外交与同一时期的中国外交分别植根于完全不同的外交框架条件，从这个角度而言，二者都看重和平手段、强调国际关系民主化。除了外部条件迥异之外，价值观内核或者意识形态内核的差异也决定了二者表面上相似但存在本质区别。中德两国都努力在国际上承担更大责任，但德国的国际责任植根于欧洲，以欧盟为首要框架，而中国的强劲表现，则令许多媒体提出"21世纪是中国的世纪"。对此，我们中国人自己应保持冷静的头脑，正确地认识自己的国情，不要被西方一些势力误导。

中国"和平崛起"的论题，首见于中央党校原副校长郑必坚于2003年在博鳌论坛上的演讲。同年，温家宝总理在哈佛大学演讲中也采纳了这个说法。在纪念毛泽东110周年诞辰的座谈会上，前国家主席胡锦涛也强调，中国要坚持和平发展道路，坚持和平外交政策。随后不久，西方国家炮制出了"中国威胁论"等诋毁中国的言论，丑化中国形象。鉴于"崛起"一词在中西方语境中被做出了不同的诠释，近几年，中国的"和平崛起"逐步演变成了"和平发展"，强调和谐世界、和而不同。国家发展战略口号的修改，体现出了对战略定位的修正，也是为了让世人更好地理解中国所做出的努力。②

有关第三方的调查也能从一定程度上佐证中国国家形象改善的客观现实。从2004年到2005年5月底，"大众与媒介皮尤研究中心"在亚洲、欧洲和美洲的16个国家进行了抽样调查，结果显示：在英国，65%的民众对于中国感到很亲切友善；在法国，58%的人喜欢中国。美国马里兰大

---

① 马风书：《中美俄三角关系：一种超越建构主义的文化分析》，《当代世界社会主义问题》2006年第10期，第27页。

② 张昆、刘旭彬：《中国国家形象传播的思考》，《理论月刊》2008年第9期。

学的国际舆论调查也显示，多数国家"相对于美国来讲更加喜欢中国"。而 2006 年 3 月 7 日 BBC 公布了一项在全球 22 个国家进行的调查，结果显示，认为中国对世界影响积极和正面的国家和人数均超过了对于美国和俄罗斯的同类调查。①

中国提出并强调以和平的方式实现民族的复兴和国家的强盛，只有重新建立起结合时代感和文化传统的价值体系，才能争取国际社会对中国崛起的理解和认同。文化吸引力和国家形象的塑造并不能直接使用简单的意识形态手段加以宣传。2008 年北京承办第 29 届奥林匹克夏季运动会，便是宣传国家形象的一个有利契机，中国人民的精神风貌和国家的发展现状通过外媒、外国运动员和社会各界人士的亲身体验得到了传播。美国的约瑟夫·奈教授提出软实力的概念："在全球信息化时代，文化、政治价值观和外交等软实力的来源是成就大国的部分因素。国家的强盛不仅取决于谁的军队能打胜仗，还要看谁能服人。"② 中德两国在基本的文化观念如自由、民主、政治制度、宗教信仰、价值观等方面存在不同的理解，也就可能产生不同的社会行为，在国际事务中也就可能做出不同的姿态。

讨论中国崛起的问题，首先离不开的是对中国崛起概念的界定。中国崛起既有动态的过程性，即中国正在发展的过程；也有静态的目标性，即未来中国的发展目标。中国崛起对绝大多数人而言，尤其是在领导人眼中，意味着国家从贫穷落后的状态发展成为繁荣富强的状态，首先关注自身的进步与发展，具有内省性。只有在国富民强的基础上，中国的国际影响力才有可能提升，成为其所在地区的具有重要影响力的国家，此时，中国的崛起是一个相对的动态概念。③ 这与中国自 19 世纪以来的历史经验是分不开的，与中国长期具有的"受害者心态"也是分不开的。这个概念的历史性非常强，我们可以说旧中国被殖民被侵略的惨痛历史和新中国在冷战中经受的经验教训，使得中国人心目中的国际社会概念是建立在中国与西方强国的互动之上的。

中国崛起需要考虑其他国际行为体的利益和观念，以及国际体系、国

---

① 张昆、刘旭彬：《中国国家形象传播的思考》，《理论月刊》2008 年第 9 期。

② 《06 跨文化传播论坛文集》，新星出版社，2007。

③ 李卓、原野：《对中国崛起的一种建构主义分析》，《河南理工大学学报》（社会科学版）2007 年第 4 期。

际规则对中国崛起的应对态度。也就是说中国崛起与外部世界的联系是自然的、内生性的，不仅仅是基于一种安全或者单纯的对外国资本与商品的经济需求，而且是一种与外部世界、外部制度的相互构建的过程。我们对于中国崛起的过程，一方面要通过自身努力来消除外界对中国的误解，改善中国的国家形象；另一方面，国际社会也要理解中国，要多接触中国，多到中国来走走，来看看，而少些对中国的指责和指手画脚。中国做的事情，是史无前例的，是"摸着石头过河"、持续不断地改革开放，是愿意与世界上任何不与我为敌的国家和人士交朋友、友好相处的。中国的复兴是一个过程，也是一个目标，是中国与外部世界相互建构的过程，在建构中形成新的身份和利益。一方面，中国崛起的外部环境是可以有所作为的领域，值得主动参与建构；另一方面，中国大力倡导"和平、合作、发展、和谐"的国际精神要成为共识，在反恐、军控、防核扩散、维和、经贸、发展、人权、司法和环境等方面参与国际合作，主动融入国际社会，消除外界对中国的误解，争取国际社会对中国发展的认同，国际社会不要总戴着有色眼镜看中国这也不是，那也不是，不要总拿中国说事，在某些问题上，如人权，不要总和中国过不去。

（二）文明发展

中国的和平发展道路也是中国和平崛起、实现中华民族伟大复兴的理论设想，和平崛起也好，伟大复兴也好，都是要实现中国现代化。中国和平发展道路和德国"文明力量"二者都反对战争，拥护和平，无论是在双边关系中，还是在诸如气候、联合国维和行动等方面都具有很大的合作空间。根据建构主义对国家利益的分析，在文明力量理论中，文明力量角色对利益和价值观的追求，可以被视作是对物质利益和非物质利益的追求，二者之间孰高孰低，如果二者出现矛盾如何加以权衡，是文明力量理论中值得探讨的问题。

这里以德国对华政策为例进行分析。一方面，从理论的角度剖析德国的国家利益和价值观需要肯定观念性因素的重要性；另一方面，从实践的角度看到文明力量角色的理想类型和实际外交政策之间的偏差，而这一偏差正是由物质利益的本质所决定的。由于德国外交日益看重观念性要素，试图将西方价值观如民主、人权等推行到中国，或者以此为条件对中国提供发展援助，这是中德关系中潜在的冲突根源。中国政府和中国传媒要充分利用和发挥国内媒体的作用，要充分利用国际权威性媒体宣传中国，扩大中国对国际社会的影响。尽管世界上具有重要影响力的新闻媒体主要都在西方国家，但中国必须通过努力争取得到世界上大的媒体和权威性媒体的支持和同情，逐步争得世界媒体的话语权，打破西方的信息霸权。

中国目前一直宣示外交路线中的和平与和谐主旨，希望能够打消别国对中国迅速崛起的误解和担忧。一个国家的道德规范和价值取向，都深深植根于该国的文化中，是国家软实力的关键成分。中华民族文化是中国民族利益的表达方式。中华复兴，中国崛起，都必须以我国五千年的中华文化为立国之本。以儒家文化为核心的中华文化，在中华民族历史融合的过程中兼收并蓄、博采众长，成为凝聚中华民族的精神源头，其魅力不仅体现为数千年的历史传承，也体现为文化传统对于当今的时代挑战带来了意味深长的启示。

随着中国国际传播的不断调整和改进，"和谐世界"的理念在国际社会获得了较好的理解和接受。西方主流媒体如英国的《经济学人》、德国的《法兰克福汇报》都对此表示认同，并给予了积极评价，认为中国所主张的国际关系理念不同于西方的价值观，更易吸引广大发展中国家。美国《新闻周刊》还特别以孔子像作为封面，报道中国推介儒家的"和合"思想。在媒体的作用下，中国的核心国家利益公之于众，中国的政策底线也为世界所了解。

文明力量理论与和平崛起理论都注重观念、身份、规范等因素，都属于建构主义范畴，并且都提出了国家角色的目标，这是二者的共性。文明力量理论与和平崛起理论的框架条件不同，德国从分裂到统一以及对战争的反思，决定了德国对国际关系民主化和对国际和平的追求和维护；中国社会主义建设以及"和为贵""和而不同"的传统思想，决定了中国奉行和平共处五项原则的外交政策，强调不同意识形态和社会制度的国家求同存异。文明力量理论与和平崛起理论的根本区别在于价值观、意识形态等观念性因素。文明力量理论与和平崛起理论在价值观的核心要素上立场迥异：在人权问题上，"文明力量"强调个人权利，这是由西方社会的权利取向型结构所致；中国和其他东亚国家强调集体人权，这是由东方社会历史上的义务取向型结构所致。人权是人的权利，既包括个人权利，也包括集体权利，不宜厚此薄彼。中国是一个热爱和平的国家，中国人民是一个热爱和平的民族。中国是个发展中的大国，是个发展中国家，需要一个和平稳定的国际环境，发展自己的经济，改善和提高人民的生活水平。中国奉行独立自主的和平外交政策，是一个负责任的大国，不挑战现行的国际秩序，不挑战任何国家。在国际事务中，中国主张合作代替对抗，谈判代替战争，建立和谐世界，世界各族人民生活在一个共同的大家庭中。因为，中国的发展离不开世界，世界需要中国，中国不能独善其身，需要和世界各国合作，互利共赢。中国传统思想强调集体，强调个人与集体的关系。中国道教是强调物质的，认为天是物质的，就是说，天是没有意志的，天是不能主宰人世间的吉凶祸福的，只有"道"是万物的根基。因为，"道"在天地之前业已存在，是"道"产生了万物，同时，"道"又是以自然为依据的，世界上万物是受自然规律约束的。存在决定意识，什么样的存在，就会产生什么样的思维。这与建构主义本体论是有区别的。建构主义本体论是一种弱化物质主义的文明，轻视物质在思维形成过程中的作用，尽管建构主义更加注重社会关系、注重价值规范、注重互动过程、注重观念的力量，但这种建构主义理论犹如建筑在沙滩上的大厦，其基础是不牢固的。建构主义在很大程度上与以儒家思想为代表的中国传统思维方式和文化理念（在本体论上也不过分强调物质主义）是有些雷同的。中国传统思想中的"道"就是讲的人与人之间的关系，强调"道"、道德观念对维系社会秩序的稳定和人际关系的和谐的重要作用。中国人常说的"先礼后兵"，就是说先要用礼来说服人，说服一切，即以礼服人。在用礼达不到目的的时候才用兵，这是说后发制人，这与西方的先发制人是相对立的。中国是一个礼仪之邦，礼对中华民族的文化传承，对国家的长期稳定发挥着重要作用。礼治的核心是"仁"，属于道德范畴，礼治的根本在于道德。在这一点上，礼治和建构主义理念也有一定的相通之处，所以建构主义在中国也有可生存的土壤。

四　地区性大国和国际组织成员国

国际组织和国际条约参加国以及地区性大国，其国家利益包括保持地区稳定，促进地区经济发展，积极参与地区合作，推进地区一体化，充分发挥国际组织参加者的作用。在亚洲地区，中国政府强调"中国的发展离不开亚洲，亚洲的繁荣也需要中国"。首先，保持地区稳定，促进地区经济发展。中国的发展是亚洲崛起的组成部分，中国追求与亚洲共同发展的大目标。中国虽然地处亚洲，但是其"亚洲国家"的身份得到认同经历了一个长期而曲折的过程。直到20世纪80年代，以邓小平为核心的第二代领导集体重新评估国际形势，强调中国需要良好的周边环境，中国才开始与周边国家建立外交关系，为20世纪90年代亚洲意识的苏醒奠定了基础。经过20多年的改革开放，在地区化和全球化的国际关系环境下，中国的亚洲意识增强，改变了原来的淡然态度，积极参与亚洲的多边机制，中国的"亚洲国家身份"得到真正激发和回归。①亚洲国家中除了中国以外，日本、印度被认为是综合实力最强的国家。同印度和日本相比，在过去20多年里，中国经济年均增长8%，全球第一，"中国已经成为亚洲经济增长的引擎"。作为亚洲唯一的联合国安理会常任理事国，中国在亚洲的影响力不容忽视，对亚洲未来的政治经济和安全格局有着至关重要的作用。因此，不论从硬实力还是软实力上说，中国都是一个地区性大国。中国自1971年恢复联合国席位以来，到目前为止已参加了包括WTO在内的几乎所有的重要国际机制，加入了包括《联合国人权公约》《京都议定书》在内的绝大多数国际条约；中国还是亚太经合组织、东盟地区论坛、东盟"10＋3"和上海合作组织的重要成员；中国已经是世界贸易组织、国际货币基金组织、世界银行和亚洲开发银行等更多机构的成员，在这些机构中的作用和影响力也正与日俱增。②"建构主义将国际组织视为价值和规范的载体。"③中国加入国际组织（国际条约），意味着接受国际组织（国际条约）的一套价值规范的约束。中国在处理对外事件、制定对外政策时，应该分清中国在事件中具备的所有国家身份和身份认同，以及国家身份背后的国家利益，国家利益可以根据其重要性和紧迫性进行排序，然后再根据国家利益的排序得出国家身份的排序。对于外界某些指责，中国从它们的结论分析它们的身份选择，并向它们表明中国制定对外政策的身份选择，将两者进行对比，找出分歧，化解误会或误解。

---

① 参见肖欢容《中国的大国责任与地区主义战略》，《世界政治与经济》2003年第1期。
② 蔚彬：《转型期中国国家身份认同的困境》，《现代国际关系》2007年第7期。
③ 张贵洪主编《国际组织与国际关系》，浙江大学出版社，2004，第9页。

第三节　中国双重身份的困境

一　中国身份的内部认知

自 19 世纪以来，尤其是近 100 年以来中国遭受了西方列强的一系列侵略和欺凌。落后就要挨打，弱国无外交。中国和平崛起，实现中国梦与旧中国的苦难史是分不开的。中国应当继续坚持韬光养晦、有所作为的战略方针，这并不是短期的权宜之计，而是考虑到长远和平发展的战略思维。

韬光养晦、有所作为，体现了中国谦虚自信、与人为善的道德境界和国际政治伦理，也体现了中华民族对民族复兴和世界发展的智慧思考。韬光养晦为国家赢得了稳步发展的时间，同时，也需要有所作为来提高国家的声望，展示和维护国家良好的形象。中国重视多边合作，重视在联合国的主导下处理国际事务，积极支持联合国的维和行动。中国在东亚地区积极实施睦邻政策，促进地区安全与合作，在上海合作组织、东盟地区论坛等机制中都发挥了建设性作用。

二　在国际观念互动中形成的中国身份认知

历史上，中华文明、四大发明，曾推动人类历史的进步和发展，并对人类世界发展做出了积极的贡献。但是在中国人对自己国家的认知和外国人对它的看法之间存在着巨大的落差，这是为何呢？

与西方人思维方式不同的是，中国人的思维承认对立双方既是统一的，也是可以相互转换的，强调事物的变化。中国人的思维是只可"悟"，不能言传，心有灵犀一点通，有所谓潜规则。"祸兮，福之所倚；福兮，祸之所伏。"中国人希望人与人之间和睦相处，国与国之间和谐共存。用北京大学教授费孝通的四句话来概括中国人的思维方式是，"各美其美，美人之美，美美与共，天下大同"。中国人认为，变化是常态，不变是相对的，中国实行改革开放以来所出现的翻天覆地的变化就是证明。国际关系领域发生的变化也是如此。西方工业发达国家经济衰退，危机过后复苏缓慢，而新兴发展中国家的经济形势看好，"金砖国家"，特别是中国经济的快速发展，已成为引领世界经济前进的希望。中国和平发展的事实表明，任何国家都可以走和平发展的道路，使自己变得富强起来，而并非一定要按照所谓现实主义理论用武力或战争对外掠夺方式来发展。在当今经济全球化的新时代，尽管各国的意识形态和价值观不同，但都应该抛弃相互之间的偏见，相互宽容和包容，相互学习，相互认同，互通有无，这样才能建立一个和谐世界。而认同问题恰恰是建构主义的核心议程。中国与国际环境的互动，也要取决于中国国内政治、经济和社会的发展进程。也就是说，中国相对于国际社会和国际行为体的身份定位以及中国自身的身份建构是至关重要的事情。这是一个可变的过程，是一个人们可以发挥能动作用的过程。据此推理，和平发展是不可替代的。①

三　中国双重身份的困境

在国际体系中，身份无疑是影响中国对外政策行为的重要因素。中国谋求利益和实现利益离不开对自身身份的定位。在当前国际体系的互动中，中国的身份具有两重性，即中国坚持自己是发展中国家，但又被国际社会认为是大国。不同的身份会有不同的互动机制和结果，这两重身份使中国在对外关系中陷入一种困境。②

自改革开放以来，中国一直把自己的身份明确定位为发展中国家。伴随着中国经济地位的提高和国际影响力的增强，中国身份中的"大国"属性日渐受到关注。中华文明在历史上具有的强大地位使世人把中国的发展视作大国的复兴，再加上中国的领土面积和人口数量（13.3 亿，占世界人口的 19.85%）、贸易（2013 年仅对美贸易顺差达 3000 亿美元）、外汇储备（2013 年底 3 万亿美元）、持有美国债券（2013 年 11 月达到 1.317 万亿美元）等，以及中国作为联合国安理会五常之一，拥有核武器，是世界银行和国际货币基金组织的主要股东等身份，更多地令人感觉中国是一个大国，而不是发展中国家。

---

① 参见秦亚青《建构主义：思想渊源、理论流派与学术理念》，《国际政治研究》2006 年第 8 期。

② 参见李少军《论中国双重身份的困境与应对》，《世界经济与政治》2012 年第 4 期。

中国巨大的经济总量，平均到庞大的人口基数之后，便与发达国家明显拉开了距离，从人均发展水平和幸福程度来看，中国仍然是一个发展中国家，国家的根本利益是谋求发展。中国人均发展水平偏低的现状决定了中国必须长期坚持以经济建设为中心。经济建设所取得的成就会使国际社会更倾向于将中国作为大国来对待，此时，中国需要承担相关的义务和责任。

根据建构主义的观念，这种影响主要体现在国际舆论方面。积极良好的国际舆论和国家形象有助于与各国发展良好的双边关系，能在互动中比较顺利地实现自己的意图，否则，在国家形象被妖魔化后，双方认同充满敌意，互动会遇到很多困难。公共外交是指与观念对应的外交，向公众传递有利于树立国家正面形象的信息，消除国家形象中的负面因素。

这样做的重要性是：

- 中国的国情决定中国是一个发展中国家；
- 以发展为中心，决定中国对外战略的一个根本目标是确保和平的发展环境；
- 中国主张通过和平手段和政治手段解决国际关系中的争端，既符合国家利益，也符合中国的战略文化传统；
- 以发展为中心，不谋求霸权，中国军力发展具有防御性；
- 中国的经济发展有利于全球互动关系的发展；
- 随着地位和影响的提升，中国已经被推到全球治理舞台的中央。[①]

中国是一个正处在上升时期的社会主义大国，正从体系外融入体系内，上升大国在现有国际体系中起着相当重要的作用。政治现实主义的一个重要论断就是霸权更替必然打破和平。[②] 在这个过程中应当重视三方面的问题：第一，国际体系的结构和进程；第二，国内结构和进程，国际和国内两个层面的互动是趋于和平还是趋于暴力；第三，集体身份的形成，

---

① 李少军：《论中国双重身份的困境与应对》，《世界经济与政治》2012 年第 4 期。

② 〔美〕罗伯特·吉尔平：《世界政治中的战争与变革》，武军等译，中国人民大学出版社，1994。

考虑中华民族特性和人类共性的关系。①

　　一个国家是敌人还是朋友，主要取决于如何定位自己，确定了身份归属便解决了敌友关系问题，便能在对外关系中确定战略目标。

　　中德既不是盟友关系也不是敌对关系，双方在某些问题上有矛盾，在某些问题上有合作。两国都赞同多边主义，赞同通过对话、谈判实现目标。② 我们强调中国特色和中国视角，就是要从西方理论、马列主义理论和中国传统文化中吸取养分。

　　在过去 30 年间，中国一直以和平的方式接受国际社会的规范，处理和国际社会其他行为体的双边或多边关系，从体系外国家变成了体系内的新兴大国。中国自 1979 年实施改革开放政策以来已经不再孤立于国际社会，国家身份问题已经解决。

　　国际社会是不断进化、发展的，它势必要与其他类属相遇。西方中心论者认为，西方国家的社会规范、价值观和制度具有绝对优势，全球化的国际社会应当是西方国际社会的扩展。西方是一种"非此即彼"的思维模式。中国人的思维和西方人不同，对类属分类不明显。这都源于中国的哲学传统和思维传统。社会制度和规范离不开身份定位，中国式的互溶式辩证法提出了和西方不同的处理方式，在两种制度之间，西方人看重其冲突和竞争，中国人则会求同存异，认为其中的冲突和竞争可以互溶和相互转换。③

　　西方强调他者接受自我的规范，转变为自我的制度才能融入自我的世界，而中国强调的是两者间的变化，两者有可能通过持续的变化和协调来实现互溶和结合，不需诉诸武力，实现和谐，从而形成一个新的合体，新合体包含两种制度的特征。中国既是一个发展中大国，块头很大，又是一个生活水平低于西方，甚至低于一些发展中国家的不富裕的大国，这种悲喜的结合体正是当下中国在世界上的一种困境，喜的是中国发展壮大，愁的是要应付方方面面来讨钱的主。我们只有冷静面对，运筹帷幄，才能克服这种双重身份的困境。

---

①　秦亚青：《国际关系理论的核心问题与中国学派的生成》，《中国社会科学》2005 年第 3 期。

②　李少军：《国际关系大理论与综合解释模式》，《世界经济与政治》2005 年第 2 期。

③　参见秦亚青《作为关系过程的国际社会——制度、身份与中国和平崛起》，《国际政治科学》2010 年第 4 期，第 1～24 页。

第四节　身份认同决定的中国国家利益

一　中国的国家利益

社会主义中国的国家利益归根结底是中国人民的利益。邓小平曾深情地说，"我是中国人民的儿子"，要把人民满意不满意、答应不答应、高兴不高兴，作为衡量一切工作得失的根本标准。随着国家的综合国力、人口等因素的变化，国家利益的概念和内涵也在不断变化。一般来说，国家实力越强，其核心利益就越多。改革开放之前，中国的国家利益主要囿于中国大陆。随着改革开放及经济发展，中国的利益已远远超出国界，走向世界，走向海洋，走向太空。随着中国全球利益不断拓展，作为维护世界和平的一支重要力量，在未来10年里，中国军队将越来越多地参与国际维和、人道主义救援、反恐反海盗等海外军事行动。

因此，中国国家利益核心是维护祖国和平统一和领土主权完整，包括收复被日本实际占领的钓鱼岛列岛等，反对分裂，反对"台独"和达赖集团分裂势力。要从历史、第二次世界大战结束的相关国际条约来阐明钓鱼岛是中国的固有领土，绝不允许别国染指或侵占。这是中国和其他国家建立双边关系的基本前提。自19世纪以来，尤其是近100年以来，中国遭受到一系列西方列强——美国、英国、沙皇俄国以及日本等国家的侵略和欺凌。中国和平发展，实现中国梦与旧中国的苦难史是分不开的。默克尔总理接见达赖喇嘛，激活了其"支持中国分裂"的身份，挑战中国和平统一的努力，违背了中德双边关系的基本原则。求同存异，谋求共同利益，构建和谐的大国关系是中国构建双边关系的目标。因此，本研究认为中国处理双边关系时应在坚持原则的基础上，谋求共赢。德国《法兰克福汇报》、英国《经济学人》等西方主流媒体给予了中国积极评价，认为中国所主张的国际关系新理念有别于西方的价值观，对广大发展中国家更具吸引力。从长远来看，"和谐世界"这一主题的提出对中国"软"实力的提升将产生深远影响。通过媒体将中国的核心国家利益公之于众，有利于让世界了解中国的政策底线。

目前的中国，可以说是处在国家身份再造的关键时期。国内和国际结构的深刻变化决定了中国外交的复杂性，不仅中国对自己进行新的定位，而且世界也在关注中国的未来走向。世界关注的不仅仅是中国的国家实力，更是这种力量所蕴含的社会意义及其对世界未来的影响。冷战之后中国强调要做负责任的大国，这一点非常明确地体现了对国际社会的新的认同。这种身份的变化已经对外交政策产生了重要影响，表现出负责任的体系内大国、合作型战略文化和重视相互安全等重要特征。

建构主义认为，国际社会的社会观念建构赋予物质力量分配以特定意义。观念、认同、身份决定一个国家的身份与利益，影响一个国家的行为和战略思维方式，我们要在中国发展的过程中，通过自身的行动，逐步改变中国崛起可能带来的外界对中国的误解。前国家主席胡锦涛在中国共产党第十八次全国代表大会上的报告中指出，中国应当坚定维护国家利益和我国公民、法人在海外合法权益，加强同世界各国交流合作，推动全球治理机制变革，积极促进世界和平与发展，增强中国在国际事务中的代表性和话语权。[1] 他强调指出，中国应始终坚持在互相尊重主权和领土完整、互不侵犯、互不干涉内政、平等互利、和平共处五项原则基础上全面发展同各国的友好合作，推动国际秩序和国际体系朝着公正合理的方向发展。[2]

中国和平崛起是一个过程，更是一个目标。这个过程是一个不断地与外部世界互相建构，形成新的身份、利益认同的过程。这个目标是历史与现实、国内与国际种种对未来中国的观念的冲击的结果。为了最大限度地减少中国发展将要面对的困难，一方面，我们应该对有关中国发展的宣传保持清醒的头脑，不要受外界干扰；另一方面，我们也应该主动积极参与建构中国发展的外部环境，争取一个有利于中国建设发展的国际和平环境。

然而，中国与其他国家之间的互信合作很大程度上受到中国国家形象的影响和制约，由于众多复杂的因素的影响，中国的发展引起了世界的密

---

① 参见胡锦涛《坚定不移沿着中国特色社会主义道路前进　为全面建成小康社会而奋斗——在中国共产党第十八次全国代表大会上的报告》。

② 参见胡锦涛《坚定不移沿着中国特色社会主义道路前进　为全面建成小康社会而奋斗——在中国共产党第十八次全国代表大会上的报告》。

切关注，也引起了一些国家的误解。西方国家对中国实力增强抱有防范心态，这固然是冷战思维在作祟，但也少不了西方媒体的推波助澜，制造所谓的"中国问题"。

中国已成为世界焦点之一，西方媒体在当前国际媒体传播环境中试图从各个不同的角度解读中国。2004 年德国发行量最大的《明镜》周刊推出了《中国：超级大国的诞生》的专题报道。2006 年，西方媒体对中国的报道从聚焦式报道转向常规报道，内容涵盖方方面面，在一定程度上反映了中国的发展和变化。然而，西方媒体都会从自己的价值观念，从自己国家的利益出发来报道中国，因此他们在维护本国的思想意识、文化霸权方面表现出惊人的一致性。这一方面是因为惧怕中国的发展和国际地位增强，威胁到西方的主导话语权；另一方面也是出于西方国家政治、经济的需要，在报道中体现本国的价值观和国家利益，尽量戴着有色眼镜贬低中国的发展，欺骗和利用民众为其利益或利益集团服务。由于中国在文化价值观念、意识形态和发展模式上与西方存在显著差异，而且他们感觉中国的发展是对他们目前拥有的世界霸权的挑战，偏见报道是不可避免的。

德国媒体的涉华报道多以负面为主，《明镜》（2006~2007）的涉华报道中负面报道占比高达 60%。① 德国《明镜》周刊 2007 年第 35 期刊登的耸人听闻的封面"黄色间谍"，对在德华人声誉造成负面影响。德国一篇名为《从德国媒体报道看中国形象变迁》的硕士论文，其作者在调研了《法兰克福汇报》、《时代》周报、《法兰克福评论报》等 6 份有代表性的报纸的涉华报道后，得出这样的结论：1990 年之后德国媒体的涉华报道负面倾向越来越严重。② 德国媒体大量报道中国负面信息的必然后果是德国人对中国国家形象的评价更为负面，认为中国确是所谓的"黄祸"（Gelbe Gefahr）。新闻传媒具有"议程设置功能"，即通过对客观世界进行有目的的取舍，选择有利于自己的"重要的信息"进行加工整理，并以"报道事实"的方式传递给受众，从而控制社会舆论的中心和舆论导向，

---

① 贾文键：《德国〈明镜〉周刊（2006—2007 年）中的中国形象》，《国际论坛》2008 年第 4 期。

② Christiane Hilsmann, Chinabild im Wandel: Die Berichterstattung der deutschen Presse: Eine Analyse ausgewählter Zeitungen, Eichstätt: Diplomarbeit an der Katholischen Universität Eichstätt, 1997, S. 95.

达到左右社会舆论的目的。① 德国大多数民众对中国没有了解，普通大众接受关于中国信息的主要渠道是大众媒体，虽然有些人也可以通过外交和个体交往来认识中国的形象，但是这种认识具有很强的局限性和片面性。这是德国相当多的民众误读和误解中国的主要原因。

　　西方媒体是西方人的喉舌，表达的是西方人的思维模式和话语权的方式方法，说的是西方人的价值观，在德国被称为权力的"第四根支柱"（其他三根支柱是联邦议会、司法、联邦政府）。西方媒体也好，德国媒体也好，都不可能公正地为中国说话，为中国做宣传，更不可能为中国构建软力量。中国要加强社会主义核心价值体系建设，社会主义核心价值体系决定着中国社会主义发展方向，是兴国之魂。② 中国的媒体也要实行改革开放，请进来，走出去，汲取西方媒体的好经验好方法，提高中国媒体的传播报道质量，提高中国媒体的创新精神。中国媒体在报道中国社会主义事业建设成就时，也不回避中国目前还存在一些落后面，不护短，实事求是地报道中国的建设和发展。中国的事情只有靠中国人自己做，中国人站在自己的价值观和国家利益的立场上把事情办好。只有当中国能够拥有与西方国家同等话语权的时候，才能取得与西方国家平等的地位，才能以中国的价值观传播中国新闻，使之呈现一种有序的国际话语构形。对于西方某些严重歪曲事实的偏见报道要根据事实，要有理、有据、有节地进行逐一解释说明，甚至驳斥，向世界传达事实的真相。③ 要充分利用和发挥广告媒体的作用。如今中国广告媒体和德国广告媒体已开展交流与合作，在德国电视、广播和平面媒体上刊登介绍和报道中国的各种广告。中国政府要努力通过各种途径加强与西方国家政府、对中国友好的政党、社会团体及各种机构的交往，也不放弃与反对中国的某些势力的接触，才能知己知彼，有的放矢地开展工作。例如，我们应该努力加强和扩大中德两国文化交流的广度和深度，扩大公共关系工作；建立同德国媒体更好的关系，甚至可以派中国记者到德国各大报社和出版社工作，加强两国媒体之间的合作交流；进一步提高中国政府政策的透明度，通过政府和民间的双重渠道展开对外报道和宣传。这种宣传报道要用西方普通人听得懂并能接受的话

① 张昆：《国家形象传播》，复旦大学出版社，2005，第196页。
② 参见胡锦涛《坚定不移沿着中国特色社会主义道路前进　为全面建成小康社会而奋斗——在中国共产党第十八次全国代表大会上的报告》。
③ 靖鸣、袁志红：《西方媒体报道与中国形象塑造》，《当代传播》2007年第2期。

语，而不要说官话或少说官话，才能逐步使更多德国人渐渐了解中国，消除他们对中国的无根据的反感和无端恐惧。

二 中国的价值观念

什么是价值观？价值观是行为体的灵魂，是行为体的行动指南，是行为体的价值取向。行为体为什么人服务，取决于行为体的价值观。

2013 年 12 月 23 日，中共中央办公厅印发了《关于培育和践行社会主义核心价值观的意见》（以下简称《意见》）强调，培育和践行社会主义核心价值观要坚持以下原则：坚持以人为本，尊重群众主体地位，关注人们的利益诉求和价值愿望，促进人的全面发展；坚持以理想信念为核心，抓住世界观、人生观、价值观这个总开关，在全社会牢固树立中国特色社会主义共同理想，着力铸牢人们的精神支柱；坚持联系实际，区分层次和对象，加强分类指导，找准与人们思想的共鸣点、与群众利益的交汇点，做到贴近性、对象化、接地气等。人生观、价值观、世界观，这是行为体行为的核心内容。2014 年 1 月 4 日，培育和践行社会主义核心价值观座谈会在北京召开。中共中央政治局常委、中央书记处书记刘云山出席会议并讲话。他明确指出，社会主义核心价值观体现着社会主义核心价值体系的根本性质和基本特征，反映着社会主义核心价值体系的丰富内涵和实践要求，是社会主义核心价值体系的高度凝练和集中表达。核心价值观与核心价值体系方向一致，都体现了社会主义意识形态的本质要求，体现了社会主义制度在思想和精神层面的质的规定性，凝结着社会主义先进文化的精髓，是中国特色社会主义道路、理论体系和制度的价值表达，是实现中华民族伟大复兴的中国梦的价值引领。他强调指出，把握好核心价值观与核心价值体系的关系，还要认识到两者各有侧重，特别要看到相比于社会主义核心价值体系，社会主义核心价值观具有以下三个鲜明特点。一是更加突出核心要素，社会主义核心价值体系包括马克思主义指导思想、中国特色社会主义共同理想、民族精神和时代精神、社会主义荣辱观四个方面，是一个系统性、总体性的框架；而社会主义核心价值观强调的"三个倡导"，则更清晰地揭示了这个价值体系的内核，确立了当代中国最基本的价值观念。二是更加注重凝练表达，社会主义核心价值观倡导的富强、民主、文明、和谐，自由、平等、公正、法治，爱国、敬业、诚信、友善，明确了国家、社会、公民三个层面的价值目标、价值取向、价值准则，是社会主义核心价值体系的凝练表达，符合大众化、通俗化要求，便于阐发、传播。三是更加强化实践导向，社会主义核心价值观强调的"三个倡导"指向十分明确，每个层面都对人们有更具体的价值导向，是实实在在的要求，规范性和实践性都很强，便于遵循和践行。培育和践行核心价值观，为推进核心价值体系建设进一步明确了切入点和工作着力点，有利于更好地把各项任务落到实处。核心价值观的培育贵在知行统一，而知是前提，是基础，内心认同才能自觉践行，春风化雨才能润物无声。

社会核心价值观念是反映一种社会制度、一个时代本质的价值观，它是现实合理性和历史合理性的统一，是标志性与强辐射性的统一，也是体系性与论断性的统一。这三个统一，缺了其中之一就不完善。对社会核心价值观的认同是社会和谐最坚实的基础，是提升国家软实力的关键。众所周知，随着中国改革开放的不断扩大和深入以及社会主义市场经济体制的进一步完善和发展，中国社会经济成分、组织形式、就业形势、利益关系和分配方式日益多样化，由此而引起的价值观念和价值取向多样化、多元化已是无可争辩的事实。构建中国特色社会主义核心价值观，应以公正、民主、平等和个人发展空间为目标的价值取向，实现自我净化、自我革新、自我完善和自我提高，来充实和富强一个民族，来充实和富强一个国家。当代中国社会主义核心价值观的建构是时代的要求，是中国可持续发展的要求，应弘扬爱国主义为核心的民族精神，弘扬改革创新为核心的时代精神。中国价值观或者说"中国梦"强调，100多年来中国的奋斗历程，特别是过去60多年的发展，依靠的是爱国主义、自强不息、艰苦奋斗、勤劳敬业、自我改革、开放包容等价值观。这些价值观植根于中国文化和中国经济社会发展的实践，同时，它们又包括了全人类共通共享的价值观。文化是民族的血脉，是人民的精神家园。所谓文化，就是人类通过自己的社会实践活动，所创造的物质财富和精神财富的总和，精神财富主要指文学、艺术、教育和科学等。价值观是文化中最深层的部分，是人的灵魂，是一种信念，支配着人的行为活动。中国人的价值观又被称为"华夏价值观"，就是以儒家思想为核心，融合了道教、佛教思想的儒释道一体的价值观。文化是一种精神的东西，是一种软实力。各种双边和多边的文化交流活动，能使人们跳出意识形态的束缚，更直观地加深对他国文化的了解和体验，有助于觉察本国与他国在政治、经济上的差异和矛盾，并做出建设性的交流。举办各种文化展览如文化园地或文化之窗，可以让当地民众更加有效地了解真实的中国，了解中国的传统文化，了解中国的生活方式和民族风俗习惯。这对于改变西方受众对中国的刻板印象具有不可低估的作用。文化是一种看不见摸不着的东西，但其潜移默化的作用是不可小觑的。文化也是一个国家的重要资源，当今在全球化时代，其作用和影响日益凸显，是不同意识形态和国家体制之间重要的竞争手段之一，在国际竞争中发挥着重要作用。文化最能从根本上区分不同的价值观差异。文化的吸引力源于文化的气质与形象。文化吸引力可以潜移默化地影响具有异质文化背景的国家和人民。中国在国外开办的众多孔子学院，就是传播中国文化包括中国价值观的一种软实力。孔子学院不仅让外国人学习汉语，而且帮助他们了解中国的历史、政治、经济、文化、社会、科学以及人文地理等，增加对中国的了解、认知和认同。一国的价值观会在国家形象上得到充分体现，中华文化是现代中国的文化源头，是我们中华民族利益的表现形式，是中国未来发展的支撑。中国的发展是以人为本，以民为根，一切从中国国情出发，无论毛泽东思想、邓小平理论，还是"三个代表"重要思想、科学发展观，皆是为民谋利，富国强兵，旨在建立一个和谐的中国，建立一个和谐的世界。

中德两国的国家利益受到不同价值观的影响，并且实现各自国家利益的方式也受到价值观的影响。不考虑这些因素，就很难解释中德互动中因为观念不同而造成的误会、隔阂和冲突，以及由此产生的双边关系的低谷。在探讨中德关系时，仍要借助建构主义的国家利益观，从国际体系、国内层次、国际互动三个层面来分析德国身份变化所带来的利益变化。其中重点是从中国和德国之间的互动层面来展开，比如由于欧洲债务危机与中国援欧计划所带来的影响，中德关系呈现新的特点，对彼此身份的界定有了些许变化。习近平同志在中国共产党第十八次全国代表大会发言中三次使用了中国"复兴"一词，而在柬埔寨首都金边举行的第十届中欧论坛的主旨正是分析改变全球权力分配的历史走势。法国学者高大伟在评论中欧关系时说："我们同住在一个资源日益减少、人口不断增加的星球，同呼吸，共命运。"他进一步指出，"中国复兴不仅可以被理解为全球化的催化剂和一个整合因素，而且打开了新的经济、政治、外交、知识和艺术视野"，"意大利文艺复兴开启了欧洲大陆进步、创造和革新时代，而中国复兴则发出了 21 世纪世界人本主义运动的信号"①。

这样的实例不仅广泛存在于第二次世界大战后中国和联邦德国的关系中，而且也现实地存在于冷战结束后面向 21 世纪的中德关系中。本研究尝试解释，为何德国外交决策一直在价值观和国家利益之间摇摆。德国政府一直在寻找二者之间的平衡点，即便是在外交中突出价值观，也是为国家利益服务。

第五节　小结

中国在德国眼中是一个什么样的国家呢？德国联盟党议会党团在 2007 年制定的亚洲政策中写道："因为中国的出现，使世界政治和经济体系中出现了一个不民主、不自由的国家。"言下之意，德国的社会体制是优越于中国的。既然德国是优越的，那么就有权对中国的种种不同于他们的地方指手画脚，于是在通过德国媒体发出的声音中，对中国的批评性负面报道占主导地位。

冷战结束，两大阵营解体后，经济全球化速度加快，促使体系观念结构发生了质的转变，"合作"代替对抗，德国和中国作为国际体系的成员，抛弃意识形态和体系观念差距的偏见，求大同存小异，确立了对双边利益的界定和互助合作的前景，中德双方最终确立了"战略伙伴"的身份定位。从此，中德进入了一个不断探索和培育双方关系基础和规范的调适期。然而，由于双方意识形态和价值观的不同，中德关系中还存在着一些不稳定因素。因此，中德关系也常出现一些波折，特别是在国际风云变幻和世界局部地区出现动荡之时，两国关系也时常发生波折。两国领导和高层人士加强互访，增加相互沟通，了解和尊重彼此的核心利益，把握两国关系发展的大局，在世易时移的新形势下，中德两国战略伙伴关系一定能稳中有进，进中有升，不断向好的方向发展。

中德战略伙伴关系的社会基础尚未巩固。中德关系有一个鲜明的特点是，两国最高领导人的推动对两国关系的发展起了决定性作用。中国民众

---

① 《高大伟：中国未来将再次启发西方》，魏辉译，新浪新闻中心，http：//news.sina.com. cn/pl/2011 - 05 - 13/100422458122. shtml。

对德国及发展中德关系也表现得非常友善和积极。相比之下，德国中下层领导和普通民众以及新闻媒体对发展中德关系要消极得多，对中国的看法要负面得多。这也是"中国威胁论"在德国一直很有市场的重要社会环境。究其原因，主要有三：第一，不信任情绪依然存在；第二，德国国内尚未形成对华友善的舆论环境，新闻媒体经常发表丑化和敌视中国的言论，有些甚至充当了传播"中国威胁论"的工具；第三，两国人民彼此缺乏应有的了解，相互间存在许多偏见和误解，这严重影响了中国的国家形象，给中国的国家利益造成损失。

国家形象是一国重要的无形资产，① 当今世界各个国家越来越倾向于通过国家形象等软实力以间接的、非强制的方式来影响他国的政策和行为。"国家形象"是国家软实力的重要组成部分，是全球化时代国家间竞争的新层面，任何一个国家要想在当今世界求得生存与发展，都需要努力提升和维护国家形象。② 自美国教授约瑟夫·奈提出软实力的概念后，软实力的说法就变得越来越普遍，并且人们对它的理解和诠释已经远远超出了其原本的定义。

关于国家形象，学者们有不同的看法。有的学者认为，国家形象是国家的外部公众和内部公众对国家本身、国家行为、国家的各项活动及其成果给予的总的评价和认定。③ 有的学者认为，国家形象是外国公众心中对国家的形象，是一种无形资产。还有的学者认为国家形象是一种意识，是国家或民族精神气质中的优秀成分。④ 在当今信息社会，没有一个国家不重视国家形象的塑造，中国也不例外，塑造什么样的国家形象成为中国面临的现实问题。西方媒体不仅在很大程度上影响国家形象的塑造和传播，而且其对国家形象的塑造并非如其所标榜的客观、真实，而是受到利益和意识形态的驱动。在对中国的报道中，负面内容占据了大部分比例，西方媒体为受众描绘了一个贫穷落后、制度腐败的中国，完全与现实不符。⑤

---

① 刘继南、何辉等：《中国形象：中国国家形象的国际传播现状与对策》，中国传媒大学出版社，2006，第 12 页。
② 陈正良：《增强中国"软实力"与国家形象塑造》，《江汉论坛》2008 年第 2 期。
③ 参见管文虎主编《国家形象论》，电子科技大学出版社，1999，第 23 页。
④ 程曼丽：《大众传播与国家形象塑造》，《国际新闻界》2007 年第 3 期。
⑤ 参见张路黎《以人为本的国家形象与北京奥运会的文化传播》，《理论月刊》2008 年第 4 期。

中国经济的快速发展，在德国引起很大的恐慌。德国经济不景气，失业率高。而中国的海外投资更是让德国政界和经济界颇为焦虑，他们认为一旦中国这样一个不同社会制度的国家取得国际话语权，其将打破西方一统的局面，而成为西方社会制度的威胁。德国媒体所传播的这些关于中国的错误信息很大程度上塑造了德国民众眼中的中国负面形象。中国有很多面，而对中国缺乏直接了解的德国民众所获得的关于中国的信息是由德国媒体从众多的面中筛选出来的，因而德国媒体涉华报道的内容选择和报道倾向会在很大程度上建构德国民众对中国的负面印象。中国形象在德国媒体中很负面也很消极，这归咎于两国意识形态的不同。德国很多媒体，包括很多德国人都戴着有色眼镜看中国的发展和变化。尽管中国政府一而再，再而三地声明，中国坚持和平发展，中国执行防御性国防政策，中国不对任何国家构成威胁，但他们囿于固有的偏见，始终宣传"中国威胁论"。正是中国经济的发展，国力增强，动摇了他们在国际事务中的话语主导权，从而产生了自身的"危机感"。

平等互利，互不干涉内政，是新中国发展对外关系的基本原则。西方包括部分发展中国家的媒体不断攻击中国，认为中国对外经济活动是典型的"新重商主义"，称中国对外资源开发是一种"新殖民主义"的掠夺，导致外界对中国国家形象的贬损，这是中国外交必须认真对待的问题。[①]中国对发展中国家已经进行的各种援助和支持证明了中国是可信赖的负责任的大国。在对外的文化交流、人员交流以及各种双边和多边国际交往中，不仅要宣传中国优秀的文化传统和"己所不欲、勿施于人"的美德，而且还要突出宣传中国当前发生的社会变革和现代化进程所取得的辉煌成就，尤其要宣传中国的创新和发明、不断涌现出的新思想新思维，以及应对诸多问题的新举措。中国之所以能吸引世界尤其是其他发展中国家的魅力是，中国不仅有古老文化和传统美学，而且更多的是创新和发展能力。短短30多年，中国迅速发展成为全球第二大经济体，令世界刮目相看。对中国的快速发展变化和展示出的新面貌以及应对国际形势变化和发展的一系列对外政策做好报道，让世界更多地了解中国，这一定会增进世界人民对中国的深入了解，会更加密切和中国的往来。根据一项海外调查的结果，多数国际民众认可中国历史悠久的文明古国形象，并认为中国已经发

---

① 罗建波：《中国国家形象战略的基本框架与实现途径》，《理论视野》2007年第8期。

展为现在世界上的大国。这次调查由中国外文局对外传播研究中心、察哈尔学会和华通明略合作开展，覆盖英国、美国、南非、印度、俄罗斯、巴西和中国7国，61%的海外民众乐于了解中国文化，1/3表示对学习汉语有兴趣，约有1/3比较熟悉中国的文化和科技。此外，国际民众普遍认为，中国未来发展的关键要看能否保持经济高速发展，其次要看社会是否稳定。①

中国是和平崛起的，是和平发展的，而非沿袭西方发达国家依靠武力或暴力对外侵略掠夺发展强大起来的。中国的发展道路、发展模式与西方的道路和模式存在本质的区别。在中国对外政策中有一个"和"字，"和"字意味着摒弃武力，运用外交手段解决问题，中国在过去30年的外交实践中，坚持不预设敌人，但一旦为人所侵犯，则应对措施是"人不犯我，我不犯人"。"势"，也就是行为体行动和互动的变化过程所呈现的发展方向和趋势。中国对当今世界趋势包含三个方面的判断：和平取代战争；合作成为大国的主流行为方式；经济发展成为世界潮流。"变"，"顺势"而变，而非"逆"势而变。

维护国家利益、维护祖国统一和领土主权完整，反对分裂，反对"台独"和达赖集团分裂势力，是中国建立双边关系的基本前提。中国对外双边关系的定位并不是千篇一律的，比如有：中俄的战略协作伙伴关系、中日睦邻友好关系、中德具有全球责任的伙伴关系、中法全面战略伙伴关系、中英全面战略伙伴关系、中欧全面战略伙伴关系、中朝友好合作关系、中伊（朗）友好合作关系、中韩全面合作伙伴关系。中国与他国的双边关系定位并不是固定不变的。首先可能随着时间的变迁有所改变，其次可能某类事件的发生改变双边关系的定位，从本书的中德关系也可以看出中国角色身份的定位和双边关系的变迁。中德关系在不同时期经历了跌宕起伏。

2007年9月下旬，德国总理默克尔不顾中国抗议执意会见达赖喇嘛。默克尔接见达赖喇嘛的当天，中国就宣布取消预定在慕尼黑举行的已经进行了多年的"法治国家对话"，紧接着中国外长取消了在出席联大期间与德国外长进行工作早餐的安排，中方还取消了中德政府间的司法磋商。中

---

① 参见《中国国家形象报告出炉：国际认可中国大国地位》，中新网，http://news.china.com.cn/2014-02/23/content_31564227.htm。

德关系出现一些困难，是由于德方领导人违背了中德双边关系的基本原则。求同存异，谋求共同利益，构建和谐的大国关系是中德双边关系的目标。历史已经证明，中德两国，和则两利，斗则俱伤：这是基于双方各自发展的需要，中德两国为了自身利益，需要发展中德关系；这是基于对时代潮流的顺应。因此，本研究认为中国处理双边关系时应在坚持原则的基础上，谋求共赢。

第四章　中德认同的生成——政治文化对外交政策的影响力

政治文化是灵魂，是一个国家、一个民族、一个社会团体或行为体的精神支柱。政治文化属于意识形态范畴，是国家、民族或社会团体、人与人之间相互凝聚的纽带。政治文化代表一个国家的社会政治制度，体现其国民的素质，展示国家发展方向。政治文化由政治信仰、政治价值观和政治思想构成，指导国家、社会团体或个人的行为。中国政治文化占主导地位的是社会主义价值和观念，其灵魂是马克思主义，决定着中国社会主义的发展方向，随着社会发展和变迁，公民的价值取向日益多元化。中德两国的政治文化拥有不同的核心价值体系。德国的政治文化建立在西方民主制度的基础之上，以西方启蒙运动以来的基本价值观为核心，主要包括民主、自由、人权等，强调个人主义。第二次世界大战以后德国政治文化强调民主制，民主制得到广泛认同，国民积极参与国家政治并积极表述个人的诉求，是德国日耳曼民族凝聚力的体现。中德两国都重视民主制度的建立，都主张在国际关系中通过对话与合作来解决国际争端、维护和平，但是两国当代政治文化受传统政治文化的影响不同，它们对民主制度的推广方式和其政治文化的核心价值体系也不同，这些差异的根源在于两国的文化差异与历史经验。

第一节　身份认同和政治文化之间的关系

建构主义的观念是共有观念，也就是文化软实力。当一种观念成为共有观念的时候，它的力量就是巨大的。所谓政治文化并不是指习惯中政治和文化的简单组合，而是指某一较长时间里体现某个国家、社会、阶级或社会集团特点的政治倾向和政治行为模式，是其社会心理环节。中国文化又称华夏文化，博大精深，历史悠久，主要包括儒家、道家、佛家。儒家讲求仁义道德，三纲五常。儒家文化代表了中国传统文化的主流，它的核心思想是仁、义、礼、智、信、恕、忠、孝、悌，是一种君臣服从文化，束缚人们的思想自由，束缚人们的创造精神，阻碍社会发展。儒家理论的基点是"性善论"，强调人性本善和后天教化，即所谓人之初性本善。在此基础上，所有政治行为也被伦理化、道德化了。"以德治国"正是这种伦理政治的表述。道家讲求道法自然，顺应自然，不要刻意追求。中国历史上最繁荣昌盛的汉（文景之治）唐（开天盛世）时代，社会上崇尚道家思想。道家强调人法地、地法天、天法道、道法自然，"天人合一"，亦重在人的自制、内敛。道家提倡思想自由，勇于创新，《道德经》《庄子》《孙子兵法》等都是优秀作品，特别是《孙子兵法》至今仍为世界军事家所推崇。儒家强调"人治"，所以，当人们遇到困难或不公的时候，就想起刚正不阿的"包青天"包公，其相当于现代的司法部长。道家强调"无为而治，顺其自然"，就是说人应该顺应自然，去和自然融为一体。天人合一即是道家最高追求。道家思想的核心是"道"，认为"道"是宇宙的本源，也是统治宇宙中一切运动的法则。

建构主义认为，行为体的共有观念不同导致不同国际体系的建构，如敌对的思维方式形成霍布斯世界，竞争的思维方式形成洛克世界，在不同的国际体系文化中，则形成了不同的国家身份和利益，那么国家对外决策和外交行为将会明显不同。然而，建构主义对于国家行为体内部的文化重视不够。①

任何民族和国家对外部世界的认识和对策都不可避免地受其文化和利益的影响。文化和利益是一致的，有时候为了文化也会牺牲一些利益，扩大自己文化的影响，也是扩大自己的利益。中美关系从对抗到对话，再到合作并建立外交关系，这其中小小的乒乓球起了重要作用，因此，这一时期的中美外交被称为"乒乓外交"。文化内容丰富多彩，如相互举办琴棋书画展览，建立文化橱窗等，宣传自己，而这种宣传并不强加于人，可以看，也可以不看，但是潜移默化的，对对方人民是一种看不见摸不着的影响。中国改革开放之前，很多西方人不知道，更不了解中国，甚至只知道"支那"，他们用瓷器才知道有个"支那"国家。当然由于当时中国国内的政治形势，西方人来中国也非易事。中国改革

---

① 马凤书：《中美俄三角关系：一种超越建构主义的文化分析》，《当代世界社会主义问题》2006年第10期。

开放，打开大门，热烈欢迎外国人来中国走走看看，有越来越多的外国人到中国来访问、参观、经商、旅游等，一个神秘的"中央帝国"展示在外国人面前，他们目睹了中国的变化和发展，在中国工作的外国人更亲身经历了中国的这种变化和进步。他们回到他们自己的国家，开办关于中国变化的讲座，放映中国的影碟片，介绍中国，现在就有更多的外国年轻人要到中国来读书和工作。这些不仅改变了西方对中国的偏见，而且也密切了中国与西方的关系。让世界更了解中国，更不能离开中国，中国也需要世界，从而达到双赢和共赢的目标。

第二节　政治文化研究的意义

1955 年，阿尔蒙德第一次运用政治文化的概念，试图来解释政治社会现象。到了 20 世纪 80 年代，政治文化的研究得到了相当的发展，这一概念成了政治科学中的术语，并引起了持久的争论——价值、感情和意见对解释政治行为有何意义。"政治文化是一个民族在特定时期的一套政治态度、信仰和感情。这个政治文化是由本民族的历史和现在社会、经济、政治活动进程所形成。"在阿尔蒙德本人的文章《政治文化研究的回顾与展望》中，他总结了当代政治文化研究集中的三个领域：①现今的工业社会的政治文化；②政治文化在共产主义社会发展中的作用；③政治的、经济的和宗教的文化在亚洲国家的现代化中的作用。他指出，政治文化的延续和改变有其自身的特点，一方面，政治文化能够较快地变化，另一方面，它似乎又能够经受住巨大的压力而不发生巨大的变化。[1]

正是基于这样的特点，对政治文化进行研究能够有助于对国际关系中的政治现象加以解释，有助于加深对一个国家的变化，对国家与国家之间相互关系变迁的认识和了解，有助于对国际关系变化的把控。因此，本章拟从中国、德国的政治文化特点分析着手，探讨两国政治文化的异同及其影响。

---

① 参见〔美〕阿尔蒙德、李黎《政治文化研究的回顾与展望》，《国外社会科学》1988 年第 8 期。

第三节 德国政治文化的特点

德国的文化脱胎于漫长的历史进程，其价值观带有深刻的历史烙印，从这个角度来看可以将德国的文化价值观归结于四点：①理性、严谨；②崇尚制度和秩序；③重视教育，崇尚思考；④崇尚精益求精，自强不息。① 基于上述特点，德国的领导者用缜密的制度设计将民族优秀文化的发掘过程框定在既定轨道内，为第二次世界大战后实现民族复兴、重新崛起保留了根本。②

普鲁士精神与文化孕育了权威主义政治文化，在两次世界大战之前，其文化中的军国主义、权威崇拜没有根本变化。第二次世界大战以后，军国主义的政治基础不复存在，但传统精神与文化中的优秀成分，如社会保险制度、理性、严谨等文化价值观得到传承和提升。

从文化价值观上看，德国是西方的德国，在宗教发展、国家体制、男女平等、人权、自由等方面与其他西方国家保持高度一致。导致这种一致性的原因，一部分在于欧洲国家经历的共同历史和宗教背景，另一部分则主要在于第二次世界大战后联邦德国首任总理阿登纳积极推行"西方一体化"（某些学者也称之为"西倾"，即向西方倾斜，追随西方的战略和方向）的政策。第二次世界大战的战胜国英、法、美对联邦德国采取了非军事化、非纳粹化、去除垄断等措施，并对德国进行了长期而彻底的民主教育，在最大程度上消除极权思想滋生的土壤，民主、人权、和平等价值观深入德国人心。

在很多中国人的心中，德国无疑和英国、法国等西欧国家一样，秉承了西方自近代以来的诸多价值观，似乎德国文化与西方文化之间可以画上等号，其实不然。德国文化同西方文化有重叠之处，但使德国文化成为德国人的文化内核，始终植根于德意志民族的特性和对历史的处理中。

在20世纪90年代，汉斯·贝尔廷（Hans Belting）写了一本书名为"怀疑中的身份认同"，贴切地描述了德国在第二次世界大战后的45年间

① 参见韩爱红《民族精神给了德国什么？——访前驻德大使、前中国人民外交学会会长梅兆荣》，《人民论坛》2007年第1期。
② 参见罗骥《德国传统文化价值观与现代化》，《黑龙江史志》2014年第23期。

的自我认知。长期以来，国家社会主义被视作禁忌话题，影响了德国人对历史和文化传承的处理，他们将整个过去与现实隔绝开来。而柏林墙的倒塌则提供了重新反思整个德国历史的可能，能带来"负有责任的身份认同"①。

2014 年是第一次世界大战爆发 100 周年，同时也是柏林墙倒塌 25 周年，德国各界在思考与讨论战争与和平的背景下，也思索着，到底什么是德国文化。德国人在 1989 年 11 月 9 日所经历的一切，已成为德国人集体记忆的一部分，影响着他们的思考和行动。②

克劳斯－迪特尔·莱曼（Klaus－Dieter Lehmann）指出，不谈历史和传统，不谈知识和教育，文化记忆就不可能成为民族归属感的前提条件。只有通过教育才能学习如何评价历史，如何定位自己。历史的教训表明，德国人也可以有另外的选择，为何却没有选择另外的道路。传统意味着德国人特定的生活方式决定了德国人的德国味。③

如果以精神和地理作为参照来考察德国人如何处理文化产物的话，那么德国文化更多地存在于地区和城市层面。这是德国文化的一个特点，也是构成德国文化丰富内容的基础。德国拥有一系列的文化设施，如剧院、音乐厅、博物馆和图书馆。19 世纪是德国历史上的艺术宗教世纪，20 世纪则为两次世界大战和文化断层所充斥，被烧毁的犹太教堂、纪念碑、集中营成为新的记忆之地。此后长时间的民族分裂和重新统一，再次带来新的记忆之地：倒塌的柏林墙，带玻璃穹顶的帝国大厦，重建的德累斯顿圣母大教堂。共同的文化、历史和语言已经成为凝聚德意志民族的有利因素，并支撑他们结束了分裂状态，重新统一。

在 1990 年 8 月 31 日的统一条约中第 35 条文化条款第一句写道："尽管两个德国经历了不同的发展，但艺术和文化仍旧成为德意志民族统一的基础。"这句话推动了新联邦州的文化发展，并且避免了文化机构遭到损坏，使图书馆、博物馆等文化记忆之地在重新统一之后焕发了新的活力。

---

① 参见 Vortrag von Klaus－Dieter Lehmann auf der 21. Jahrestagung der Deutschen Nationalstiftung, https：//www. goethe. de/de/uun/prs/int/pra/20450313. html, 2015 年 8 月 17 日检索。

② Vortrag von Klaus－Dieter Lehmann auf der 21. Jahrestagung der Deutschen Nationalstiftung.

③ Vortrag von Klaus－Dieter Lehmann auf der 21. Jahrestagung der Deutschen Nationalstiftung.

2003年，柏林新的国家美术馆首次展出了统一前的艺术作品，名为"民主德国的艺术"，激起了观众的强烈反响。同时也出现了一批相关主题的电影，如《我们是英雄》（1995年）、《再见列宁》（2003年）、《他人的生活》（2006年）等，催人泪下，引人深思。至此，德国统一的过程不再显得是艺术家之间意识形态上的差异，而是呈现共同的经历和空间。

都说德国是诗人和思想家的国度，在经历战争和分裂之后，德国人再次将文化问题纳入到公共讨论：文化民族、民族文化、主导文化、文化身份。这也印证了德国诗人兼政论家库尔特·图霍夫斯基的观点，德国人只有在"苏醒"时才会如此兴奋。①

文化和艺术不仅仅是时代产品的展览，更是整个社会和创新思想的基石。对于德国社会而言，重要的不仅是实用性和理性，而且也包括意外事件、创新和无用之用。文化决定着德国人的生活和生存。② 如今德国的文化认同不可避免地具有双重属性：一方面德国文化要致力于自我身份的确定；另一方面，也要为文化欧洲做出德国的贡献。

2015年是德国重新统一25周年。在过去的25年间，德国文化所取得的成就斐然，不仅重新确立了德国文化之国的地位，而且还给世人留下了"创意之国"（Land der Ideen）的印象。这种成就不仅仅取决于历史文化遗产，更得益于德国的文化体制。③ 德国文化的发展，具有代表性地说明了西方发达国家的文化繁荣以国家能力、实力为基础，并受到有形之手的支持和干预，通过在财政、政策等方面的激励，使各类社会力量、社会资本积极参与文化建设，使文化对内成为重要的上层建筑，对外则成为国家软实力的标志。④

德国的外交政治文化发展历程不同于世界上其他国家。1949年至统一前，西德外交政治文化的发展以及对海外派兵政策和欧洲政策确立了西德外交政治文化的基础，即反军国主义，反对霸权主义，主张多边主义和欧洲联合。"克制文化"和"不要再有战争"的行动准则成为德国外交政策的方针。联邦政府和绝大多数德国人不仅拒绝参加任何形式的战争，而

---

① Vortrag von Klaus - Dieter Lehmann auf der 21. Jahrestagung der Deutschen Nationalstiftung.
② Vortrag von Klaus - Dieter Lehmann auf der 21. Jahrestagung der Deutschen Nationalstiftung.
③ 樊鹏：《文化与强国——德国札记》，清华大学出版社，2015，第 II 页。
④ 参见樊鹏《文化与强国——德国札记》，第 III 页。

且拒绝向北约范围之外的地区派遣德国士兵。欧洲政策方面，联邦政府推行积极的欧洲政策：一方面，联邦政府致力于推动西欧联合以及欧洲整合；另一方面，则推行新东方政策，以缓和与东欧国家之间的关系，特别是与波兰、捷克及苏联之间的关系。在联邦德国，人们政治态度的根本转变似乎是三个主要因素起作用的结果：第一，个人的深刻的历史经验，如军事上的崩溃，盟军的狂轰滥炸、占领，德国被瓜分、德国人被驱逐和国际地位的降低；第二，一个经过周密考虑而制定的宪法《基本法》（一种有利于较大政党的选举制度，建设性的不信任表决。联邦制）；第三，取得了令人注目的政治成就和经济成就，这种结果带来了经济奇迹和重建家园的奇迹。这三种因素合在一起，给联邦德国带来了政治文化的变化，其特点是：民主的合法性和政治参与。①

　　1990 年后德国外交政治文化的发展更多呈现了连续性。多边主义、反军国主义以及欧洲联合仍然是外交政治文化的核心。德国外交政治文化的连续性首先体现在其欧盟政策上。作为欧盟中的发动机，不管是过去德国历届政府还是现任大联合政府都致力于推动欧盟的深化及扩大。与此相应的是，绝大多数德国民众也赞同德国的欧盟成员国身份。但与扩大欧盟相比，大多数德国人更支持深化欧洲联合。

一　战后德国文化强调民主制

　　所谓政治文化是指某一较长时间里体现某个国家、社会、阶级或社会集团特点的政治倾向和政治行为模式，是其社会心理环节。约翰·达菲尔德（John S. Duffield）与托马斯·伯格（Thomas Berger）等人的研究认为，自德国重新统一以来，德国社会特别是在德国的政治精英中间，已经形成了对国家外交和安全政策具有潜在的深刻影响的、精心培育出的信念与价值观念。②

　　德国重新统一之后，政治文化的主要特点是：民主体制得到了广泛认同。对于德国这样一个崇尚国家权威、有着魏玛共和国失败经历、发动过两次世界大战的国家，民主的进程尤其艰难。第二次世界大战结束

---

① 参见阿尔蒙德、李黎《政治文化研究的回顾与展望》，《国外社会科学》1988 年第 8 期。
② 张骥：《统一后德国的政治文化与对外政策的选择》，《当代世界与社会主义》2007 年第 6 期。

后，在西方占领国的民主熏陶下，在联邦德国政府的不懈努力下，尤其是当联邦德国成功实现经济奇迹、公民物质生活水平日益得到改善和提高的前提下，民主的理念也开始逐步扎根于公民的深层意识之中。到 20 世纪 70 年代，联邦德国的民主制度已经确立，公民的民主意识大大增强，公民的法治意识更加巩固，此时，联邦德国已被西方称为稳定的模范民主国家，与联邦德国民主制的成功确立和巩固过程相伴的是，联邦德国公民政治文化认同的变迁。公民积极参与国家政治生活，积极参与国家文化生活和建设，可以说，德国人是一个比较自觉遵守法律、法治观念强的民族。这是德国战后民主化进程中不可或缺的重要部分。到 20 世纪 70 年代，联邦德国的政治文化也转向更为积极、主动参与性的民主政治文化。公民文化的建立，是决定联邦德国民主制成功至关重要的一个因素，也是其民主化进程中不可或缺的一部分，是联邦德国战后一项重大的政治成就。德国统一是以德意志民主共和国按照德意志联邦共和国《基本法》第 23 条加入德意志联邦共和国的形式完成的。这就意味着：德国的统一是在民主德国"自愿"接受联邦德国的政治体制、政治价值，选择皈依西方的前提下完成的。1991 年 4 月的一项民意调查表明：86% 的西部居民认为民主是最好的国家形式。在东部这一赞成比例也达到了 70%。两德的统一没有动摇德国《基本法》规定的民主政体、联邦国家、法治国家和福利国家原则。

二　德国文化在外交中主张谈判解决争端优先

德国坚持和平主义和反对军国主义，坚持广泛合作和多边主义的文化，反对单边主义。因为历史教训，绝大多数德国人只要说到战争，都有逆反心理，持反对态度。德国发动过两次世界大战，是一个负有罪恶感的民族。第二次世界大战结束后，在德国，反对战争，反军国主义的自省和反思比较彻底，对产生战争的根源和军国主义的温床打扫得比较干净，肃清纳粹主义，至今也不放松，比如取缔一些纳粹组织，逮捕纳粹组织成员等。甚至连极少数逃到国外几十年的老纳粹分子，一旦被发现，依然对他们进行逮捕判刑。2014 年 2 月 19 日德国调查人员又搜查了 9 名纳粹嫌疑人住宅，并逮捕 3 人。这 9 名嫌疑人的年龄在 88～94 岁，他们涉嫌在纳粹奥斯维辛集中营参与杀害被关押人员。被捕 3 人的年龄分别为 88 岁、

92 岁和 94 岁。按照检察官的说法，这 3 人受到"强烈怀疑"。这就是一个很好的佐证。在和德国人一般交往中会得到的印象是，德国民族注重文化而淡化政治，主张多边主义和广泛的国际合作，反对单边主义，反对把一国自己的意志强加于别的国家，主张合作，主张通过联合国解决国际争端。在德国，不管是政治家还是民众都表现出对单边主义的反感和厌恶。在当前的叙利亚危机中，德国领导人多次表示反对对叙利亚动武，反对美国绕过联合国对叙利亚采取军事行动。德国还认为，德国的国家利益只有在同其他国家的密切合作中才能实现，只有联合国框架内的合作才能实现，德国领导人极为重视国际制度，强调要遵守国际机制和国际关系的准则，认为德国必须坚定地在国际合作的框架中发挥作用。统一后的德国坚持与不同文明国家间进行平等对话，以促进地区和世界的和平与和谐。

三　坚持克制文化

第二次世界大战后，德国是一个战败国，做人行事，处处小心谨慎。德国避免重蹈两次发动世界大战的覆辙，牢记历史教训，在国际事务中严格约束自己的行为。在克制文化的影响下，战后大多数德国领导人也形成了这样一种意识，即不愿意看到他们的国家在国际事务中抛头露面、多出风头，他们在世界舞台上甚至宁愿扮演一个不起眼的角色，保持低姿态，小心谨慎地行事，无论是在对外发展援助中，还是在联合国的维和行动中都是如此。

在国际交往中，无论是处理国与国之间的双边关系，还是多边国际合作，德国都坚持克制文化，德国自己不首先抛头露面，不当出头鸟，以免吃"枪子"。这正是德国从两次世界大战中吸取的深刻教训。在欧盟中形成"法 - 德国轴心"，做任何事几乎都拉上法国，让法国挑头走在前面，德国跟在后面，推动欧洲联合。还有，在争当联合国安理会常任理事国问题上，德国也不单独行事，而是拉着日本、印度、巴西等国家，他自己不走在前面。当然，当今世界形势已发生深刻变化，德国偶尔也挑头，如德国就是走在前面反伊拉克战争的。从总体上讲，德国历届政府领导人都已形成一种共识，即德国在国际事务中保持低姿态，不当"领头羊"，不做"出头鸟"。德国的"克制文化"是在第二次世界大战后的特殊条件下形成的，是一种特殊文化，也是一种反军国主义文化，在很长一段时间内依旧会影响德国的外交政策。

冷战结束，苏联解体，东欧剧变，德国在和平声中获得了统一。统一后的德国实力大增，不仅成为推动欧洲一体化的发动机，而且要在世界事务中发挥与其国力相适应的国际角色。德国外交政治文化的变化主要体现在其海外派兵政策上。德国改变了德国军队只留在北约范围内的规定，而可以向北约以外地区派兵。1999 年 3 月 24 日以美国为首的北约打着"维护人权"的旗号，组成代号为"联盟力量"的北约联军对前南斯拉夫国家发动侵略战争，在科索沃战争中多国部队总数达到 6 万人，其中德国派出 8000 人，是第二次世界大战后德国第一次在国外部署军队。

自 1990 年海湾战争开始，德国外交和安全政治文化由单一的反军国主义文化变得复杂、多样。反军国主义不再是外交和安全政治文化的唯一准则。与此相应的是，多边主义和欧洲联合开始体现出其重要性。而安全行动准则"不再有奥斯维辛"代替了原来"不再有战争"的准则。这一变化体现在德国海外派兵政策上就是，"支票外交"被主动参加联合国、北约的维和行动取而代之。1999 年科索沃战争、"9.11"事件后的反恐行动以及伊拉克战争 3 个事例充分说明，基于内外条件的改变，统一后的德国奉行更为主动但又审慎的海外派兵政策。这种思想不仅反映在德国政府领导人身上，而且也反映在德国民众的思想上，德国公众一般不分正义或非正义战争，就是厌恶战争，反对战争。

德国红绿联盟政府对伊拉克战争的态度和政策，比较鲜明地反映了德国政治文化的变化。柏林自由大学教授托马斯·里斯（Thomas Risse）把这解释为，德国不同意美国，可以被看成德国作为文明力量的承诺，德国公民对战争也是厌恶和反对的。

四　德国文化中政治精英作用凸显

施罗德政府在 2002 年大选中利用民意，将伊拉克战争工具化的行为也说明，一国外交政治文化对该国外交政策的影响是十分有限的，政治精英的行为一定程度上也会干预外交政治文化对外交政策的影响。总的来说，统一后的德国外交政治文化没有发生根本的转变。无论是在海外派兵问题上还是在欧洲政策方面，多边主义、欧洲联合以及反军国主义作为其核心准则仍为绝大多数政治精英和德国民众所接受。

五　德国外交政治文化中民众参与度高

普通民众对内政外交越来越感兴趣，参与度越来越高也说明德国已经树立了参与型的政治文化。在德国，随着经济发展和人们生活水平的提高，人们不再总是关注自己的物质生活，而是越来越多地要求参与国家的政治生活和民主建设。由于德国教育体制不断改革和完善，受教育的德国人越来越多，国民教育水平不断提高，人们的政治水平和素质不断提高，人与人之间，人与社会之间，民众和政府之间，彼此相互信任的程度不断提高，一个可以让民众依赖的社会形成了。在西德人对政治的兴趣明显上升的同时，人们之间关于政治的交流也增多了。基本的社会信任，是公民联合参与政治活动的基础，是在民主体制下达成共识的条件。没有信任，也就没有民主制度的协商、妥协和合作的可能性。在联邦德国，到20世纪70年代，政治参与所必备的公民对政治的兴趣和相互信任的条件已经很充分了。联邦德国的政治文化的转变，可以被视为公民对国家在政治、经济、社会、外交决策方面所取得的众多成就的肯定态度的结果。联邦德国民主制的确立和巩固在很大程度上应该归功于体制设计的成功。第二次世界大战后德国发生了根本的政体变化，从政治极权转变为民主宪政，在这个转变过程中，宪法爱国主义的概念发挥了重要的作用。宪法爱国主义的政治认同基础不是民族文化，而是自由民主的价值观。这些价值观大部分会体现在宪法之中。

第四节　中国政治文化的特点及其影响

一　中国政治文化的时代特征

改革开放促进中国经济大发展，中国综合实力升居世界第二位，仅次于美国，把日本挤到后位。在对外关系中，中国积极发展同世界各国的双边友好关系，积极参加国际组织的活动，努力在国际舞台上发挥更大的作用，逐步获得了国际社会的认可。中国政府重视发扬和发展自己的传统文化，在驻外使领馆也相继建设中国政治文化宣传栏以及开展文化年等各种文化活动，要在世界上建立上百所孔子学院宣扬中国的传统文化。很多国家都兴起了汉语热，遍布全球的孔子学院为传播中国文化起到很大作用。据德新社报道，在德国中小学中，学习汉语的青少年数量越来越多。据联邦文化部长会议秘书处于 2011 年 8 月 31 日在波恩公布的统计数字，上学年德国至少有 232 所学校开设汉语课，或建立汉语学习小组，参加人数超过 5800 人。同 2007 年相比，学习汉语的德国中小学生数量增加了 45%。与此同时，与中方有校际伙伴关系的德国学校数量也大幅增加。联邦文化部长会议确认德国境内目前至少有 210 所开设汉语课的学校，而 4 年前此类学校的数量是 144 所。据中国"国际汉语教学"2012 年 8 月 5 日消息，不完全统计，当时全世界学习汉语的人数近一个亿，越来越多的外国人通过学习汉语而认识了中国，也了解了中国。中国在不断总结自己的传统文化和现代文化，留取其精华，去除其糟粕，并大胆汲取西方文化中的精髓来丰富自己的文化。中国在不断发展，不断变化，越变越强。一些媒体甚至撰文称，21 世纪是中国的世纪。2008 年，投资大师吉姆·罗杰斯曾提到 19 世纪是英国人的世纪，20 世纪是美国人的世纪，21 世纪是中国人的世纪。[①] 2011 年，美国威斯康星大学麦迪逊分校政治学系中国问题专家爱德华·弗里德曼也发表文章，探讨"21 世纪会是中国的吗？"这一话题。无论是从经济总量、社会，还是从政治影响、国际地位来看，中国文化的辐射力与辐射范围都在不断地增强，其中，政治文化对于对外关系和对外活动的影响不容小觑。

自 20 世纪 70 年代末中国开始改革开放以来，政治体制改革不断深化，社会主义市场经济体制逐步建立起来。自 80 年代开始，政治文化研究在中国兴起。其中在 1988～2008 年研究中国政治文化是一个热点，在此期间，中国政治文化研究者在三个方面进行了深入探讨——如何对待中国传统政治文化与西方政治文化、当代中国政治文化的格局与特性、如何构建当代中国政治文化。中国目前处于社会转型时期。在转型中的中国政治文化的主要成分包括传统政治文化、近代政治文化和现代政治文化三部分，其总体特征是政治敏锐性高、政治认同度低、政治认知差、政治感情淡等。[②] 在全球化和

---

① 参见韦博《台媒：21 世纪是中国人的世纪》，凤凰财经，http://finance.ifeng.com/hwkzg/200807/0706_2180_635920.shtml。

② 参见蒋英州、叶娟丽《当代中国政治文化研究主题及其特点》，《武汉理工大学学报》（社会科学版）2009 年第 5 期。

市场经济的背景下，中国的政治文化也随着中国现代化的进程呈现以下时代特点。

（一）社会主义政治文化占主体地位

社会主义政治文化占主体地位，但同时也并存着其他亚政治文化，它们都对人们的政治观念和价值规范产生影响。占主导地位的社会主义政治文化是马克思主义和毛泽东思想指导下的有中国特色的社会主义政治文化，以社会主义价值观为核心，涵盖了社会主义政治意识形态的大部分，规定政治制度规范，并指导政治社会化的方向、内容和方法。

（二）公民的价值取向多元化

由于市场经济的逐步建立与发展，社会关系的商品化趋势加强，功利主义和个人主义的色彩日益明显。由于社会经济结构的转型和变化，形成了多元的经济利益主体，体现在观念层面上就是价值取向的多元化，对同一社会政治事件存在不同的看法。[①]这也意味着这种政治文化面临着政治信仰、政治理想丧失的危机，面临着在对过去信仰伦理和价值理性的扬弃中重建社会政治文化的挑战。

（三）传统的政治文化的影响

传统的政治文化仍旧对当前的社会主义政治文化有很深的影响，例如权威观念、专制主义、村落与家族文化、臣民政治文化等。[②] 这些因素都阻碍着中国政治文化朝积极的方向发展。但是中国传统的和合政治文化为当代和谐的中国政治文化提供了历史文化基础。最早在西周末年就出现了"和而不同"的和谐理念，《郑语》有云："和实生物，同则不继。以他平他谓之和，故能丰长而物归之。若以同裨同，尽乃弃矣。"

（四）政治文化发展从封闭走向开放

公民的政治心理、政治参与与意识等方面都有所提高。

---

① 参见许峰《全球化与当代中国政治文化》，《中国矿业大学学报》（社会科学版）2002 年第 2 期。

② 参见熊光清《当代中国政治文化变迁与政治发展》，《太平洋学报》2011 年第 12 期。

中国政治文化的特点十分鲜明地体现在中国的对外关系和外交政策上。当代中国的政治文化构建了和平、发展、合作、共赢的外交理念，坚持在和平共处五项原则的基础上，发展和所有国家的友好合作关系，坚定不移地奉行和平外交政策。党的十八大工作报告中提到，"在国际关系中弘扬平等互信、包容互鉴、合作共赢的精神，共同维护国际公平正义"①。中国坚持走和平发展的道路，在发展同世界其他各国的友好关系时，讲求平等互信，坚持遵循联合国宪章宗旨和原则，无论国家的大小、强弱、贫富，都是国际社会的平等一员，共同努力推动国际关系民主化。在平等互信的基础上，提倡包容互鉴，尊重各国文化的多样性，尊重各国人民对社会制度和发展道路的选择，从整体的角度来看待作为共同体的人类命运，摒弃零和博弈的思路，在追求本国利益时兼顾他国合理关切，在谋求本国发展中促进各国共同发展，建立更加平等均衡的新型全球发展伙伴关系。②

具体来说，这样的外交理念体现在中国的大国关系上，在中美、中欧、中日、中德关系上，致力于和谐共处，妥善解决历史遗留难题，积极发展双边的战略伙伴关系。在处理国家周边关系上，坚持睦邻友好与区域合作的方针，妥善处理历史遗留问题与现实间的突出矛盾。③ 中国人选择了和平发展的道路，从历史经验教训和时代发展主题中得出一个共识，即中国不会称霸，无论是在现阶段，还是将来更强大的发展阶段，都不会称霸。在面对国际争端和冲突时，中国坚持相关各方通过对话、谈判和协商来解决问题和矛盾，反对诉诸武力或以武力相威胁，反对打着维和的旗号干涉别国内部事务。美国侵略伊拉克并推翻伊拉克合法政权的案件不应再发生，中国反对一切形式的恐怖主义。在国际关系中，开展双边外交是一项重要且艰难的任务，随着中国逐渐融入国际社会，开展多边外交也逐渐成为中国外交领域的重点，从双边外交到多边外交，从政治外交到经济外交、公众外交，外交形式要不断创新，外交活动也要有新意。

---

① 《十八大报告（全文）》，新华网，http：//www. xj. xinhuanet. com/2012 - 11/19/c_113722546. htm。

② 参见《十八大报告（全文）》。

③ 参见刘艳房、屈瑞铎《论政治文化对当代中国外交的影响》，《河北学刊》2007 年第4 期。

二　中国文化传统及其影响

（一）中国文化传统的特点

中国文化源远流长，博大精深。中华五千年文明史，孕内育外，拓展中华文化与外来文化相互沟通，吸收外来文化之精髓，大大丰富中华文化之内涵。中国文化具有一种包容性和宽容性，从不排斥外来文化，而是兼收并蓄，汲取其精华为我中华所用。司马光在《资治通鉴》中讲到用人的标准时说："聪察强毅之谓才，正直中和之谓德。才者，德之资也；德者，才之帅也。"德所表现出来的是一个人的正、直、中、和。做人要耿直，光明磊落，人与人之间要协调，和而不同。这些都是儒教、道教、佛教的共同之处。尽管鸦片战争以来中国文化经受了西方强烈冲击和破坏，但中国的传统文化依然故我，反而更多地熏陶了西方来华的人士，并进而对西方文化也产生了影响。西方天主教、基督教、东正教等都能在中华大地上立足发展，这充分证明中华文化的包容性和宽容性。这与西方文化形成鲜明对照。西方国家追求单一文化信仰，强迫别国接受其自身文化甚至为消灭异质文化不惜发动战争，顺他者昌，逆他者亡。中国文化讲求"己所不欲，勿施于人"，给予别人的都是好的上乘的；与此相反，西方文化强调"己所欲，施于人"，强迫别人接受。例如美国发动伊拉克战争，推翻伊拉克的合法政权，把美国的民主自由强加给伊拉克人民，导致伊拉克现在社会混乱，恐怖活动连连，人心惶惶。西方文化强调非此即彼，而中华文化则强调相互兼容共存，共同发展。

中国文化具有内向性、内敛、不事张扬的特点。儒家的伦理是，人之初，性本善。人变坏是后天的，这就是近朱者赤，近墨者黑的道理。中国文化强调教育，强调学习，重教化，而非惩罚。强调人是可变的，人的立场是可以改变的。在战争中，中国共产党军队优待俘虏，在抗美援朝战争中，很多美国俘虏经过教育变成促进中美友好的人士。在国际事务中，中国主张，国家不分大小、不论强弱一律平等，强调共同发展，强调双赢和共赢。由于西方不认识中国，不了解中国，在西方人眼里中国人总是讳莫如深、玄妙难懂，西方所谓的"中国通"，对中国也只不过是一知半解，真正了解中国的少之又少。中国人说话含蓄，而欧美国家人习惯于直来直去、开门见山、透明见底。所以，双方常常发生矛盾，这源于中华文化和西方文化的不同。正因为如此，一些西方国家一再要求中国提高政策的透明度和开放度，这也是造成双方矛盾和冲突的症结之所在。

（二）中国寻求共赢的国际关系

中国在国际事务中从不把自己的观点和理念强加于人，中国在国际和地区冲突中从来都强调以和为贵，强调和平谈判解决争端，求同存异，一向主张合作代替对抗，谈判代替战争。这符合中国传统文化的包容性、宽容性、"和而不同"的理念。"和为贵"和推己及人是中国文化关于社会关系和国际关系的基本要求。儒家强调和为先；道家强调慈悲为怀；佛教提倡尊老爱幼。为实现世界大同，建立和谐世界，必须坚持"己所不欲，勿施于人"，克己复礼的行事原则，同样也要坚持，"人不犯我，我不犯人"的原则，二者相辅相成。中国的这种"和而不同"的理念有助于促进世界的和平与稳定，也容易被世界接受。中国崛起概念中所具有的这种对比性，与中国自19世纪以来的历史经验是分不开的，与中国长期具有的"受害者心态"也是分不开的。

这个概念的历史性非常强，我们可以说旧中国对被列强欺凌的惨痛经历深刻难忘，记忆犹新。新中国在冷战中与几个大国交手，获得了落后就要挨打的沉痛教训。中国与外部世界交往中的这些不愉快经历，建构了中国人心目中的国际社会的"霍布斯文化"的无政府状态逻辑（突出表现为一种冷战思维、对抗思维的惯性），这种逻辑又会怎样塑造中国未来的身份和国家利益，这是我们应该研究的。

（三）社会主义民主建设

在旧中国的封建主义社会，中央集权和中央集权思想扎根于社会的方方面面，落实到社会的层层级级，在中国传统文化中占有特殊地位。因而，中国传统文化强调君权神圣不可侵犯，皇帝自视为天之子，自誉为天子，天子权力无限但受到道德约束，孔子主张礼治，孟子更提出了"民贵，君轻"的思想，他认为决定统治者统治地位的政治基础是民心的向背，民心归服是统一天下的决定性因素。在这种思想传统的影响下，中国人对政治的期盼几乎都寄托在君主身上，对个人参与的意识甚为匮乏。新中国建立后，我们建立了社会主义民主体制，这种民主体制得到不断完善和加强，这充分体现在全国人民代表大会和政治协商会议上，中国逐步走向了中国式的社会主义民主模式。社会主义民主文化在国际关系中具有关键性的作用，它建构一国的国家利益，影响该国在国际体系中的行动可能性。外交政治文化作为与政治密切相关的一种文化，在国际政治研究中具有与文化相类似的作用，即影响一国的外交政策。这一影响通过政治精英以及公众舆论得以实现。冷战结束后，在国际关系研究领域越来越多的政治研究学者开始重视文化这一因素。

中德合作举行的各种文化活动就很好地起到了这一作用。在实际生活中，德国媒体包括西方媒体如何客观公正地报道却是一个问题。在当今国际传播秩序中，西方媒体在信息发布覆盖率、技术层面居于绝对优势地位，发达国家同发展中国家之间的"信息鸿沟"呈现扩大的趋势，占世界人口1/7的发达国家却占有世界新闻总量的2/3。西方媒体在国际传播领域占优势地位，对我国国家形象的塑造极为不利。在德国及美国等西方国家的主流媒体中对中国负面报道多，比如歪曲中国的国家形象，歪曲中国的人权状况，上升到"中国威胁论"，"中国崩溃论"，不一而足。对此，我们要加大媒体改革的力度，及时准确地报道我国的发展和建设及民主政治不断完善的真实情况，让世人了解一个真实的中国。

冷战结束，苏联解体，资本主义和社会主义两大阵营不复存在，资本主义叫好，又必然要在新的形势下为自己寻找新的敌人或对手。1993年美国学者塞缪尔·亨廷顿教授提出"文明的冲突"，认为宗教和传统观念会发生冲突，即伊斯兰教和西方基督教会发生冲突，成为国际关系研究中的一个新课题。这样，从文化视角研究国际关系越来越成为一门显学。显学重视对当今形势、当今国际关系和对现实主义的研究，它提供了一种新的分析范式，有助于人们重新审视近现代国际关系的发展史。然而，建构主义在方法上重点是整体主义，探索国家间的共有文化，对国别文化的研究较少纳入。中德两国是当前国际体系中的重要角色，而且代表了两种截然不同的文化类型。

随着文化产业的发展，文化已非原来的意义，而是被赋予了更多的政治内容，在国际关系中成为发展国与国之间友好关系的一个重要工具，已成为一个新的研究热点，被称为文化学派。

中国在搞社会主义经济建设的同时，也不断完善和发展社会主义民主制。中国有着二千多年封建社会史，教育是一种儒家思想教育，社会是一种君臣等级森严的社会。在封建社会里，臣服从君，子服从父，妻服从夫，下绝对服从上，是绝不可以逆行的。因此，可以说，中国人缺乏民主的概念和理念，只要一说民主，似乎就可以无法无天了。加强民主建设，加强法治建设，是一项艰巨任务。近年来，中国越来越多地参与到国际合作中，并同世界各国在原来回避的领域进行交流，如中德之间定期举办中德法治国家对话，进行法治交流，加强法治建设。同时，中国政府也开始积极对外宣传中华文化，在很多国家和地区都建立了孔子学院，教授汉语，传授中国传统文化。必须坚持在发扬和传承中国传统文化中，抛弃传统文化中不健康的东西，消除不利于经济发展的内容，并大胆学习和采用西方好的经验，拿来为我所用，即"拿来主义"。对西方的东西，我们去其糟粕取其精华，丰富我们的中华文化。在向西方学习的过程中，我们既反对西方什么都是好的，甚至西方的月亮也比中国的圆，反对全盘西化；我们也反对闭关自守，实行对外开放，不断加大对外开放的力度，引进西方人才，学习西方的先进科技，形成有中国特色的社会主义建设模式。

　　由于中国的快速发展，中国在西方媒体的视野中报道的价值也越来越大。中国 30 多年来改革开放的结果是，发展变化的速度用"一日千里"来形容毫不为过，中国变得越来越重要，中国现在已成为全球化体系中的重要一员，世界的和平和发展越来越离不开中国，世界上的事绕不开中国。中国是联合国五个常任理事国之一，也是世界上最大的发展中国家，中国的声音在国际事务中也越来越响亮。中国坚持独立自主的外交政策，本着平等互利、求同存异的精神与各国发展良好的合作关系，致力于建设国际新秩序。中国新一届政府领导人频频出访，向世人阐释中国政府进一步改革开放的政策，同广大发展中国家及西方发达国家建立了战略协作伙伴关系，进一步扩大中国对外影响。中国历史文化悠久，中国稳步持续发展，而西方经济复苏缓慢，欧债危机的阴影尚未消除。这些无疑都会更加引起西方媒体对中国报道的兴趣和关注。西方民众也越来越想知道中国的发展和变化，他们中许多人亲自到中国来看看，但大多数人还是通过各种媒体了解中国。这就是西方媒体越来越关注中国，加强报道中国的原因。当然，西方记者、西方媒体人出于他们的价值观，出于他们的利益需要，对中国的报道中总会带有某些偏见或不实之处。

第五节　中德两国的政治文化比较

通过前面两个部分的政治文化特点分析，不难看出中德两国在政治文化上的共同点和差异性，尤其在两国的对外关系导向中表现得十分明显。

首先，中德两国都十分重视民主制度的建立与发展，这与两国的历史经验密切相关。从政治文化的角度而言，中国建立的社会主义民主制度诚然以推翻封建社会和殖民者统治为基础，但是中国上千年来的封建主义政治文化在今天对中国的政治文化仍旧有着难以回避的千丝万缕的影响，中央集权和民本思想在中国传统文化中占有特殊地位。中国几千年的封建主义统治史，其核心思想是君臣等级观念，即所谓"君叫臣死臣不得不死"的观念。中国传统文化中，君权乃"受命于天"，是神圣不可侵犯的，是以让百姓接受被统治的地位。然而君权并非完全无所顾忌，而是深受道德规范的约束，作为地位至高无上的君王，道德上也应当是无与伦比的楷模。而德国在第二次世界大战后经历了全面改造，按照西方模式建立起民主制度，并且在对战争历史的不断反思中摒弃其军国主义、复仇主义的政治文化。

其次，中德两国的政治文化分别拥有不同的核心价值体系。中国政治文化的核心是占主导地位的社会主义价值体系，以马克思主义为指导思想的四项基本原则是社会主义核心价值体系的灵魂，中国特色社会主义共同理想是社会主义核心价值体系的主题，以爱国主义为核心的民族精神和以改革创新为核心的时代精神是社会主义核心价值体系的精髓，社会主义荣辱观是社会主义核心价值体系的基础。建设社会主义核心价值体系，是巩固全党全国人民团结奋斗的共同思想基础的需要。共同的思想基础，是一个党、一个国家、一个民族赖以存在和发展的根本前提。没有共同的思想基础，党就会瓦解、社会就会动荡、国家就会分裂。对党和人民在革命、建设和改革的长期奋斗过程中形成的共同思想基础做出科学的概括和清晰的界定，明确其基本内涵和基本要求，使之容易为全党全社会更加全面准确地理解和把握，在今天社会思想观念和人们价值取向日益多样的情况下，就显得十分必要和迫切①。德国的政治文化建立在西方民主制度的基

---

① 参见《十八大报告（全文）》。

础之上，以西方启蒙运动以来的基本价值观为其核心，主要包括民主、自由、人权等，强调个人主义，强调个人对社会的价值。

最后，我们在对外交往中，非常强调双边和多边的对话和合作，对于存在异议和争议的问题，一直希望搁置争议，求同存异。这恰恰体现了中国文化的包容性、宽容性与"和为贵""和而不同"的理念。"和为贵"和推己及人是中国文化关于社会关系和国际关系的基本出发点。罗素据此指出，"中国的力量不至于加害他国"。为了实现普遍和平与和谐，必须坚持"己所不欲，勿施于人"的行事原则。中国在国际问题上的立场充分显示了这一特点，不管是在叙利亚问题还是在伊朗问题上，中国政府都坚持不干涉他国内政，坚持一国的事务由一国自己来决定，在同一问题上如果存在不同的立场和看法，可以通过双边或者多边谈话、谈判来协调，通过政治对话与合作来解决问题，而不是通过政治对抗或者诉诸武力，这是中国思想家在总结历史、追求和平的过程中所得出的结论。

德国政治文化的规范也使德国在对外关系中强调和平、追求和平、维护和平，主张通过和平手段来解决国际冲突和矛盾。维护世界和平，主张对话和合作，这是中德政治文化的一大共同之处。

然而，双方对于如何实现国际关系的民主化、文明化，提出了不同的方案。在推广民主制度上，德国学者认为，西方民主制度是最好的，应当在欠发达国家和地区、在战乱地区建立这一制度，根据他们所坚信的民主和平论，建立了民主制度之后，就能实现地区和平、人民安居乐业。为此，德国不断增加海外军事行动，在联合国、北约的框架下，参与维和、重建行动。

我们在文化上也主张文化的多样性，东方文化和西方文化可以相互学习，相互补充，相互鉴赏。甚至可以把西方文化中好的东西拿来为我所用。改革开放以来，许多西方国家的剧种剧目在中国文化舞台上大放异彩，让中国人民更多地了解西方世界。而西方国家却不然，追求单一文化信仰，唯他独尊，唯他独秀，强迫别国接受自身文化，甚至把消灭异质文化作为其散播西方政治文化的途径。与西方相对的是，我们对异质文化是来者不拒，各种文化和宗教在中国都可以得到生存和发展，万物并育而不相害，道并行而不相悖。我国传统中做人的方式是，在横向上强调"己所不欲，勿施于人"以及"先天下"的准则；在纵向上强调忠、孝、节、义的道德规范；现代中国文化中则强调先人后己和与人共赢的意识，反对利己主义和霸权主义。与中国文化"己所不欲，勿施于人"的信念相反，西方文化强调"己所欲，施于人"。这也阐释了中国在伊拉克战争、叙利亚危机等国际问题上的政策和立场。民主的具体形式并非只有一种，每个国家都应当根据自己的国情来选择最适合自己的民主道路，强迫一国接受某种民主制度，尽管打着维和、重建的旗号，却也是对该国内政的干涉。

随着世界经济的全球化，文化交流日益增多，近年来西方一些学者开始反思他们几百年来始终以西方为中心的世界观、价值观及思维方式和观察角度。而东方的很多学者也在几百年来追随西方、唯西方马首是瞻、以西方为学习榜样的盲从中开始思索起自身文化的价值，以及是否有更适合自己的新的发展途径。东方文明曾给人类社会带来了发展与进步。当然，这并不意味着西方文化的发展趋势在接近东方文化原有的特征。西方的文明呈现的"第一现代性"特征也恰恰是符合了一定历史时期人类进步需要的思维和行为方式的要求。正因为如此，才有了工业革命和科学技术的飞速发展及现代经济企业制度和管理方法的完善。随着当今社会的发展进步，西方的民族中心主义视角受到全球化进程的冲击，人类社会在新的高度上寻找符合时代特征的发展方向。

第六节　德国对中国走向世界的双重情结

德国对中国走向世界的态度其实就是德国对中国模式走向世界的反应。德国在中国的发展问题上具有双重情节。这就是德国对中国的崛起持矛盾的态度：一方面中国经济的快速发展为德国提供了市场和合作机遇，尤其可以促进德国对中国的出口；另一方面德国又担心中国的崛起会独霸东亚，甚至独霸亚洲，成为亚洲安全的隐患，影响德国在亚洲的利益。

1978年中国实施改革开放以来，选择了一种与西方完全不同的发展和现代化模式，并取得了成功，对国际风云变幻有较强的适应性，特别是在国际金融危机和欧债危机期间，西方国家经济不景气的情况下，风景这边独好，中国经济保持了持续稳定的发展。"中国模式"在世界范围内影响力不断扩大，西方很多专家都把中国的经济快速发展归结于中国的政治制度，认为这种制度有着很大的政府监控力，有利于贯彻实施反映国家利益的政策。而这是德国和其他西方许多国家不能接受的，在他们眼里中国的政治制度是所谓"不民主不自由"的，中国发展模式对他们来说是离经叛道的，是对西方模式的挑战。2013年7月德国《明镜周刊》上刊有一篇名为"经济超级大国：中国的崛起让德国害怕"的文章，里面的民意调查显示，德国人对中国有着比较消极的印象，87%的德国人认为中国"不尊重人权，政治制度不民主，外交政策肆无忌惮，对内镇压民众"。这种荒谬的调查只能说明，德国相当多的政治精英们和大量德国百姓仍然抱着冷战思维，仍然戴着有色眼镜看中国，对中国的进步视而不见，充耳不闻。在中国的政治民主进步和经济腾飞面前，他们仍然自我欣赏，孤芳自傲，自己欺骗自己罢了。

中国经济持续迅猛地发展，中国的国际地位不断提高，急坏了德国的一些政客，他们一时慌了手脚，不知所措。他们急忙挥舞起"中国威胁论"的大棒，向中国施压，煽动叫喊东方"黄祸"又来了，恐吓他们的国民。德国对中国走向世界的反应，其实就是害怕中国模式走向世界，毁掉西方模式优越的标签。冰冻三尺非一日之寒。中德关系中存在传统的分歧，由于意识形态和政治制度的不同，德国的政治精英们也难以逾越这条鸿沟。德国把中国定位为竞争者，可谓内心一种昭示。"中国威胁论"和"黄祸"这类言论甚嚣尘上。经济的不景气更是加剧了欧洲的贸易保护主义传统。

价值观和利益是德国外交政策的两大重要因素，2007年以前，中德经济利益大多重于价值观，中德关系发展迅速。德国总理默克尔刚执政，大力推行"价值观外交"，默克尔以价值观定亲疏，对中国抱有偏见，对中国的立场异常强硬，企图改变过去以中国为中心的亚洲政策，执政党推出的2007年亚洲战略决议中，称经济外贸等领域与中国存在较强烈的竞争，认为中国的崛起对世界经济和国际秩序是个挑战，并建议加强与印度等民主国家的关系，在访问印度期间默克尔不断向印度示好，强调德印有"共同的民主价值观"，德印关系升温。默克尔多次公开批评中国是"不民主""不重视人权""没有人身自由的国家"。默克尔倒行逆施，公然接见达赖喇嘛，挑战中国对德关系的底线，使中德关系受损，致使中德关系跌入低谷。默克尔这种外交政策引发了德国经济利益和价值观的冲突，给德国带来了很大的负面效应，受到德国各界人士的严厉批评，德国外长施泰因迈尔公开批评默克尔，"愚蠢的外交政策损害了德国国家利益"。迫于压力，默克尔不得不把"价值观外交"搁置起来，与中国修复关系，实现中德关系正常化。全球金融危机，尤其欧债危机的爆发让默克尔处境艰难，深刻意识到中国的重要性，更加认识到中国经济在世界经济中的重要性，因而更注重与中国的经济关系，多次访华寻求中国的帮助。2011 年，中德首次举行政府间的磋商，签订了 19 项协议，大部分都跟经济有关。2012 年 8 月温家宝总理和默克尔在北京又签订了 17 项经济领域的合作协议，使中德经济合作发展到一个新阶段。默克尔对中国前后态度的变化造成的结果说明，德国只要突出价值观，中德关系就会受挫，如果突出国家利益，中德关系就能前进，但当经济利益和价值观冲突时，对德国来说，经济利益往往优先于价值观。

另外，德国经济也大大受益于中国经济的发展，作为人口大国的中国为德国产品提供潜在的生产和消费市场，中国经济的迅速发展、较低的工资成本和数量可观的优秀人才，吸引着更多的德国企业对华投资。而德国雄厚的资本、高质量的产品和高端的科技，正是处于经济迅速发展、走向工业化的中国所需要的，尤其在机械、汽车、精密仪器、医药等领域，德国与中国有着紧密的合作。德国需要中国帮助其渡过欧债危机的难关，中国帮助欧洲应对金融危机。欧洲经济先是受到金融危机冲击，然后又遭遇欧债危机，至今还未完全从多重打击中恢复过来。而中国则通过大量购买重债国国债等方式对欧洲表示支持。2011 年年初李克强访问欧洲期间，便与西班牙、德国和英国共签订了上百亿美元的合作合同。

自 1990 年以来中德经济关系充满活力，甚至在 2008 年爆发世界金融危机和欧债危机期间，中德之间的贸易额也一如既往地保持稳定。2011年双方贸易额达到 1440 亿欧元，其中德国出口到中国的是 648 亿欧元（比上年增长 20.4%），中国出口到德国的是 792 亿欧元（比上年增加了 2.5%）。2012 年双边贸易额也是将近 1440 亿欧元，其中德国出口到中国的是 666.3 亿欧元，德国从中国进口的占 773.1 亿欧元。中国目前是德国在欧盟以外的第二大市场，特别是 2008 年爆发欧债危机之后，中德经济关系进一步加强，事实上，中国的需求是德国经济恢复的一个重要因素。①

---

① H Kundnani, J. Parello - Plesner, "China and Germany: Why the Emerging Special Relationships Matter for Europe," *European Council on Foreign Relations*, 2012, p. 2.

2009 年来中国从德进口小轿车和越野车数量远超其他西方国家，仅 2011 年就达 16.82 万辆，占进口车的 34.10%。中国拉动德国出口客观上对德国及欧盟克服欧债危机做出一定贡献。

但是中国政府对待欧债危机的立场遭到欧洲一些媒体的猜疑或误解。英国《金融时报》评论称这是中国不愿意施舍欧洲。更有甚者，2011 年 7 月，欧洲知名的智库——欧洲对外关系委员会发表的一份英文报告《争夺欧洲》声称，中国通过购买欧洲政府债务、投资欧洲公司、利用欧洲开放市场开始对欧洲的争夺，中国在欧洲的存在使欧盟国家之间产生裂痕。① 欧洲部分舆论及政要对中国的担心表明，欧洲对中国的崛起怀有疑虑和恐惧心态；有些人一方面期盼中国参与"拯救欧洲"，另一方面又担心中国趁机向欧洲扩张势力。这种矛盾心态常常使他们对中国为帮助欧洲而扩大在欧洲的经贸活动表现出多疑和缺乏理性。② 欧洲政界和媒体在中国援欧问题上表现出来的矛盾心理，不仅反映了中欧关系中双方利益纠葛的一面，而且也表明中欧关系在深化相互信任、推动相互理解方面仍有很多工作要做。未来中欧还会在矛盾与观念碰撞中不断调整，当然合作还是会发展的。

目前，世界经济还未从金融危机的打击下完全恢复过来，欧盟成员国的经济状况还未改善。全球光伏市场出现严重的产能过剩问题，而亚洲，特别是在印度和中国，光伏产业发展迅速，市场竞争日益加剧，随之而来的便是价格下降，利润缩水，欧盟的光伏产业增长放缓，企业陷入困境。在多重压力之下，欧盟的贸易保护主义趋势也越来越强。中欧光伏贸易争端就是在这样的背景下发生的。

欧洲是中国最重要的光伏产品出口市场，同时也向中国出口大量的太阳能多晶硅和生产设备等产品。争端一旦升级，形势就会向零和博弈发展，欧洲的光伏企业也会受到很大冲击，对欧洲经济来说更是雪上加霜。欧盟权衡利弊，最后还是决定维护与中国的战略合作关系，这也算得上是达到了双赢。在中欧光伏贸易争端中德国起着重要的作用。从争端的开启到争端的终结，德国始终处于风口浪尖的位置。事实上，德国可以通过与中国在光伏产业中的分工合作缓解困境。在这次中欧光伏贸易争端中，德

---

① http://www.ecfr.eu/content/entry/advisory_ the_ scramble_ for_ europe.
② 赵俊杰：《欧债阴影下的中欧关系》，载周弘主编《欧洲发展报告（2011 ~ 2012)》，社会科学文献出版社，2012。

国始终立场明确，多次官方表态反对向中国光伏产品征收反倾销税。德国会做出这样的选择，很大程度上是出于维护自身利益的考虑。

光伏贸易争端涉及的德国经济利益巨大。中国是德国在亚洲最大的出口市场，德国也是中国在欧洲最重要的经贸合作伙伴。在2012年，中德贸易总额已达1610亿美元，占中欧贸易总额的1/3。中国还是德国最大的汽车和太阳能机械设备的出口市场。一旦欧盟决定征收高额反倾销税，德国光伏产业将再遭重创，首当其冲的就是生产上下游产品的中小型光伏企业。而中国针对来自欧盟的葡萄酒、化学品和高档汽车的"双反"调查也让德国经济界非常不安。

在政治与经济的平衡考量中，经济往往占有重要地位和分量。欧盟一直是德国的外交和经济政策的重点，德国致力于建立更加强大的欧洲，欧洲也是它最大的出口市场。德国一直努力在欧盟的集体利益与德国本国利益间寻找平衡点。对于德国来说，中国是重要的战略伙伴，双方在经贸、投资、文化、技术交流等方面有着广泛合作。面对国际金融危机，双方更是同舟共济，高层互访越发频繁。在这次中欧光伏贸易争端中，德国选择了"更少的欧洲"。除了中德贸易利益巨大这一原因外，也体现了德国对与中国的战略伙伴关系的高度重视。德国权衡利弊，选择反对欧委会决定，归根结底是为了维护自身的政治经济利益。"友好解决方案"限制了中国光伏产品的出口，实际上也符合德国的利益。

2013年德国经历大选组成了基督教民主/社会联盟（CDU/CSU）和社会民主党（SPD）新的大联合政府，中德关系将会持续稳定发展。中德还是会继续把重点放在经济关系和合作上。中德关系是不同政治制度之间、发达国家和发展中国家合作的典范，虽然有矛盾和分歧，但是经过两国恰当合理的处理之后，两国关系还是健康稳定持续发展着的。中德关系能达到今天这样良好的程度是两国人民长期努力的结果，来之不易，应该好好珍惜。

第七节　中国文化冲击西方文化堡垒

作为"文化相对主义"的对立面的"民族中心主义"是跨文化交际研究中的一个重要研究对象。该现象也可以从建构主义视角进行解读。所谓民族中心主义指的是，民族中心主义是"一个无意识的倾向，从自己团体的视角来观察其他民族，将自己的风俗和标准变成所有判断的标准"①。也就是说，民族中心主义以自己的文化为中心点，视其为放之四海而皆准的真理并以之作为评价衡量包括异文化及其成员在内的一切事物的标准。民族中心主义的集体无意识和等级排序带来的是自我群体和文化的优越感，而贬低其他文化。这是一种近乎无意识的机制②，正因为如此，通常情况下人们不知道自己的世界观具有文化特性和社会特性，而是持简单的现实主义的立场，不加反思地从认为世界"原本"就是像它看起来的那样的观点出发。③

中国在德国媒体中常常以负面形象出现在德国人面前，其最简单，也是最深层的原因，在于德国媒体及西方某些媒体的固有偏见。当然也有人把这种偏见说成是两国文化（广义）之间的差异。"不一样即危险"，这是霍夫斯台德（Hofstede）在文化纬度"规避不确定性"中提出的。规避不确定性是用来衡量一个社会对于不确定的与不可预见的事情的容忍程度。他显示出一种文化指导它的成员在非结构化情形下感到不舒适或者舒适的范围。德国是具有高度规避不确定性文化的国家，④ 人们往往将陌生的、不一样的东西视为危险的，从这个意义上说，中国与德国不一样，所以中国是"危险"的。当这个不一样的国家强大到与德国势均力敌的时候，就构成了"威胁"。

文化是西方优越感的最后一个堡垒。在跨文化交际中，大多数人都把自己的文化看作世界的中心点，当作是衡量一切事物的标尺⑤。正是由于这种文化中心主义的跨文化态度，使德国在与中国的交往中，将中国文化与其不一样的地方视为负面的。文化交流分为官方文化交流和民间文化交流，民间文化交流可以打破传统的意识形态上的差异和束缚，

① L. A. Samovar, R. E. Porter, Hrsg., *Intercultural Communication*, Belmont: Cal., 1972, S. 10, zit. n. Maletzke, Gerhard: Interkulturelle Kommunikation. Zur Interaktion zwischen Menschen verschiedener Kulturen, Opladen: Westdeutscher Verlag, 1996, S. 23.

② Usunier, Walliser, Interkulturelles Marketing. Mehr Erfolg im internationalen Geschaeft, Wiesbaden: Gabler, 1993, S. 74.

③ Gerhard Maletzke, Interkulturelle Kommunikation. Zur Interaktion zwischen Menschen verschiedener Kulturen, Opladen: Westdeutscher Verlag, 1996, S. 23.

④ Geert Hofstede, Lokales Denken, globales Handeln, 3. Auflage, München, 2006, S. 228.

⑤ Gerhard Maletzker, Interkulturelle Kommunikation: Zur Interaktion zwischen Menschen verschiedener Kulturen, Opladen, 1996, S. 23.

可以回避中西方在政治、经济上的矛盾和敏感问题，可以作为对官方文化交流的补充，可以冲破西方文化堡垒。在文化交流上，双方可以淡化意识形态的影响，比如，中国的山水风景画，中国人喜欢，西方人也喜欢；西方的油画，西方人喜欢，中国人也喜欢，这种画展可以增加彼此相互了解和理解，可以促进和加深彼此相互的认知和认同。文化交流不同于媒体交流，媒体带有更多的政治色彩，充分展示媒体代表的价值观和价值取向。双方媒体人可以互相沟通交流，但这种沟通中政治意识和意识形态表现强烈。我们可以把中国五千年文明史通过文化方式展示在西方民众眼前，他们可以通过学习中国文化，参观中国文化展览来认识中国和了解中国，中国和西方在相互认同的空间里发展平等互利和共赢的对话和交流。

随着世界经济的全球化发展，世界各国之间的文化交流日益增多，近年来，西方的一些学者开始反思他们几百年来以西方为中心的世界观、价值观及观察角度，重新审视西方国家的发展史。旧中国的贫穷落后，使当时很多中国青年到西方求学，学习西方先进技术和文化，来丰富和建设自己的国家。其中有像周恩来和邓小平、朱德老一辈无产阶级革命家到欧洲法国、德国等地勤工俭学，学得了马克思主义和先进的建设经验，为中国革命的胜利和新中国的建设做出了巨大贡献。然而，也有一些青年认为西方什么都好，全部拿到中国，但是水土不服，不管用，最终都成了"废品"。但中国很多学者和知识分子对于"西方"的心态始终是矛盾而复杂的。他们从几百年来追随西方、唯西方马首是瞻、盲目地学习西方开始转为思索起自身文化的价值以及是否有更适合自己的新的发展途径。我们毕竟要回归中国，回归自我，这就是一部分青年学者坚持要把西方先进文化和技术同中国国情结合起来，找一条适合中国发展的道路。这就是来自西方的马克思主义要和中国革命实践相结合的毛泽东思想。为了实现这一目标，中国人强调要自我修养，比如，做事做人难得糊涂，中庸之道都是在必要情形中体现出的东方智慧。而源自东方的佛教、道家学说、儒家学说等在中华大地的共存以及对其他宗教的"兼容并蓄"都体现了东方文化的包容性。中国传统伦理价值观的特色是既不以个人为本位，也不以国家为本位，而是以家庭为本位，核心是重视亲情，崇尚德性、和睦关系，妙道在始于家庭但不止于家庭，而是扩展至家国天下。《大学》中"修身齐家治国平天下"的理念，向来被中国人视为最重要的修身法则。

　　西方的民族中心主义视角受到全球化进程的冲击，欧洲中心论也受到挑战，人类社会在寻找顺应时代潮流的发展方向。中国也不例外。中国在融入全球进程中，不仅要更深入、更细致地认识和了解西方，也要更深入了解自己，做个自我解剖，需要什么不需要什么，必须进行分析和梳理，从西方引进需要的，引进必要的东西，知己知彼，百战不殆。比如，现在中德关系比较好，德国一些科技领域的技术知识比中国先进，其产品居世界领先地位。中国需要引进时，一则是德国愿不愿意给中国，因为先前的巴黎统筹委员会（简称"巴统"）和现在的瓦森纳协定都规定某些技术不允许出口到中国，中国需要，德国会冲破上述规定吗？二则是中国引进的东西要能自我消化，把引进的技术本土化，才能发挥它的作用，而不是把引进的东西放在仓库里。还有，德国人怎么看中国，德国人眼中的中国形象是什么，德国对于中国的"认知"究竟有多少？中西方在全球化的背景下加速了交流、对话，合作的脚步也越走越快，中国在西方视野中得到了进一步的关注。中国经济改革取得的卓越成绩也更加受到西学的极大关注。这为我们进一步研究西方文化，创造出更好的机会，提供了更多的方便条件，我们一定要抓住这个大好的机遇，更好地研究西方，更好地建构我们自己。比如什么是德国文化，德国文化有哪些与其他西方国家不同的地方，德国的文化习俗是什么，德国人有什么样的生活习惯等，只有认识和了解了，我们才能深入德国人群，才能深入德国社会，才能从中得到我们想要的东西。

　　中国现代文化新的内容和新的发展使命是什么，与时俱进，要用现代文化凝聚民族精神，培养民族新的气质，探讨中国历史传统文化发展模式的新道路。这是中国学者、中国文化人面临的新课题新任务。

第五章 中德认同的生成——媒体塑造的中德互视

建构主义认为，身份不同，所决定的或代表的利益就不同，对国家利益的定义就不同，也就决定了外交政策的不同。行为体一旦在互动过程中被赋予新的身份，建立起新的体系规范，那么原来所看到的国际政治版图就会发生改变，属于国家行为的对外政策也会出现相应的改变。建构主义认为，身份需要由社会承认才能形成，这是身份产生的外在构建，因而，主体认定的身份部分地决定着国家的利益和行为。行为体界定身份，具有行为体的身份要与外界发生联系，就会表露出其意图和行为体的属性。对身份的自我认同和外部对身份的认同之间存在着差别，这种差别常常会导致国家交往中的误解、冲突和矛盾。中德关系中的很多矛盾根源于此。中国人对自己国家的认知和德国人对中国的看法之间存在着巨大的落差。自我认知和别人对自己的认知的差异导致矛盾。例如对中国国力的快速发展和中国崛起的问题，中德看法不同，认知有巨大差异。在中德关系中，媒体塑造国家形象、引导民众认知的情况尤为突出。中国对德国的认识多为正面客观的认识，由于众多复杂的因素，德国媒体对中国的报道则不那么均衡，有部分积极正面报道，然而更多的是对中国认识的一种歪曲和误导。中国的国家形象在德国媒体中总是存在着被扭曲的现象，这在很大程度上影响和制约着中国和德国之间建立互信、合作机制，对于两国人民的相互了解和友谊起不到推动作用，也同时制约了中国外交活动的有效空间。

在信息化时代，国家形象更多的是通过媒体对外传播的，新闻媒体也就成了塑造一个国家国际形象的主要载体，对国与国关系起到促进和阻遏的作用，甚至可以左右社会情绪，成为世界各国进行政治交往和斗争的有力武器之一。如前文所说，观念也是现实主义奠基者卡尔所讨论的核心概念之一。他所说的三种权力的其中一种就是支配舆论的力量。他认为支配舆论的力量是观念范畴的事情，是维护或是改变人们观念和意愿的能力。① 德国媒体对

---

① 〔美〕爱德华·卡尔：《20年危机（1919～1939）国际关系研究导论》。另参见 Hayward A. Alker, *Rediscoveries and Reformulations: Humanistic Methodologies for International Studies*。

中德外交关系的大幅报道足以说明与中国保持良好关系对德国而言是极为重要的。

中德两国相距千里，从地理位置上说，两国民众比较缺乏相互了解的客观条件。德国对中国的了解可能来自零碎获取的信息。几百年前，到中国传教的西方传教士在中欧之间起到了推动文化交流的作用。德国比较有代表性的人物是伟大的科学家和哲学家莱布尼茨，他所撰写的《中国近事》是西方世界系统了解中国的一部重要著作。在书中，他带着宽容和开放的态度，提出了文化互补性之说，认为中国和欧洲分别拥有相当却不相同的文化，这两种文化构成了世界文化；中国的逻辑思考体系不同于欧洲，却是对欧洲思想的有益补充。他的观点极大地促进了德国对中国的了解。在第二次世界大战后，德国关于中国的报道主要在东西方冷战的框架内进行，带有浓重的意识形态色彩。冷战结束后，随着信息技术的发展与革新，德国媒体对中国报道的意识形态色彩并没有完全褪去，且又随着中国的社会经济发展和国际地位的提高多了些吸引眼球的色彩，如"中国威胁论"等论调。各阶层的读者从媒体中获得关于中国的感性认识，并且伴随着中德关系的发展变化进一步加强或者否定原有的认识。这构成了普通德国人对中国形象认识的基础。

在中国人的眼中，德国的国家形象一直比较正面，尤其是在第二次世界大战结束后，德国人在一片废墟上勤奋努力重建国家的"经济奇迹"和质量可靠的"德国制造"的产品一直为世人所称道。此外，德国人在第二次世界大战后从认罪，到清洗纳粹，再到勃兰特的华沙之跪，其对战争的一步步反思超出了简单的批判。中国的邻国日本曾经发动侵华战争给中国人民带来巨大灾难，然而战后日本政府对这段历史的反省远远不如德国，避重就轻，轻描淡写，有多个日本首相去供奉第二次世界大战战犯亡灵的靖国神社"拜鬼"，安倍晋三更是挑战第二次世界大战后建立起来的国际秩序，在日本复活军国主义。这样一对比，德国又令中国人不由得多出了一份好感。

第一节　德国媒体中的中国形象

一　德国媒体塑造的中国形象

在 20 世纪 90 年代中期，世界两极格局终结，社会主义阵营已经解体，中国被视作国际共产主义运动最重要的一支力量。对战后德国人眼中的中国形象产生巨大影响的当属德国的施塔林格尔（Starlinger）教授①。他认为，在中国红军1934～1935年的长征中诞生了一个新中国，在鸭绿江战役中，中国成功捍卫了自己的国家，成为一个大国。如果说成为世界大国意味着国家足够强大，能在关键时刻对抗全世界，凭自己的力量去实现目标，那么中国就算是一个大国。第二次世界大战并非由中国发起，然而它却被卷入战争并在战争结束时作为一个大国载入了世界史册，这一点也为两个超级大国所承认。巴伐利亚州前州长基社盟主席施特劳斯（Strauss）也曾说过，中国虽然与德国距离遥远，但是作为地球上人口最多的国家，以及其实力日益增强的潜力，值得长期关注。② 值得一提的还有前联邦总理赫尔姆特·施密特，1972年访华时他是第一个访问中国的德国总理，也是1990年西方国家制裁中国后首个访华的欧洲政治家，始终与中国的领导人保持着密切的联系。他所出版的关于中国的著作《未来列强》《与中国为邻》都简明扼要地阐述了中国的发展以及他对中国的理解，其清晰的思路和敏锐的判断十分具有说服力。

　　德国媒体对中国的报道并不完全与德国政治家的倾向一致。德国媒体对中国崛起的报道中不乏"黄祸"等字眼，这激发了读者的阅读兴趣乃至对中国的反感和恐慌。对于德国媒体眼中的中国形象，国内外不少学者都进行了研究。

　　德国的海因里希·伯尔基金会于2010年发表了一项题为《德国媒体对中国的报道》的研究报告。报告中指出，目前中国越来越关注德国媒体对中国的报道，在北京和上海大约有30多名德国记者每天往国内发回与中国相关的报道。关注德国媒体对中国报道的在中德国人和对德国友好的中国精英们认为，这些单向报道主要是对中国的负面报道，借用网络语言来说，是对中国形象的一种"妖魔化"③。2005年，对中国持有正面看法和负面看法的德国人各占一半。而到了2010年英国BBC电台所做的GlobeScan调研中，只有20%的德国人认为中国在世界上起到"积极作

---

① 参见 Marie - Luise Näth, Die Volksrepublik China in Deutschland, Peter Lang Europäischer Verlag der Wissenschaften, 1995, S. 24。

② 参见 Marie - Luise Näth, Die Volksrepublik China in Deutschland, Peter Lang Europäischer Verlag der Wissenschaften, 1995, S. 33。

③ 参见 Heinrich - Böll - Stiftung, China - Berichterstattung in deutschen Medien, 2010, S. 7。

用"，大约 71% 的德国人认为中国在世界上的影响是负面的。在世界各国中，德国对中国的质疑声音最为强劲。[①] 中国经济的发展使中国对世界政治和经济的影响日益扩大，引起了西方国家的担心，尽管中德之间存在各种层面上的交流，各自的媒体对对方的了解和认识仍旧决定了大多数群体对对方国家的认知。

Carda Richter，Sebastian Gebauer，Thomas Heberer 和 Kai Hafez 以 6 家纸媒（《法兰克福汇报》、《南德意志报》、《日报》以及《明镜》周刊、《焦点》周刊和《时代》周刊）和德国公法电台电视节目（《每日新闻》和其他信息节目）2008 年的所有报道作为资料来源，一共有 8766 份对华报道。之所以选定 2008 年作为研究的时间，是因为 2008 年中国举办了第 29 届奥运会，在奥运会开幕期间，西方的反华言论和海外华人及中国民众之间的矛盾激化，在国际上产生了较大影响，然而西方对中国的指责多出于误解，中国和海外华人对此的反击多出于高涨的民族主义情绪，双方的争论中并没有确切的论据。2008 年有 8766 份对中国的报道，这一数值已然表明德国媒体对中国的强烈兴趣。8000 多份报道中，根据板块内容可以大致划分为政治、经济、文化、社会领域。24.9% 的报道与中国的内政发展有关，14.0% 的报道涉及中国经济，9.2% 的报道集中在文化领域，并且报道的主题十分多样化，各不相同。在关注中国内政的报道中，少数民族问题、领土问题（西藏问题和台湾问题）以及人权状况占了 16%，政治制度的发展分析占了 2.3%，亟待解决的社会问题占了 1.8%。涉及中国经济的报道中，重点是德国企业在华经济活动及其利益的维护，对中国市场和经济环境的分析较少。

所有报道中有一半的内容涉及对中国的刻板印象的塑造，并不是在具体说明什么问题，而主要是在散布类似"流氓国家的支持者"、"气候变化的罪人"、"廉价产品"制造者等负面评价，唯独在经济领域存在比较积极的形象描述，如"具有吸引力的增长市场"、"令人感兴趣的生产区位"等。从总体来看，这些报道停留在加深、固化对中国的刻板印象中，并没有针对具体的话题去进行客观深入的探讨。可以说，在所有的媒体报道中存在着报道的盲区，例如中国的社会转型，中国的社会、教育、科学和技术几乎完全被排除在报道之外，对于中国内部发展带来的机会和问

---

① 参见 Heinrich – Böll – Stiftung，China – Berichterstattung in deutschen Medien，2010，S. 7。

题，以及中国在国际关系中的影响的关注更是微弱。这种关注模式体现出以欧洲为中心的出发点，以读者群的喜好为选择性报道的判断标准。[①] 除了新闻的时效性之外，媒体更关注信息的矛盾性、负面效应、精英的聚焦点。

德国《明镜》周刊（2006~2007年）中所呈现的中国形象，涵盖了政治、经济、社会、外交、文化、环境和体育等方面，其中在经济、政治、环境、体育方面负面评价占主导地位，在社会、外交和文化方面，中性报道占主导地位。从总体而言，负面报道占全部报道的60%。[②]

2004~2009年，德国《时代》周刊对中国经济形象的报道在宏观层面上主要关注中国崛起带来的影响，对德国企业而言到底是机遇还是挑战。另外，《时代》周刊十分关注中国的汽车工业和纺织工业的发展，因为这些工业门类容易引发中欧之间的贸易摩擦。农民工问题和中国金融服务行业问题因为其时效性和紧迫性，也吸引了《时代》周刊的注意。[③] 在其他领域，该周刊比较关注知识产权保护和环保问题。在上述报道中，负面报道占据了绝大部分，一方面是由于德国媒体运作模式的影响，另一方面也受到执政党意识形态和对华政策中价值因素的影响。

《时代》周刊的网络版在2011年对中国的报道仍旧偏向于负面。在政治外交领域，《时代》周刊网络版认为中国的崛起意味着对外扩张、称霸，对内打压政治异己者；在经济贸易领域，德国媒体承认中国经济在世界经济中的重要地位，对中国市场持乐观态度，然而也不乏讽刺之声，在欧债危机的背景下，德国希望中国出手救助欧洲走出债务危机，该周刊的网络版却在塑造一个专制的中国政府形象；在社会文化领域的报道主题偏于宏观，离普通大众的生活较远。[④]

德国《焦点》周刊2007~2008年的涉华报道中，在政治领域多关注人权问题、西藏问题、中非关系以及民主问题，着重在报道中强调西方政

①　参见 Heinrich - Böll - Stiftung, China - Berichterstattung in deutschen Medien, 2010, S. 10 - 11。

②　参见贾文键《德国〈明镜〉周刊（2006—2007年）中的中国形象》，《国际论坛》2008年第4期。

③　参见王志强《德国〈时代〉周报视角下的经济中国形象（2004—2009）》，《德国研究》2009年第4期。

④　参见李晓梅《德国媒体报道下的中国形象——以〈时代周刊〉为例》，上海外国语大学硕士学位论文，2013。

治制度的优越，凸显比较负面的中国形象；在经济领域中国被描述为可与西方国家相抗衡的大国，中国的发展对西方世界构成了威胁，并且带来了一系列社会问题如贫富差距拉大、环境污染、产权保护不佳等，也塑造了比较负面的形象；在社会文化领域的报道也趋于负面，并对中国政府的相关政策提出批评。从总体上看，该周刊塑造的是一个负面的中国形象。[①]

二　德国人看中国

长久以来，西方文明发源地的人们一直用一种居高临下的姿态审视着作为东方文明发源地的中国。那时候，他们只是从西方报道中知道中国，中国被称为"中央帝国"（Reich der Mitte），是一个神秘的东方大国。一旦他们进入中国，呈现在西方人面前的是一个破败不堪的中国，城市里的达官贵人"朱门酒肉臭"，而穷人们则沿街乞讨，"路有冻死骨"，一片凄风苦雨景象。1840～1842 年英国发动对中国的侵略战争，即"鸦片战争"，当时腐败的清朝政府被迫签订《南京条约》，向英国侵略者割地赔款。1900 年八国联军发动侵略战争，强迫清政府签订不平等的《辛丑条约》，联军杀人放火，奸淫抢劫，无恶不作，连八国联军总司令瓦德西也供认，"所有中国此次所受毁损及抢劫之损失，其详数将永远不能查出，但为数必极重大无疑"。清政府向各国共赔款 4.5 亿两白银，本息共 9.8 亿两白银。如今，中国的崛起让世界瞩目，同时也让欧洲人感到困惑。

拘于历史条件，西方对中国的认识和了解主要是通过媒体获得的。将中国介绍到欧洲的第一人是意大利人马可·波罗，当时他随父亲和叔父来中国经商，并著有中国游记，13 世纪末，该游记轰动了西方世界，在欧洲制造了中国的宏大形象。马可·波罗之后还有英国人曼德维尔著的《曼德维尔游记》，将中国构建成一个人间天堂。14 世纪德国圣方济会（Franziskaner）来中国传教。16 世纪在西方世界掀起了一股中国热潮，其时来华行使传教使命的耶稣会士们对西方了解中国起了重要的推动作用。明末清初来中国的传教士中，德国传教士汤若望（Johann Ad-

---

① 参见李菲菲《德国媒体中的中国形象——以〈焦点杂志〉为例（2007—2008）》，上海外国语大学硕士学位论文，2010。

am Schall von Bell）官至钦天监正，是众多西方来华传教士中的佼佼者。此外，德国学者莱布尼茨和法国思想家伏尔泰，他们把当时的中国描述为统治者英明，富庶、强大、开化的国家，以此针砭欧洲四分五裂的弊端。18世纪欧洲工业革命，科技生产迅速发展，航海业也随之发展，越来越多的商人来华进行商务活动，对中国的了解也越来越多。当时，中国处在封建社会，封建统治甚至影响并阻碍经济发展，德国古典主义代表人物康德、狂飙突击运动代表歌德以及稍晚的两位德国古典主义哲学家黑格尔和谢林（Schelling）对中国多持否定和批评态度。鸦片战争时期，中国受到西方列强的侵略和欺负，中国在西方人眼里从一个繁荣富强的形象跌落到一个落后衰败的中华帝国。第一次世界大战后，德国战败，为了走出困境，德国把目光转向中国，德国汉学家卫礼贤（Richard Willhelm）、社会学家马克斯·韦伯（Max Weber）和哲学家施宾格勒（Oswald Spengler）等，他们大大赞赏中国文化，认为应该利用东方智慧救治西方现代文明中的种种弊端。1949年中华人民共和国和德意志联邦共和国成立后，分属东西两大阵营，相互敌视，中国由"黄祸"变成了"赤祸"。1972年10月中德两国建立正式外交关系，中国在德国眼里不再是单纯的敌对势力，而是牵制苏联的一股重要力量。中国改革开放，又成为德国的一个重要出口市场，两国贸易也不断发展。20世纪70年代，德国出现了"中国热"。然而，1989政治风波后，中国在西方再次被"妖魔化"，又变成了"邪恶帝国"，两国关系降到冰点。90年代初，中国改革开放，经过30多年努力，经济迅猛发展，又出现"中国威胁论"。德国虽然看重中国大市场，但德国媒体对中国的印象仍然以负面为主。"中国的形象是一个在政治上和经济上崛起的、一党专政的专制共产主义制度的、人口基数巨大的帝国。"于是，出现了中国模式和西方模式之争。在国际金融危机中，中国率先走出经济危机而继续保持9%的经济年增长率，西方步履维艰，困难重重。西方总自以为是，把自己当作中国的示范。结果是，中国经济并没有深陷危机，而是继续保持稳定增长，"中国模式"受到广大发展中国的欢迎，"中国的市场经济和列宁主义的结合、经济多样性和严格的一党专政结合，会被发展中国家越来越多地视为能够替代民主的具有诱惑力的选择"，"中国对经济的理解现在甚至在西方也受到政府和银行系统的追捧，中国在政治上的影响范围也得到扩展"。德国媒体中开始出现质疑西方模式的优越性和有用性的声音。

有些德国人把中国说成是威胁西方的"黄祸"，当中国经济发展了，又直接出现"中国威胁论"，这在德国曾经不绝于耳。"中国的崛起证明，即使变化发生在世界的另一端，如果不能对其予以足够重视，并做出及时恰当的反应，很可能会吃大亏"，"13 亿中国人都在同一时间奋力向上，在过去的数十年中，这是他们不能做，也无法做到的。中国人虽然是被西方强行拖入了自由市场经济的竞争，但是他们很快便掌握了市场经济的运转机制，并巧妙地利用了资本主义的力量"，"中国——这个距离德国万里之遥，正在重新崛起的大国，对年轻一代德国人的生活所产生的影响，很可能比德国国内争论不休的诸多问题的影响更为深远。德国未来的命运和走向，更多地决定于遥远的中国"，"中国在有意无意之间，已经利用全球化编织起一张严密的网络，将我们笼罩在其中，使我们难以摆脱对它的依赖"①。2013 年 2 月 3 日德国发展援助部长尼贝尔（Dirk Niebel）接受德国《世界报》（Die Welt）采访时称赞中国对非洲的援助并希望加强与中国的合作，他强调说，"中国的基础设施援建，远不止开采资源；总体而言，这些援建项目对非洲国家有着积极的作用，兴建的铁路、港口、机场对这些国家帮助良多"，"中国与德国应当在该领域开展合作，共同促进非洲国家的发展。德国的价值取向以及丰富经验，与中国的成功发展道路可以有效地相互结合"。在德国媒体对外国事务的报道中，中国占据越来越重要的地位。对于许多德国媒体来说，这些德国媒体把报道中国列于最重要的位置，仅次于对欧洲和北美的报道。这是因为一方面，中国卓有成效的发展和现代化成就令人惊叹；另一方面，西方世界敏感地惧怕这个新的竞争者。②

除了报道中经常使用此类负面词语之外，德国的媒体也有对中国不友好，甚至反华的。德国《画报》2008 年 4 月 4 日的一期严重歪曲当年 3 月 14 日在西藏自治区拉萨市发生的打砸抢烧暴力事件，多次将尼泊尔警察在加德满都驱散游行示威者的图片进行剪接、拼凑，然后加在对北京奥运会的报道中，标题用了"西藏事件升级，应该抵制奥运会吗？"，攻击西藏警察，煽动反华情绪。《德国媒体的中国报道》一书，不久前

---

① 弗郎克-泽林：《中国密码：一个德国人眼中的神秘中国》，贵州人民出版社，2009，第 5 页。
② Carola Richter und Sebastian Gebauer, Die China – Berichterstattung in den deutschen Medien Heinrich – Boell – Stifung, 2010.

由德国海因利希·伯尔基金会出版。书中说，2008年这些德国媒体发表的8000多篇有关中国的报道中超过一半属于概念化、模式化的报道，对有关中国的题材缺乏深入探讨，不假思索地传播固有的想法。调查发现，德国媒体关于中国的报道有明显的"盲点"，特别是几乎完全排除了对中国社会变革至关重要的社会、教育和科技领域的报道。即使那些常报道的领域也表现出"欧洲中心主义"的视角。调查还显示，德国媒体对中国内政的报道大量集中于西藏、台湾等领土话题及人权状况。虽然冷战早已结束，但西方媒体人仍然用冷战思维观察中国、报道中国。在西方媒体眼里，中国的改革开放及其所取得的世人公认的成就，让世界刮目相看的中国人民生活水平的提高都不算新闻，而只有落后、脏乱不堪的东西才是他们眼中的新闻。中国外交部及其相关部门经常组织外国记者到其他城市或农村参观访问，这些西方媒体人对新人新事新面貌常常不感兴趣，而到处捕捉一些早已为人们丢弃或忘记的旧东西或脏乱的东西。西方媒体人对中国政府或相关部门提供的新闻不感兴趣或不太感兴趣，而总企图从一些持不同政见者那里找到对中国政府所谓不好的新闻。对中国少数民族状况、中国人权改善的事实、公民权的改善和提高，他们或视而不见，或戴着有色眼镜看问题，向其国内受众报道和传递错误信息。

中国研究人员还通过对上述媒体记者、编辑的问卷调查发现，导致中国报道"失真"和错误的原因是多方面的，但他们的报道中充满了冷战思维残余的影响。西方国家与中国社会制度不同，意识形态不同，历史文化和价值观不同，看待对方的角度不同，因此看到的东西当然也就不尽相同。但不尊重客观事实或持政治偏见，才是西方媒体错误报道中国的真实原因。在德国重新统一前，世界上曾存在东德和西德两个国家，西德实行资本主义制度，东德属于社会主义阵营，实行社会主义制度，因此，德国人在看中国时往往将中国与东德比较，这种惯性思维自然也反映在德国媒体的报道上。20世纪90年代初，一位过去在中国任教的老师再次来中国访问，他还自备如湿巾纸、咖啡等许多生活用品。他一个人上街，逛了大小各种商场商店，发表感慨说，中国变化太大了，他仍用旧眼光看今日中国，是大错了。中国朋友对他说，在你们国家有的东西，我们这里也有，什么样的生活用品都有。他们对中国发展有恐慌心理，里希特说："我们发现一些德国媒体有关中国的报道中，流露出对中国崛起的一种恐慌。从中德关系、中国与非洲的合作、经济话题，到中国在气候变化中扮演的政治角色，德国媒体的报道探讨的通常都是‘中国是西方或者德国利益的敌手’。"里希特指出，中国的经济成就取得了西方前所未有的广泛关注，中国日益增长的重要性和世界地位，也让很多德国人感到担忧和不适。德国总认为，中国得到了什么，他们欧洲就会输掉什么。这种报道中国的心态尤其在报道中国与非洲的合作中更为明显。此外，不少西方驻中国记者不懂中文，不能直接和中国人交流，不能拿到第一手中国资料，而多半是二手货或道听途说得来的马路新闻。对此，德国学术界也表示愿意与德国媒体加强合作，做不带偏见的报道。对于研究结果，里希特表示，德国媒体存在的最大问题是报道主题存在很大局限性。"德国媒体报道中国的面太窄了，它们绝大多数情况下只会选择关注冲突、灾难等带有冲突性的报道题材，而诸如中国在社会、科学、文化方面的发展与进步等主题则通常会被德国媒体忽略掉，而这些方面的新闻恰恰是能够展现中国更完整形象的。"里希特说，这样的做法多少会导致德国报纸和电视中出现被扭曲的中国形象，但他们在研究中没有发现德国媒体故意地歪曲中国形象。

在中德交往中，西藏问题经常成为损害中德关系的不利因素。"人权问题"成为两国关系中不可回避的问题。媒体中的中国政治形象偏负面，经济形象具有双重性：一方面中国的经济发展与繁荣为西方国家提供了巨大的销售市场；另一方面中国被视作可以抗衡西方的工业大国，给西方世界带来了威胁，同时中国的经济发展带来了贫富差距拉大、环境污染等棘手问题。①

虽然中国近些年来在政治民主建设和人权建设方面已经取得一定进展，但是西方主流观点及舆论依然认定中国是"专制国家"，甚至有极少数人出于偏见及无知宣传奥运会不该在"专制国家"举行。西方并不把中国等同为"社会主义国家"，或者说并不认可中国自己的称法，而是将中国称为"共产主义"或"共产主义国家"（实应译为"共产党国家"），虽然中国自己并不这样看，也不这样称呼。

---

① 参见李菲菲《德国媒体中的中国形象——以〈焦点杂志〉为例（2007—2008）》，上海外国语大学硕士学位论文，2010。

第二节　中国媒体中的德国形象

一　中国媒体塑造的德国形象

媒体对于报道对象的关注，除了考虑新闻效应之外，往往会首先关注世界上影响力比较大的国家。因此，在国际领域的报道中，美国是中国媒体关注的一大焦点。作为资本主义世界的头号大国，美国无论是在外交事务还是在内政、社会生活方面，无论是被推崇、被借鉴还是被批判，始终占据着较大的版面。此外，媒体关注世界上还存在战争和危机的国家和地区，世界和平是关乎每个人的福祉。在欧洲板块内，欧盟的一体化进程是欧洲统一的成功尝试，其中的领军国家德国影响力不容小觑。然而，德国经济社会发展比较平稳，在国际上以工业制造和贸易出口闻名，政治方面的影响力较弱，中德关系稳步发展，双方并没有尚待解决的历史问题，在很多方面拥有巨大的合作空间，因此，中国媒体对德国的报道不如前两个板块内容多，报道口径也比较一致，以中性报道为主。

目前关于中国媒体中的德国形象的学术研究越来越多，各学者分别选择了中国比较有代表性的媒体进行了内容分析。

樊荣的论文《2000~2002年中国官方媒体中的德国形象》以《人民日报》、新华社和《光明日报》为语料，分析了以下几个层面上的德国形象（见表5-1）。

表5-1　德国国家形象

	德国国家形象
政治和外交	承认在二战中的罪责，深刻反思历史，防止右翼极端主义复活； 在中国台湾问题上，基本上坚持了一个中国的政策，构成中德外交关系的基础； 阿富汗战争和伊拉克战争中对使用武力的谨慎考虑； 1999年联盟党的捐款丑闻； 这些报道塑造的德国形象深受中国外交政策导向的影响，而外交政策又受到中国政治的制约

	德国国家形象
文化和社会	德国人的日常生活中有趣且不同于中国的地方，还包括德国移民规定，德国的教育、科技、体育等方方面面，这个层面上的报道比较少受到中国外交政策的限制，在这几个方面德国的形象比较中性
经济	经济环境和经济政策是报道的重点，此处体现出来的德国形象比较中性，欧元的引入及其面临的问题是中国关注的焦点
中德关系	通过报道中德领导人的频繁互访和双边合作项目，塑造了一个对中国十分友好的德国形象，容易引发对德国的好感

资料来源：樊荣著《2000～2002中国官方媒体中的德国形象》，上海外国语大学硕士学位论文，2005。

向兢的硕士论文《〈环球时报〉德国国家形象的呈现与建构》以2007～2008年的《环球时报》中对德报道为语料，分析了该报报道中的德国国家形象，其主要呈现为三个维度：①走向对华合作的德国；②作为批评者的德国；③多重面孔的德国（见表5-2）。

表5-2　德国国家形象的三个维度

德国形象	政治外交领域的报道	经济贸易领域的报道
走向对华合作	《环球时报》强调德国与中国之间的关系波动对德国政治的形象塑造不利，对德国政府自身不利	在经贸方面，德国是中国在欧盟内最大的贸易伙伴，《环球时报》并不讳言在中德关系中起着关键作用的经济利益考量
批评者	中德两国意识形态上的差异导致摩擦，《环球时报》呈现的是对德国官方媒体的温和指责，对民间媒体的指责更加直接和激烈，如认定其报道是"反华辱华"言论；认为德国媒体不友好，报道存在偏见	
多重面孔	对中国奥运的负面报道和政府高级官员访华潮相继出现，德国国内也存在严重的争论；对中国军队抗震救灾有正面报道，但也丑化解放军进入西藏；提倡人权、自由，又恶意解读中国的救灾行动	基本趋于正面报道，就是否继续向中国提供发展援助存在争议，最终于2009年停止对华发展援助

资料来源：向兢著《〈环球时报〉德国国家形象的呈现与建构》，中国青年政治学院硕士学位论文，2008。

2012年，一项研究选择了中国四家主流媒体——《人民日报》、《环球时报》、《光明日报》和《南方周末》——作为语料来源。这四家媒体中，前三家都是中央机关报纸，《南方周末》是省委机关报纸，四家纸媒都是中国目前最具有影响力和代表性的媒体。在梳理和分析了这四家媒体从 2012 年 1 月到 6 月对德国的报道资料后，该研究小组从政治、经济、文化、社会四个方面深入分析了对德国报道的数量和性质。

在这四家媒体的对德报道中，关于德国政治领域的报道所占比例较大，占语料的百分比最大。其中关注重点在于德国外交事务和德国国际国内的政治发展，这三者加起来占据了整个政治报道的 98%，对于德国军事的报道数量非常少，不到 2%。在这些报道中，中性报道占 58%，正面报道占 22%，略多于负面报道。尤其在涉及欧债危机时，被媒体塑造出来的德国既是一个动力十足的欧洲一体化的火车头，又是一个手段强硬的欧洲领导者。媒体报道中常用"引导整个欧元区"和"必将扮演核心角色"等字眼来描述德国在欧洲克服欧债危机过程中的角色和作用。对于政治领域的德国形象，中国媒体的报道比较客观，正面报道的数量十分可观。差异的根源在于德国大众传媒和中国大众传媒的运作方式不同。

四家媒体的对德经济报道占全部报道的 18%，并且主要集中于德国的经济贸易问题、欧债危机和德国的就业问题。在德国的经贸领域一半以上的报道都是正面报道，介绍和展示了德国的经济特点以及雄厚实力。德国的汽车工业和机械制造享誉全球。希腊、葡萄牙、西班牙等国家遭遇严重债务危机，而且危机不断蔓延扩大，德国一方面采取严格措施力图克服危机，另一方面积极开拓国际市场，特别是在中国，中德贸易在推动德国经济发展中起的作用越来越重要。在关于德国劳动力市场问题上，基本没有负面报道，对德国解决就业问题的政策十分认可。在经济衰退时，德国的莱茵兰式资本主义运作方式使德国企业没有一味地裁员增效，而是通过短时工作政策保留和继续培训员工，等到经济露出复苏苗头，立刻可以顺利衔接，无缺乏人工之虞。在这一部分的报道中，德国的国家形象被塑造为：自身经济实力雄厚，保持良好的经济发展态势，灵活的就业政策降低失业率，保证国内经济和内需的稳定；对外积极承担大国责任，寻求对策，力图为欧盟经济稳定创造条件。

社会文化部分的对德报道主要集中于体育、教育、文学、社会生活、能源、法律等领域，报道中对德国或者德国政府并没有明显的批评，大多为就事论事，从现象上去描述德国社会文化生活中的具体事件，并没有深刻的剖析或揭露。总体而言，这一领域内的德国形象特点是：教育质量突出、体育文化生活丰富、注重生活质量、关心民众福利、强调法治国家建设。

综合上述各个方面的德国国家形象，我们看到的德国是对内照顾民众福祉、对外承担对欧盟责任、经济实力强大、科技发达的一个西方福利国家。因而中国的普通百姓对德国大多持有比较正面的印象，希望中德关系不断向前发展。德国总理默克尔 2010 年 7 月 17 日访华时恰逢其 56 岁生日，在她参观西安秦兵马俑博物馆时，周围的中国游客自发喊起了 "Happy Birthday（生日快乐）!"，用一阵阵掌声和欢呼声欢迎默克尔来到中国。德国在中国人中的形象由此可见一斑。

二　中国人看德国

1988 年中国专家、学者、记者写了一本《中国人看联邦德国》，介绍中国人怎么样看德国。德国总理科尔为本书撰写前言，"中国人民的热情好客和建立在几千年传统基础上的、面向未来的进取心给我留下了深刻的印象"，"我们德国人高度评价中国的缓和政策，中国越来越愿意在亚洲和全世界起稳定局势的作用"。这本书的撰写者认为，在中国人眼里，"德意志联邦共和国在中国已不是一个陌生的名字，她是一个美丽富饶且有魅力的国家"，"德国人民举止有礼貌，办事讲信誉，这是闻名世界的'德国彻底性'"，下飞机后 "一进入联邦德国，就如进入一个花园城市，法兰克福是一个花园，波恩更是一个大花园，即使作为经济城市的汉堡，也是一个花园，至于在阿尔卑斯山脚下的慕尼黑，就更不用说了"，德国人 "守法而好客"，"都是彬彬有礼，对人谦谦然的"，德国人 "爱读书"，据报道，一个只有 300 人的韦德尔小城市，平均每人每年从图书馆借阅 6 本书，读者占联邦德国人口高达 6% 的《明镜》周刊每星期都要推出 10 部文学和专业畅销书。行车在高速公路上，"高速公路像一条抽不断的黑灰色的绸带，在我们脚下迅速向后闪退。坐在时速 180 公里的汽车上，颇有'两岸猿声啼不住，轻舟已过万重山'的感觉"，"告别莱茵河畔的时间越长，对这个美丽国家怀念也越强烈。留在我脑海中的，有科隆大教堂举世无双的巍峨身影，有汉堡阿尔斯特湖上雪白的风帆，有法兰克福充满着古典气息的歌德故居，有艺术文化之城慕尼黑的多彩的音乐和戏剧生活……然而我要说，比这些更迷人、更使我受到启迪的是学校，是这个国家很有章法也很有生气的教育事业"，在联邦德国"所到之处，给我们一个突出的印象，那就是无论城市还是乡村都掩映在花卉、草地和林木之中。这是一个充满绿色、公众环境意识极强烈的国家"①。

德国人的严谨反映在三个方面。第一个方面，守时，这已经成为他们国民素质的一个组成部分。第二个方面，做事情很守规矩，严格按照程序办事，有板有眼。第三个方面，诚信。②

中国与英、法、德、意等欧洲大国有着长期密切的友好交往。欧洲联合的步伐不断加快，对外用"一个声音"说话声调也日益提高，放弃"各自为战"的做法。中国不仅要继续做好与欧盟大国的友好交流，也要加强与新入欧盟的中东欧国家的交流与合作。中国改革开放发展的红利，不仅让欧盟大国分享，也应让欧盟中小国家参与享受，只有这样才符合欧洲国际关系发展的现状，而不是此热彼冷，造成欧盟中小国家对中国的不满和彼此间的隔阂。中德关系经受住了时间和国际风云变幻的考验，总的看已经步入成熟、健康、稳定发展的轨道。双方要做到"在竞争中合作，在合作中竞争"，交往技巧上仍然需要不断改进。③

第三节　中德互视与双边关系的发展

一　欧债危机中两国媒体对中国行为的解读

德国媒体被视为国家的第四种权力，如今的社会已经成了媒体社会，媒体在国家社会中的作用举足轻重。2011年9月，在大连的世界经济论坛上，中国总理温家宝表示，中国不是欧洲的拯救者，欧洲不应抱有过大的希望。每个国家都应当承担与自己身份相应的责任。中国愿意在欧洲加大

---

① 王晨主编《中国人看联邦德国》，山西人民出版社，1989。

② 卢秋田：《回顾与思考——纪念中德建交40周年》，载顾俊礼主编《中德建交40周年回顾与展望》，社会科学文献出版社，2012，第63~65页。

③ 董玉洁：《中欧互视，怎样才能"对上眼"——专访国际关系学院院长陶坚》，《世界知识》2012年第6期。

投资，同时要求对方承认中国的市场经济地位。①

德国《明镜》周刊（*Spiegel*）网站 2011 年 9 月 13 日发表文章称，中国和俄罗斯愿意救助欧元区国家。中国外长强调，中国将会和欧洲国家合作，以克服金融危机。欧洲将仍旧是中国最重要的投资市场之一，中国会继续扩展金融和经济方面的合作，共同应对金融危机。中国希望，欧元区国家采取有效措施来保证中国的投资安全。②

2011 年 9 月 15 日，德国《焦点》（*Fokus*）网站发表文章，称欧元区国家希望中国帮助他们度过债务危机。不过一方面中国不会完全令他们如愿以偿，另一方面中国也不会袖手旁观。中国将在自己能力范围内购买欧洲国家的国债，同时中国也强调，工业国家应当实施具体政策，来承担自身应尽的责任。③

2011 年 10 月 24 日，N－TV 新闻台发表文章表示，中国参与应对欧洲债务危机，目的是稳定欧元，中国如若挽救欧元的命运，将是一笔不小的开支。④

2011 年 10 月 28 日，《法兰克福汇报》（*Frankfurter Allgemeiner Zeitung*）发表关于欧债危机的文章，称中国愿意救欧元，但是中国政府仍有犹豫之处——投资多少金额，以及获得什么样的政治回报。中国在欧洲的政治影响力是否也会随之增长，中国会如何利用这种影响。诸如此类的问题，不仅仅是中国要考虑的问题，同样也是德国亟待思考的问题。从中方的表态可知，中国会在欧洲进行投资，不过要好好权衡投资是否值得。中国时任外交部副部长傅莹表示，在中国看来，欧盟必须首先自救，不应对其他国家抱有过高的期待。在很多场合，中方也表示，中国会向欧洲伸出援助之手。然而，救助意愿和实际行动之间毕竟存在差距，这一空间也说明，中国期待通过投资获得一定的回报，比如说不再对被低估的人民币持批评态度。⑤

① http：//www. stern. de/wirtschaft/news/schuldenkrise－der－eu－china－daempft－europas－hoffnungen－1728008. html，2012 年 4 月 6 日检索。

② 参见 http：//www. spiegel. de/wirtschaft/soziales/0，1518，786058，00. html，2012 年 4 月 6 日检索。

③ http：//www. focus. de/finanzen/news/staatsverschuldung/schuldenkrise－china－sieht－sich－nicht－als－euro－retter_ aid_ 665553. html，2012 年 4 月 6 日检索。

④ 参见 http：//www. n－tv. de/wirtschaft/China－mischt－sich－ein－article4601636. html，2012 年 4 月 6 日检索。

⑤ 参见 http：//www. faz. net/aktuell/politik/ausland/europas－schuldenkrise－china－mit－vielfaeltigen－interessen－11509892. html，2012 年 4 月 6 日检索。

2011 年 12 月 1 日，该报网站再次发表题为《中国将不会救欧洲》的文章。文中引用了傅莹的表述称，认为中国应该救欧洲的想法是站不住脚的，中国不会动用巨额外汇来救助欧洲，因为这些外汇并不是总理或者财政付账能用的钱，而是为应对例如 1997 年金融危机那样恶劣的情势所做的储备。①

2012 年 1 月，时任中国副总理王岐山在中欧经济贸易对话中表示，继希腊和西班牙之后，中国将继续帮助其他欧盟国家度过欧债危机。欧洲市场将此视作对欧元的信任信号。不过，中国并非毫无其他目的，它希望借此稳固其最大的贸易伙伴，并增强中国的影响力。②

2012 年 11 月 6 日中国《环球时报》发表文章指出，从今年年初起，欧盟对中国出口到欧洲的产品挥舞起一浪高过一浪的"双反"调查，对中国产品进行反倾销调查。欧盟对中国的日用陶瓷、有机涂层钢板、自行车、光伏产品等进行反倾销调查。只要欧债存在，就业形势不好转，欧盟对中国产品的所谓反倾销就不会消停。

在 2012 年，中国社会科学院欧洲研究所举办的"欧洲债务危机背景下的中欧关系"研讨会上，孙彦红指出：自 2008 年下半年国际金融危机爆发至今，欧盟经济遭受了金融危机、经济危机、债务危机的一波又一波的冲击，目前看来，甚至不排除陷入第二次金融危机与经济收缩的可能。在此背景下，中欧贸易关系也表现出两个新的特点。第一，贸易摩擦增多，主要表现为欧盟对自中国进口产品发起的反倾销次数增多，同时又开启了一种新的贸易保护措施，即反补贴调查及相应地征收反补贴税；第二，中欧贸易在高附加值产品领域的竞争性有所加强，除传统的劳动密集型产业外，欧盟还对自中国进口的部分高技术产品进行贸易救济措施调查，典型的例子是对来自中国的无线数据卡（涉及华为、中兴等大型企业及大量中小企业）先后发起反倾销、反补贴和保障措施的"三反"调查。

中国社会科学院欧洲研究所张金岭认为，欧债危机首先会不可避免地影响到中欧之间的经贸关系。此外，我们还应当意识到，债务危机持续发

---

①   http：//www. faz. net/aktuell/wirtschaft/schuldenkrise - china - wird - europa - nicht - retten -
11548713. html，2012 年 4 月 6 日检索。

②   参见 http：//wirtschaft. t - online. de/schuldenkrise - china - hilft - europa - und - sich -
selbst/id_ 43812232/index，2012 年 4 月 6 日检索。

酵，让欧盟遭受了严重的经济和社会危机，这在客观上加重了欧洲对于中国的需求。在此背景下，中欧之间应当本着互信互利的原则，深入分析和探讨中国所能发挥作用的危机解决之道，寻找增强双边合作的举措，既要继续巩固中欧之间以经济为主导的战略伙伴关系，又要拓展双方在政治与社会等方面的合作。我们要清醒地意识到，欧债危机在某些层面上暂时地掩饰或是缓解了中欧经贸关系中已经存在的摩擦与纠纷，但这并不意味着危机过后这些摩擦与纠纷会消失，待危机得以解决之后，它们继续增长或深化的可能性很大。中国应当在此背景下，寻找和谋求新的双边合作框架，以最大限度地避免这种现象的发生。中欧关系在欧债危机的背景下调整和深化，有利于全球化进程中世界多极化的深入发展。

2009～2010年，发源于美国的金融危机已经波及全球，欧洲又陷入债务危机，此种背景下德国媒体中的中国形象略显出动态变化特征。中国的经济模式遭到质疑，中国能否安然度过危机成为验证西方预言中国模式失败准确与否的力证。随后，中国经济模式得到初步认可，越来越多的德国人认为中国能够克服经济危机带来的困境，也能帮助德国摆脱危机的负面影响；最后中国经济模式被视作威胁，德国既不想接受这种变化，又不得不接受这种变化。这种动态变化的中国形象体现了德国自身在危机中对利益和两国关系的考量，带有明显的欧洲中心观，担心外来者对自身构成威胁。[①]

综合各学者的研究成果不难看出，德国对中国的猜疑心态较重，对华政策也常常有不同的侧重，因不同的政党执政而体现出比较明显的差别。但本质上，政党的倾向都是为了实现本政党的利益，并且增强政府的外交回旋余地。各个合力造成的最终结果才是真正的对华政策。中国媒体对德国的报道与德国媒体对中国的报道很不平衡，话语权主要掌握在德国媒体手中。[②]

二　德国媒体舆论的力量

根据传播学中的规范理论，在现代社会里，大众传播媒体充当着价值

---

① 参见周海霞、王建斌《经济危机时期德国媒体中的动态中国经济形象——以德国主流媒体〈明镜〉周刊和〈时代〉周报2009－2010年涉华报道为例》，《德国研究》2011年第1期。

② 参见周海霞《从跨文化视角看"中德媒体对话"》，《德国研究》2009年第1期。

观念、道德伦理的选择者和创造者的角色。也就是说，电视媒体和其他媒体通过"建模"，在受众的观念中形成一种可以学习的、能解决问题的方式方法等，从而树立一种文化规范。媒体提供的阅读内容既影响到社会的价值取向，也对塑造什么样的社会风气影响深远。大众媒体对大众的影响是潜移默化的。

人们习惯上把新闻媒体称为"第四大权力"，对政府、各类官员、商业，可以说对各行各业的违法或不公正的事件（相对说，任何地方没有绝对的公正）起到监督的作用。西方媒体是西方人的喉舌，媒体的宣传力量让人们注意自己的言行。西方媒体内容涵盖方方面面，从而控制社会舆论的中心和舆论导向，达到左右社会舆论的目的。联邦宪法法院强调指出，"自由的、不受公共权力操纵、不受检查的新闻工作是自由国家的基本因素"。在大众媒体尤其是在互联网迅速发展的环境下，大众媒体的影响力正渗透到社会公众生活的各个领域，可以说是无孔不入。联邦宪法法院所说的"新闻自由"也是相对的，而不是绝对的。1989 政治风波后，中国遭遇到西方包括德国众多媒体的抨击，妖魔化中国。一位德国高级研究人员作为旅游者来华（当时德国政府不允许德国政府官员或相当于官员的人士来华）访问后回国，写文章说明中国"风波"真相，希望在《法兰克福汇报》上发表被拒绝。

德国 1949 年通过的《基本法》规定新闻自由的合法性，并禁止进行新闻检查，成为媒体发展的一大保障。《基本法》第五条规定了自由发表意见的权利，其中第一款规定，"每一个人都有以语言、文字和图画自由地表达和传播自己意见的权利"。德国社会学家乌·冯·阿勒曼认为，如果没有来自公众舆论的监督，仅依靠法律体系、议会等力量，德国社会不会像现在这样清廉。这说得很中肯。德国影响最大的媒体是新闻杂志和公共广播电视，这类媒体多有自己的调查性专题，这些调查性文章起着对国家权力和商业权力的监督作用。其中以《明镜》和《焦点》杂志影响最大，前者发行量达到 100 万份左右，后者也有 80 万份上下。《明镜》周刊创办于 20 世纪 40 年代末，创办人鲁道夫·奥格施泰因（1923－2002）是德国赫赫有名的记者和新闻斗士。半个多世纪以来，《明镜》周刊经常报道和披露一些腐败丑闻，受到百姓的欢迎。

在媒体的作用中，其监督作用尤为突出。今天大众媒体舆论起到很大的监督作用。媒体监督是指报纸、刊物、广播、电视、互联网等各种媒体对违法违纪进行揭露报道、抨击分析、提出改进意见等，并对国家的各种廉政反腐建设进行宣传报道，对国家行政机关、司法执行进行监督。然而，媒体监督是一把双刃剑，缺乏监督或运用不当，也会对司法公正造成负面影响。媒体监督是法治国家建设民主政治的内在要求。民主政治意味着大众对公共政治的有效参与和对国家行政的监督。大众个体难以实现监督的权利，可通过媒体发表文章、记者采访行使监督的权利。德国电视ADR台每周日13：15～13：45有个栏目《一周新闻》，曾报道过《黑钱》的专题，内容是揭露德国政党在选举或其他一些事务上的贿赂问题。"纪尧姆（Gunter Guillaume）事件"就是由德国《明镜》周刊披露出来的。纪尧姆原来在民主德国国家安全部下属的一家出版社工作。20世纪50年代中期，根据上级指示，纪尧姆偕妻子潜入西德并加入了德国社会民主党，他勤奋好学，善于交际，1969年大选中社会民主党胜选，他很快被提升为当时勃兰特总理的首席助理，西德和北约的大量机密悄无声息地流入到民主德国和华约组织。1974年4月纪尧姆的间谍活动败露，犹如石破天惊，在西德政坛上引起强烈地震，勃兰特被迫下台。

　　还有，1950年联邦议会表决波恩为德国首都时的议员受贿丑闻；1962年北约代号为"FALLES 62"的军事演习，质疑联邦国防的防御能力；1987年石-荷州州长受贿事件；1991年巴符州长因由一家私营公司出钱旅游而被迫下台；1993年联邦刑侦局长因一次缉捕行动失败和联邦内务部长辞职；2002年慕尼黑黑钱事件。慕尼黑黑钱事件是一起发生在慕尼黑足球界的丑闻。2002年秋季赛前，勒沃库森队传出一则轰动的消息说，队长诺沃特尼和前主帅道姆同时被卷入一桩黑钱案。这事首先被巴伐利亚《南德意志报》披露出来。巴伐利亚是勒沃库森的死对头拜仁慕尼黑的所在地。此外，还有诺沃特尼涉嫌偷税案。28岁的诺沃特尼被称为德国球员的表率，平时他烟酒不沾，业余时间也只是打打乒乓球、玩玩电脑而已。德国媒体以前甚至开玩笑说，"要是哪天诺沃特尼出点丑闻就好了"。就连诺沃特尼自己都承认，"我是德国足坛上最不受注意的人"。世上没有不透风的墙。2002年爆出6年前的1996年诺沃特尼从卡尔斯鲁厄转会到勒沃库森时收取了"好处费"。这是他万万没想到的。他刚做完手术，本想可以暂时躲开媒体好好休息一段时间，可是他收受贿赂的丑闻已醒目地出现在德国各大媒体上了。

　　德国总统武尔夫曾试图经由关系获得房贷利息优惠，被媒体知晓，因为试图干预媒体报道而爆出丑闻，武尔夫主动辞职，时过不久，他被媒体爆料因丑闻事件而夫妻感情破裂，落到妻离子散的地步。不过，武尔夫并不是唯一一个因为丑闻下台的德国高官，德国人的"政治洁癖"可见一斑。

2011年3月，年仅39岁就担任德国国防部长的政治新星古滕贝格，因为博士论文中的引文来源没有标明，不得不放弃了博士头衔，辞去公职，移居美国。如果没有这一事件，他可能会成为默克尔的接班人，但媒体充分地发挥了监管作用，德国网民还发起了检查知名人士学术文章的热潮。欧洲议会副议长、德国人西尔瓦娜·科赫－梅林涉嫌论文剽窃，作为欧洲议会最年轻的女副议长最后不得不遗憾辞职。德国教育和科研部长安妮特·沙范撰写于32年前的博士论文涉嫌剽窃，被母校杜塞尔多夫大学取消了博士学位，辞去了部长职务。德国人认为，尽管沙范的剽窃程度较轻，但是在学术头衔等同于人格保证的德国，对此类事件的容忍程度为零，德国官员涉嫌论文抄袭就必须辞职。默克尔对两名爱将十分不舍，表达了个人的支持态度，引起了广大德国公民的不满，认为默克尔偏袒官员的行为会损害德国在世界学术范围内的严谨形象。①

除了学术层面外，官员的财产和职衔申报问题也是媒体关注的焦点。2009年，被默克尔推举为欧盟委员会委员的德国巴符州州长奥廷格，被发现申报个别职衔的细节和事实有误，在媒体的压力下三次修改自己的申报表，陷入尴尬境地。②

关于西方国家民众对政治家的苛刻要求并非德国独有，原因是西方国家的政治家随时都处在被公众监督的生活状态下，他们的政治家和政府官员都是民众选举的，民众有选举政治家的权利，也有监督政治家的权利，政治家的政治生命掌握在民众手中。如果说德国有"政治洁癖"，那只能说德国人对政治家的品行要求相比其他国家要高，可以说，德国民众的眼里揉不进半粒沙子，因为他们随时盯着政治家和政府官员的一举一动，当他们看到政治家和政府官员的行动违背他们意愿时，便会联合起来将他轰下去。特别是德国的媒体，可以随便曝光政治家的隐私而不受约束，当他们发现政治家或政府官员有什么毛病，会穷追猛打，揪住不放，直到将其

①《德国国防部长涉嫌论文抄袭，宣布辞职》，《环球时报》2013年2月13日，第2版。
②《德国多名高官因丑闻下台　媒体称换个国家压根不是事儿》，凤凰网，http：//news.ifeng.com/world/detail_2013_01/12/21111220_0.shtml。

"制服"为止。所以，政治家或政府官员连撒个谎都要倒霉。

三　中德互视对中德关系的启示

德国人喜爱读书看报，即使电视出现后，大众对平面媒体即印刷媒体仍喜爱有加，历久不衰，且有不断发展的趋势。以每1000名居民的报纸发行量而论，德国占世界第四位，仅亚于日本、英国和瑞士。德国报业中，地方和地区性日报占优势，日报约370种和1580种地方版和地区版，总发行量2400万份，覆盖71%的人口，德新社（DPA）是世界上第四大新闻社，向全世界发行的报纸有《世界报》（*Die Welt*）、《法兰克福汇报》（*Frankfurter Allgemeine*）、《南德意志报》（*Sueddeutsche Zeitung*）、《商报》（*Handelsblatt*）等。发行量最大的是登载轰动性新闻的小报《图片报》（*Bild*）。各种杂志1500种，包括人们熟悉的《明镜》周刊、《明星》画报、《焦点》画报等。德国73%的家庭拥有互联网，96%的企业（员工10人以上）接通了互联网，79%的企业有自己的网站。《图片报》被戏称为"街头报"，每天发行量达到450万份。人们一般通过电视和报纸了解当时的国内国外形势和发生的事件。而大众媒体获得信息的来源是世界各国通讯社、自己的记者以及通讯社直接进行的调查研究。德国电视台在世界一些主要地区都设有分社或记者站。各大报纸也是如此。德新社、《明镜》周刊、《商报》在北京都驻有常设记者站和记者。此外，还有很多专门通讯社和新闻社，例如福音新教新闻社（EPD）、天主教新闻通讯社（KNA）、体育新闻社（SID）和联合经济新闻社（VWD）也向企业及各种民间团体提供新闻信息等。各种联合会、政府机关、党派、公司企业等的新闻处也通过记者招待会、新闻稿、通讯稿、图片社以及新闻发布会向大众媒体提供新闻。例如基民盟和社民党总部均设有新闻中心，记者可以随便去那里取新闻资料和新闻稿。德国是世界上电视业最发达的国家之一，尤其是两德统一后，德国的电视业更受到世人关注。

现实主义媒体观的核心观点是主张媒体报道可以镜像再现现实，现实主义媒体观的最有力的表现是新闻真实性原则和客观报道模式。在媒体实践中现实主义一直占据主导地位。媒体系统对社会的描述不是社会现实的简单再现，当然也不是与它所再现的现实没有关系的建构。媒体对已经具有社会现实性质的建构产物进行观察，并根据媒体系统自身的标准选择报道世界发生的事件，媒体现实是社会现实的再建构。从某种意义上说，媒体现实是媒体系统观察社会现实时依据自己的系统观察社会现实，依据自己的规则做出的诊断和解读。尤其在现代社会，媒体的一个重要功能是向公众提供快捷的认识世界的工具，起到降低复杂性的作用。甚至可以说，媒体在某种程度上向公众提供关于社会的背景知识，并不断地加以更新，成了公众社会交际的一种良好的依据。许多实证研究表明，媒体鉴于其重要的影响力所建构的现实比社会现实建构的产物更有效。媒体的另一个特点是超个体性，这种超个体性特点源于现代媒体的工业化生产形式和媒体作为社会系统所处的社会框架条件，如政治、经济、文化、技术等条件对媒体制造新闻的影响。媒体作为功能专业化的社会系统，在其历史发展中形成了独特的专业组织和生产方式。记者作为媒体新闻信息的主要撰写者和传播者，根据所掌握的知识及其敏锐的嗅觉对人和事进行采访和报道以及对某个事件进行跟踪报道。

中德两国媒体分别向两国人民传播着对方国家的政治、经济、社会、民情风俗等情况，使两国人民增进相互理解和相互了解。媒体是传播国家形象最重要的渠道，也是公众获取其他国家信息的主要来源之一，其信息具有快速、时效性强的特点。德国在中国公众眼中的形象以及德国公众对中国的了解，在相当程度上，是中德两国媒体的报道作用的结果。

在西方人看来，"共产主义（国家）"就是"极权主义（国家）"，而法西斯主义也属于"极权主义"和"专制"，它们不仅落后于历史的发展，而且是"反人类的"，与现代文明和人类进步格格不入，迟早要被改变和淘汰。这是西方主流对中国采取敌视态度的主要原因。虽然有一些西方人对中国抱有好感，对中国的改革开放持欢迎态度，对中国所受到的不大公正的评价和待遇感到遗憾甚至痛心，但是苦于没有更多的论点和论据去反驳或纠正西方的主流观点和舆论。

特别需要指出，西方语言中的"dictatorship"一词，在马克思、恩格斯、列宁等的笔下是褒义词，而在现在的西方语言中则已经完全是贬义词，是"无法无天的残暴统治"的意思。我们所说实行"人民民主专政"并解释为"对人民实行民主，对敌人实行专政"，觉得十分妥帖、合理，但是在翻译成西方语言后则被视为完全不可理解和自相矛盾，相当于"民主的专制"这个意思。

中国迄今的主流观点持有上述看法显然是基于马列学说的观点和用

语，或者说是中国人所理解的马列学说，而多数人认为马列学说当然是正确或基本正确的。西方的主流观点无疑不是基于马列学说，西方主流一般也很少提马列学说，因为从学术角度来说，马列学说，尤其是马克思学说在西方始终自成一派，至今有一些学者研究甚至信奉其主要观点，但是这并不构成主流，而只是支流、少数派或极少数派。现代西方主流政治观点的理论基础主要来自哈耶克、阿伦特、波普尔等一批 20 世纪西方的著名学者。

马克思学说是 19 世纪西方重要学说之一，而哈耶克、阿伦特、波普尔等的观点则构成西方 20 世纪学术界（包含政治学在内的整个人文社会科学）的主流学说。无论前者还是后者，所有这些观点学说以及所用的术语本来都不是中国人创造的，中国人（部分地在苏联人的基础上）只是进行了翻译以及诠释解读，或者可以说，中国迄今实际上主要接受了西方 19 世纪的一派思想，而基本上没有接受西方 20 世纪的主流思想。

显然，这是造成中国和西方相互之间迄今政治观念及定位截然相反的主要原因，并引起一系列复杂的问题，使相互关系复杂化。怎样才能解开这个死结？到底孰是孰非？显然这些都是我们急需认真研究的大问题。

关键的一点是，官方、媒体及民间都要为不断加深对对方的认知并开展互动创造条件，这是解决问题和推动双边关系进一步发展的根本途径。首先，中德两国之间的政治互信依然有待提升。前不久，德国对外关系委员会研究所所长桑特施耐德来上海同济大学做报告，他也把中德互信的缺失列为潜在的主要障碍。其次，中德两国民众相互了解之间的失衡或者说不对称。相较而言，中国民众对德国的了解要深入和积极得多，而在德国，尤其由于媒体的单方面报道，中国形象相对负面。因此，需要夯实中德关系的人文基础。中国要加强对德公共外交，提升中国在德国人心目中的国家形象，进一步加强文化教育领域的交流，要加强中国文化的传播力度。"中国梦"是每一个中国人的，同时也是全民族的。它应给个人发展提供公平的机会。习主席提出的"中国梦"离我们越来越近，它既是梦想，也是我们每天都在积累的现实。中国的制度挑战了西方自认为的优越的制度模式，而"这是他们感到最担忧的东西"。中国在和平发展，西方感到很担忧，想从各个方面遏制中国。但西方最担忧的不是中国的经济实力、科技实力和军事水平，"他们担忧的是我们的制度"。中国绝不照搬西方政治制度模式。目前，中西文化交流存在大"逆差"。在西方国家译成外文的中国文学作品很少，外国公众了解中国的途径也不是很多。德国有些所谓中国问题专家连《东周列国志》都不知道，这不利于外国人了解中国。要努力改变此种状况，不妨可从以下几个方面做起：第一，中国要主动发声，介绍情况，增信释疑。第二，要及时发布消息，澄清事实，以正视听。第三，要注意宣传方式，多讲事实、开门见山，说话不要绕圈子、少说空话，能让人爱听、想听、听得进去。第四，要加强双方媒体的互动。中国媒体和记者与外国媒体的交流，包括交锋，有利于增进双方的相互了解，更加准确、客观地报道对方。中国媒体人和西方媒体人在交锋时甚至可能争得脸红脖子粗，但争论过后仍然可以谈笑风生，不要因为意见不一致，再见面时就感到难堪或尴尬。第五，客观报道当然也不全是正面报道，也会有批评的负面报道。应慢慢适应批评性报道，要用平常心面对，要有胸怀和气度，有则改之，无则加勉。第六，中国学者在访问德国或其他西方国家期间，应争取各种机会做演讲，这种活动可以在知名智库、研究所、基金会、政党，甚至教会里进行，介绍中国的成就和存在的问题及发展的路线图。演讲限制在半小时之内，然后与会者提问，相互讨论，进行互动。

在处理与传统大国关系时，应该多沟通与交流，不仅双方政府高层交流，而且也要加强民间交流，加强学者相互交流。还要重视发展旅游业，加强对组织旅游机构的管理和监督。中国出境游客应加强自律，这也是一种免费的自我宣传。来华旅游的外国人中也不乏高层人士，做好旅游组织工作也能增加外国人对中国的了解和认知。从高层到民间的双向交流，增加相互了解，可以避免误判，可以澄清西方一些媒体的不实报道，甚至可以纠正西方媒体的一些错误报道。中德之间应该求同存异，超越意识形态的不同来发展双边关系，在平等互利的基础上加强经贸合作。此外，基于双方可能产生的潜在冲突，制定危机管控机制，防患于未然，维护国家关系的正常发展。① 在默克尔总理率团于 2012 年 8 月底来北京参加第二轮政府磋商时，德国政府圈内人士也把中德关系描述为"特殊关系"，中德之间的"特殊关系"主要是一种基于经贸务实合作

---

① 《吴红波接受德媒采访：你们有些服务业不如中国》，新浪新闻，http://news.sina.com.cn/c/sd/2012 - 07 - 09/105024739598_ 2.shtml。

的关系。2011 年中德两国政府磋商机制的启动，标志着这种互信达到一个新的高度。目前中德两国关系的升温是由于两国共同利益，尤其是经济相互依存关系的驱动。可以说对德关系是中国在与不同制度国家的关系中最好的，中德关系可以被视为不同政治经济体制和不同文化圈之间建立全面合作伙伴关系的成功典范，中德关系也可以被称作中国与欧洲国家关系的典范。

第六章 从欧债危机和贸易摩擦中
看中德战略伙伴关系

在欧洲深陷债务危机的背景之下，德国的经济影响力衰退，而中国在全球性经济危机和金融危机过程中始终保持很高的年增长率，中德战略伙伴之间的力量对比发生了微妙的变化，给中德关系带来一定的挑战。欧洲是中国的重要贸易伙伴之一，而德国又是欧洲一体化的领军国家，中国愿意借着帮助欧洲走出危机的机会，进一步参与到国际金融新秩序的建立中。2013年5月中欧之间就光伏产业产生严重贸易摩擦，德国政府对此的态度呈现两面性：一方面表示应坚持通过磋商和对话来解决问题；另一方面却在欧盟提议征收临时惩罚性关税时投了赞成票。这就是德国乃至西方国家的两面性。尽管如此，中德双方的友好合作是主流，两国关系发展以经济优先、政治和外交上相互理解和借重为特点，无论是在光伏产业还是直接投资等领域，都具有广阔的发展空间。

美国"次贷危机"开始于2006年初，并逐步演变为美国国内"金融危机"，从美国国内扩大到了世界各地。欧洲在美国"金融危机"的影响下也开始暴露其欧元区内部的问题，如：希腊债务危机、西班牙债务危机、意大利债务危机、塞浦路斯破产危机等，各国经济的危机不断显现，涉及欧元区多数国家。德国是提倡欧元区和欧洲经济一体化的主要国家，面对欧元区的困境，德国积极主动采取挽救的措施和提供资金来平复危机带来的影响。欧盟也希望中国能利用自己的外汇储备援助欧元区和欧盟。中国政府积极表示帮助欧盟解决当前的危机，但同时也指出欧盟本身自救的重要性。

中国和德国基于自身在国际社会中的定位不同以及受欧债危机冲击的程度不同，各自采取了不同政策和策略以应对欧盟和欧元区的债务危机问题。不同的政策与措施都体现了两国在用实际行动努力解决欧债危机问题，既承担了国际社会中大国应尽的责任，也是发展中国家和发达国家之间合作应对重大危机和挑战进行的有益探索。

2013年5月，中欧之间就欧盟对中国光伏、通信器材等领域产品进行

"双反"调查产生了贸易摩擦，欧盟此举可谓"损人不利己"，因为光伏产业主要在欧美研发，由中国企业从欧洲国家进口原料，在中国进行生产制造，再出口至欧美国家消费。由于欧盟不承认中国的市场经济地位，以印度的情况来比照中国的光伏和通信产品，对中国企业进行"双反"调查既会严重打击中国的出口企业，同时也会对欧洲的新能源市场造成负面影响，带来价格上涨和出口、就业减少等后果。这其中，德国表示将会在中欧贸易摩擦中起"协调者"的作用，缓解和消除中欧贸易摩擦，推动中欧经济关系的健康发展。在中欧贸易摩擦中，在欧债危机中，德国首当其冲，面临着欧洲经济的稳定、恢复等重任。在贸易摩擦中，中国企业面临巨大困境，中国和德国作为战略合作伙伴，在危急关头都体现出了支持伙伴渡过难关的诚意和努力。据此，此章将从中德在国际社会中的身份认同和定位的角度研究中国与德国的外交、经济关系，从战略伙伴关系中的相互认同着手，分析欧债危机和贸易摩擦中的中德战略伙伴关系。

第一节　中德两国在欧债危机中显现大国责任

欧债危机就是主权债务危机，是由相关国家财政赤字引起的，由美国"次贷危机"引发的。面对危机，中国并未袖手旁观，而是积极采取措施救助欧洲，特别是助欧元区国家一臂之力以帮助他们克服危机，渡过难关。欧洲已经从世界中心渐渐变成了大西洋体系里较弱的一部分，真正有了被边缘化的危机感。德国为了欧洲一体化，就不能让这种危机妨碍欧洲一体化进程，就要借助外力来克服危机。在德国人看来，综观世界各国包括美国都无能为力，而中国是世界第二大经济体，有着庞大的外汇储备，能够向欧洲伸出救助之手，拉欧洲一把，使其摆脱债务危机之困境。

德国总理默克尔 2012 年 2 月初访华，旨在取得中国的支援。这是她2012 年出访的第一个欧洲以外的国家，也是龙年中国接待的第一位大国领导人。欧洲希望中国把巨大的外汇储备投入欧元区，默克尔此时访华被媒体视为一个"请求者"：请中国对欧元区展示信心，请中国投资欧洲，[①]

---

① 《默克尔带着多个经济政治吁请，开年谨慎访中国》，新华网，http://news.xinhuanet.com/world/2012－02－03/c_122653068.html。

德国《世界报》把访问中国的默克尔视为"欧洲的乞讨大婶"。默克尔到达北京后迅即在中国社会科学院发表演讲，企图"消除中国对欧元区危机的疑虑"，而中国社会科学院则是中国政府制定政策的智库之一。她在演讲中说，"我想告诉你们，欧元让欧洲变得更强。欧洲存在的不是一场欧元危机，而是竞争力各异而导致的债务危机"。默克尔演讲结束后，中国社会科学院欧洲研究所所长周弘说，近半小时的演讲中，默克尔从中德1700亿美元的贸易量说到两国政府间磋商，再到2012年德国"中国文化年"，细数中德关系的良好。默克尔的访问进一步增加了两国互信，推动两国各领域的务实合作。

对于中国在欧债危机中的行动，当时欧盟内部的意见不甚统一，媒体和政府的意见也不一致。除了德国之声中文网认为中国应该救温州，而不是救欧洲之外，其他媒体意见基本上集中在中国救欧盟的主题上。尤其在2012年10月欧盟第四次峰会以来，欧债危机仍无解决之处方。在此期间，美国自身业已陷入危机，欧盟只能求助中国。欧盟领导人峰会之后，关于中国"应否救欧洲、如何救"产生了各种不同的看法。这些看法经历了一个变化的过程。以德国媒体为例，他们一开始对中国提供帮助产生了很高期望，认为中国的外汇储备巨大，能够也应该帮助欧洲渡过难关。一段时间之后，德媒普遍转述中国领导人的表态，多以"中国不会救欧洲"等断章取义的表述来吸引眼球。此后，他们纷纷对中国的态度进行猜度，揣测其原因是什么。媒体分析的原因主要集中在两点：一是中国要求德国承担救欧洲的责任；二是中国要求以投资欧洲换取政治回报，如获得对市场经济的承认，或者获得对人民币持友好态度的保证。

从这些意见和看法中可以看出德国人面对中国在欧债危机中的角色时心理是比较纠结的，昔日的经济强国却求助于别人，这种心理滋味是不好受的。2013年5月30日欧盟委员会表示，有17个成员国的欧元区需要建立一个"银行业联盟"，可以对银行业实施集中监管并在必要时进行救助。欧洲央行本应是欧元区成员国的债务兜底者，然而这种保证会让成员国放松对本国财政的约束，使预算赤字和政府债务进一步失控。另外，巨额的外部救助，是其他国家纳税人的钱财，此举可能有违民意，引发政治危机。在德国国内，已经有学者提出德国对希腊的援助有违宪法。欧洲主权债务危机陷入了恶性循环，并且演变成综合危机，这是债务危机和银行系统危机的综合表现，而不再仅仅是高福利问题。欧洲主权债务危机也是欧洲一体化的危机。因此其比美国和日本的金融危机更加引人瞩目。欧洲债务危机从爆发至今已经三年了，其影响已经缓解，美国经济已经走出困境并且走势看好，欧元区成员国经济也出现复苏缓慢增长。德国经济与中国经济发展也关系密切，德国可以通过扩大对中国出口，来扩大国内就业和提升德国经济的国际地位。

第二节　国际金融危机和欧债危机对中德关系的影响

一　德国经济影响力的衰退

早在2007年，金融危机之火已经烧到德国的相关公司，但经济学人们一致认为：德国经济的基本面（出口和私人消费）依然较好，短期内不会遭遇直接的负面影响。[①] 但自2007年下半年开始，情况的恶化程度大大超出人们的想象。2008年第二季度后，经济连续出现三个季度的负增长，陷入衰退，2008年国内生产总值仅增长1.3%，远低于预期；2009年国内生产总值更是下降了4.7%，这是1949年联邦德国建国以来最大的降幅。德国是世界出口冠军，出口率达到48%，因而受到世界金融危机的冲击也最大。按德国的统计，2009年出口下降了14.3%，进口下降了9.4%，出口增长率下降了50%，只有3.9%。企业投资大幅度减少，失业人数反弹，失业率上升到8.2%。[②] 2012年失业率为6.1%，月失业金仅为2296欧元，远低于法国的6165欧元，达到了10年以来的最低点。金融危机中，德国的确遭受了打击，但相比其他欧洲国家，德国还算得上是"独善其身"。及至欧债危机爆发，德国逐渐从金融危机的冲击中复苏，2011年经济增长率接近3%，跨国大银行的经营业绩同比增长，尽管面临大环境带来的压力，但始终还有增长空间，这得益于德国持续进行的社会经济改革。

作为欧盟一体化的火车头，德国积极投入到欧债危机的解救中，不仅因为德国从欧元区中受益，而且因为考虑到欧盟的长期稳定与发展。毕

---

① http://roll.jrj.com.cn/news/2008-03-25/000003449713.html，2012年4月2日检索。

② "OECD erwartet fünf Millionen Arbeitslose in Deutschland"，http://www.tagesschau.de/wirtschaft/oecd120.html，2012年4月2日。

竟，依靠欧洲，是德国国家身份的定位之一。欧洲的稳定与发展，对德国而言，其重要性不啻德国自身的稳定与发展。"拯救希腊就等于拯救德国自己和欧元区。"① 德国强大的国民经济需要一个共同的经济区，所以欧元区对德国十分重要。

欧元区面临着自 1999 年成立以来最为严重的主权债务信用危机。所谓主权债务，是指主权国家以自己的主权做担保，通过发行债券等方式向国际社会所借的款项。目前欧盟看一个国家是否陷入主权债务危机的标准有以下几条。第一，"问题国家"外债占国内生产总值比例是否居高不下，达 100% 以上，远远超出《马斯特里赫特条约》规定的 60% 上限，同时也大大超过欧元区国家平均水平。第二，信贷融资比例是否偏高。第三，是否有巨额贷款，有就意味着高额利息，即利息支出占比高。第四，预算赤字是否远远超过《马斯特里赫特条约》规定的上限即国内生产总值的3%，这同时也大大超过欧元区国家的平均水平。为了防止出现货币危机，应该给加入欧盟的国家制定多项标准。根据《马斯特里赫特条约》，在欧元区内应该实现所谓的经济趋于一致，而实际上这经常被触犯。尤其希腊在引入欧元后并未与其他欧元区国家的经济保持一致，却出现希腊债务危机的严重后果。② 第五，公共收入是否不足以支付除利息以外的核心支出。③

在欧洲很多国家饱受债务危机困扰之时，作为欧盟经济领头羊的德国，经济表现依然看好，这不仅在德国外债相关系数上有所体现，而且在经济总体发展情况方面也很明显，德国银行业的表现也是良好的。作为欧盟经济火车头的德国，2011 年经济形势发展乐观，并带动了整个欧盟和欧元区经济的缓慢增长。那么，德国经济模式的优势，以及经济能保持稳定增长的原因何在呢？第一，德国产品质量信誉保证。德国机器制造业、医疗产品在世界上名列前茅，"德国造"（Made in Germany）享誉全球。比如西门子医疗器械，就是一个信得过的产品。第二，德国讲信誉，信守

① Oleg Nechaj, "Indem es Griechenland nettet, rettet Deutschland sich selbst und die Euro-zone", http://german. ruvr. ru/2011/08/03/54144031. html, 2012 年 4 月 2 日检索。

② 参见 Patrick Welter, "Der Euro in der Krise: Beschuldigt nicht Griechenland", http://www. faz. net/aktuell/wirtschaft/europas - schuldenkrise/der - euro - in - der - krise - beschuldigt - nicht - griechenland - 1980664. html, 2010。

③ Wikipedia, "Staatsschuldenknise in Euroraum, 2012", http://de. wikipedia. org/wiki/Staatsschuldenkrise_ im_ Euroraum, 2012.

承诺。在国际合作中，在发展援助中，德国不仅给予物质援助，而且还给予技术援助，把技术教给发展中国家人民。第三，德国人工作认真负责，讲究精确，绝不马虎。德国产品是信得过的产品，出口仍然保持较好的态势。

二　中国经济影响力的增加

2014年3月28日，国家主席习近平在德国《法兰克福汇报》上发文，"让我们超越简单的买卖关系，以更加创新和开放的思维，赋予中德合作更多战略内涵"，以此拉开了对德国进行访问的序幕，而此次访问是中国国家主席时隔8年后对德国的首次访问。习近平主席在与默克尔总理会谈中提出，把中德战略伙伴关系提升为"全方位战略伙伴关系"，默克尔总理不仅同意习近平主席的主张，而且强调说，认识中国不能靠德国标准。中德关系既密切又复杂，充满波折，源于德国领导人不顾中国反对，执意会见达赖，这种"会见"在欧盟引起各种反应，可以说，中德关系也是中欧关系的风向标。德国学者说，中国抓住德国，就是抓住了欧洲。

在过去二十几年里，中国经济年均增长8%，全球第一，"中国已经成为亚洲经济增长的引擎"。中国在全球性经济危机和金融危机过程中始终保持很高的年增长率，在金融危机中，欧洲、美国、日本都遭到了削弱，而中国相比起来表现好得多。[1] 2013年中国经济仍能保持7.7%的增长率，虽然比上年低0.1个百分点，但仍然保持稳中有升的势头。2013年中国经济运行平稳，保持稳中有进、稳中向好的态势（2011年GDP增长率为9.3%和2012年7.8%）。[2] 例如，2011年中国成为全世界申报专利最多的国家，"这个国家变得越来越有创造力和创新性"，而过去中国被认为是一个生产廉价商品的国家。

作为亚洲唯一的联合国安理会常任理事国，中国在亚洲的影响力不容忽视，对亚洲未来的政治经济和安全格局有着至关重要的作用。随着中国国力的日渐强大和国际地位的不断提升，中国越来越意识到自身的国际责任：促进地区经济繁荣，塑造和平的地区环境，促进世界的和平

---

① 张哲：《中国和美国为何互不信任？——〈中美战略互疑〉报告摘录及作者访谈》，http://www.infzm.com/content/74117。

② 《中国不出台刺激政策引关注》，《参考消息》2013年7月12日，第5版。

和稳定，维护现存的国际秩序，推动现存国际秩序的调整和改革。完成"负责任大国"身份塑造的途径包括：努力开展区域主义经济外交，帮助和支持发展中国家的经济发展，大力倡导和落实新安全观，深化与世界主导力量或重要组织间的战略对话，积极参与和主导多边国际制度的建设。①

对于像德国这样一个西方国家而言，国际体系的结构变化以及两国之间实力差距的明显缩小，对德国的自身认同是一种强大的冲击。更重要的一点是，中国的发展模式是西方民主和经验之外的另一种选择。"中国模式"（或者所谓"北京共识"）的特征是构建全方位强大的政治领导，从而确保能够有效地管理社会和经济事务，旨在建立一个和谐中国及和谐世界。西方在处理世界事务时的最终目的是维持其霸权和统治，所以，西方将会试图阻止正在崛起的国家，尤其是中国，从而实现他们自己的目标，提高自己的地位。② 不同的政治制度和价值体系也导致双方不信任。但世界经济的运转一部分基于中国经济的良好运行，如果中国出现了经济灾难、社会动乱，整个亚洲地区都会遭殃，③ 这并不是德国希望看到的局面。中德之间既有相互合作的吸引力，又存在着德国的失落感和被威胁感。这源于中西方文化截然不同的政治传统、价值观念和历史文化的矛盾，这种状况是难以改变的。

在欧债危机中，中国是支持欧洲渡过难关的，愿意提供帮助。这是国际社会中的互动行为。但是现在西方媒体越来越多地使用"救"（retten）一词，将这一行为上升到道德层面上，无形中产生了一种舆论压力，简单地说，如果提供的帮助达不到"救"的程度，会被视为"不救"，对中国在欧洲的形象以及影响力产生负面影响。正如国际关系学院院长陶坚所说，"欧洲的确有很迫切的需求，中国也有一定能力，但用了'救'字，关系就变了味"④。另外，强调中国要求以投资欧洲换取政治回报，并且已经设想到可能提供的政治回报是：承认中国的市场经济地位，不再对中国的人权、民主问题提出批评等。那么实际上，在接受中

---

① 王公龙：《塑造负责任的大国形象》，《党政论坛》2007 年第 3 期。
② 张哲：《中国和美国为何互不信任？——〈中美战略互疑〉报告摘录及作者访谈》。
③ 张哲：《中国和美国为何互不信任？——〈中美战略互疑〉报告摘录及作者访谈》。
④ 董玉洁：《中欧互视，怎样才能"对上眼"——专访国际关系学院院长陶坚》，《世界知识》2012 年第 6 期。

国帮助之前，德国也首先要面临一个选择，即在自己坚持的民主价值观和欧盟的经济利益之间如何取舍。当然，有时候为了获得救助以解燃眉之急，德国也可能在某些方面会淡化其价值观而达到实际的经济利益。默克尔2012年初访华，在中国社科院报告中未在中国所谓人权、民主等问题上着墨，即可为证。

三　德国政府应对国际金融危机和欧债危机的政策

德国致力于在世界舞台上，首先在欧洲层面上扮演一个领导角色。欧洲一体化依然是德国核心的国家利益所在。[①] 德国是欧盟最重要的国家，欧洲债务危机的最终解决主要取决于德国。欧洲主权债务危机中德国的特殊责任和重要作用正在上升，德国在欧洲的影响力逐渐上升已经成为近年经济形势的重要特点。从德国的主观角度看，其是现行经济治理机制的最大受益者，德国经济在欧盟中独占鳌头，并因此获得了极大的政治发言权。两德统一后，德国成了一个"正常国家"，一方面，德国继续推动欧洲一体化进程，另一方面，作为一个"正常国家"，德国日益敢于追逐本国的（经济）利益，德国现在的许多领导人和民众把欧洲一体化看作理所当然的事情，不愿继续为此无限制地付出代价。毫无疑问，德国在欧盟中的地位日益突出，在此次欧债危机中甚至"被"推上了领导位置。但至今为止尚不能说会出现"德国的欧洲"，毕竟德国的邻国虽然希望德国在欧债危机应对中担当领导并慷慨买单，但是内心里对于德国的领导仍然心怀警惕和嫉恨，为此，德国政府至少在言辞上也会刻意消除德国意欲主宰欧洲的印象。哈贝马斯有一个说法，即德国是"欧洲的德国"，但是"在一个打上德国烙印的欧洲中"[②]。欧债危机如果没有德国的支持，或者违背德国的意愿，将不可能解决，故德国被推上风口浪尖；但是德国对这场危机的严重性一开始估计不足，主观上并没有做好准备，来积极寻求解决问题的办法，外界亦对其危机中的外交政策与欧洲政策颇有微词，故欧债危机亦是德国的危机。当问题暴露得越来越多，只能寻求外部援助，而资金充裕、条件又不苛刻的中国，算是理想的

① Christine Streichert, Deutschland als Zivilmacht, In Trierer Arbeitspapiere zur Internationalen Außenpolitik, 2005.

② http：//ies. cass. cn/Article/bwzf/201112/4367. asp，2012 年 4 月 26 日检索。

选择之一。① 对德国而言，请来外部援助，既可以避免因"救助懒汉"丢失选民，又可以避免和美国正面博弈，还能够解决欧盟的问题，何乐而不为呢。

起初，德国在救助希腊问题上比较沉默，认为这首先是希腊自己的事情，并不情愿施以援手。时代不同了，德国对欧洲的责任也有所不同。美国《时代》（Time）（2011年10月3日）说："历史上，德国试图控制其邻国的企图都没有遇到好结果。今天，德国不愿意被视为有意在外交上和经济上主宰欧洲。"所以，德国在救助希腊等国的危机时不太愿意发挥领导人的作用。德国不愿意"出头"有两方面的原因：一是其他国家希望德国出来领导，主要是希望德国为欧债危机买单，并非想让德国人出来做规矩，把欧洲变得（更）像德国；二是欧债危机暴露了欧洲国家对德国的警惕，例如希腊人认为德国还未清偿它大量源自第二次世界大战的债务，又例如英国街头小报称"第四帝国正在崛起：看德国如何利用金融危机主宰欧洲"。因此，德国政府必须处处小心，至少在言辞上保持低调，为此，默克尔在2011年12月初的联邦议会的原则讲话中再次表示，德国不谋求在欧洲的主导地位。

德国的民调显示，起初，多数德国人反对救助希腊；后来又反对扩大对希腊的救助；德国总理默克尔不能不顾及本国选民的最初反应，迎合国内民意，对危机反应迟缓，进而至少影响到债务危机的解决效率。按哈贝马斯的说法，默克尔是受民意调查结果驱动的机会主义。并且我们从其他例子中也可以观察到，德国的外交政策与欧洲政策日益以本国利益，尤其是经济利益为中心进行考量，即外交服务于国家的政治经济利益。

随着希腊危机和欧元危机进一步的恶化，德国利用自身力量，在某种程度上可以理解为单边行动，基于维护自己利益，特别是经济利益，让其他国家遵守德国规则，效仿德国模式。比如在德国要求下，给予希腊救助被视为最后手段，并且须按照市场原则进行贷款；同时亦要求国际货币基金组织与私人债权人参与救助行动即银行减记等。

2012年初，德国《国际政治》（*Internationale Politik*）期刊发表了一篇文章，主题为"欧盟中的德国角色"，就欧债危机中的德国角色进行了

---

① 董玉洁：《中欧互视，怎样才能"对上眼"——专访国际关系学院院长陶坚》，《世界知识》2012年第6期。

民意调查，12%的受访者认为德国对其他欧盟成员国考虑太少，42%的受访者认为德国对其他欧盟成员国照顾太多，44%的受访者认为德国的行为恰到好处。在18～59岁这个年龄段的人群中，上述比例几乎没有很大的变化。65%的基民盟/基社盟的追随者，以及自由民主党（FDP）的追随者都认为德国在欧盟内部很好地保持了平衡。左翼联盟（Die Linken）的态度最为复杂，他们中30%的人认为德国为其他欧盟成员国考虑太少，51%的人认为德国为其他欧盟成员国考虑太多，只有19%的人认为德国的行为正合适。①

四　中国政府应对国际金融危机和欧债危机的政策

　　欧洲债务危机爆发之后，中国立刻投入到帮助欧洲的行动当中，支持欧盟和国际货币基金组织出台的各项救助措施，在各种国际场合支持欧盟渡过债务危机的难关。

　　在中国学者当中，对于是否出手也存在着意见不一的观点。一方面，一些学者认为，中国不应该出手救欧洲。如中国社科院世界经济与政治研究所副所长何帆认为，"救欧洲最该出手的是德国"②。国家发改委经济顾问国世平也持这一观点，首先，从投资的角度来看，买国债的风险太高，中国救了欧洲，自身也会遭受重大损失；其次，欧洲因为社会福利体制，政府必然债台高筑，中国救得了一时，也救不了一世；再次，欧洲到目前为止都没有承认中国的市场经济地位，也没有解除对中国的高科技产品的禁运；最后，欧洲经济差，但欧元处在高位，买欧元不合算。③ 另一方面，上海国际问题研究所研究员鲁博颖认为，中国应该救欧洲，主要出于三点考虑：首先，中国是全球少有的有能力救欧洲的国家之一，美国自顾不暇，中国就是众望所归，如果中国袖手旁观，可能会招致政治上、经济上、舆论上的压力；其次，欧洲是中国最重要的贸易伙伴之一，欧洲的前

① 参见 https：//zeitschrift - ip. dgap. org/de/ip - die - zeitschrift/archiv/jahrgang - 2012/januar - februar/deutschland - der - europ% C3% A4ischen - union，2012 年 4 月 6 日检索。
② 参见刘丹《社科院专家：救欧洲最该出手的是德国》，第一财经，http：//www. yicai. com/news/2011/11/1209087. html。
③ 参见邱震海《中国应否救欧洲？如何救欧洲？》，凤凰博报，http：//blog. ifeng. com/article/15044264. html。

景也关系到世界经济的发展，欧洲长期处于危机中不利于中国的出口及国内经济的发展；最后，现行的由欧洲和美国所设立的国际体系因为金融危机以及债务危机受到重创，而中国等新兴国家实力有所增强，欧洲和美国的心态必定有所变化。① 中国现代国际关系研究院欧洲研究所的所长冯仲平提出，是否援助欧债危机，还要考虑两点：一是从技术层面看是否可行，二是还要站在中国外交战略的层面上考虑欧盟的战略地位。② 中国对欧洲提供援助，一方面体现了对合作伙伴的支持，另一方面，也是中国在国际舞台上塑造负责任大国形象、倡导中国外交理念的良好时机。相对于切实可见的资金利益，抽象的形象、理念等利益因素虽然看不见、摸不着，但对国际交往产生重要影响。

第三节　中德两国在危机中的角色和作用

一　德国在危机中的角色和作用

（一）欧债危机的直接原因分析

国际金融危机引发了欧债危机。欧债危机的表现为：首先，一些"问题"国家出于应对美国金融危机的需要，将私人债务转化为主权债务，并且为了刺激经济的复苏而过度地利用财政政策；其次，美国评级机构也对欧债危机的引发起到了推波助澜的作用；最后，当前对于欧债危机的应对措施也加剧了欧洲经济短期波动。引发欧债危机的深层次原因是结构问题，而结构问题大致可分为以下几类。第一类是生产力与生产关系的结构错位：其一是生产力的发展缺乏与之适应的生产关系，如缺乏统一的财政政策；其二是生产关系的发展超出了生产力的发展，比如评判举债和赤字的标准。第二类是南北之间的结构问题：南北地区在结构上存在差异。第三类是政治与经济结构之间的问题：经济联盟的发展十分迅速，然而政治联盟几乎还处于一纸空文的阶段。希腊的帕潘德

---

① 参见邱震海《中国应否救欧洲？如何救欧洲？》。
② 参见邱震海《中国应否救欧洲？如何救欧洲？》。

里欧之所以要公投，就是因为他把执政党的地位置于经济利益之上。第四类是增长与稳定结构：欧盟的政策一向重稳定，轻增长，因而也缺乏内在的经济增长动力。第五类是收入与支出结构：欧盟经常支出大于收入，陷入寅吃卯粮的境况。希腊自 2002 年 1 月 1 日加入欧元区，就推行了膨胀的财政和经济政策，从此支出大大增加。[①] 自从加入了欧元区，希腊的国家债务从 1520 亿欧元增长到 3300 亿欧元。[②] 此外，欧洲各国长期实施高福利、高债务的政策，它们面临的现实是：国家举债，人民享福，企业得利，债务危机。

其实，高福利并不一定就会造成高债务，如北欧就是一个很好的反例。关键是欧盟不能持有凯恩斯的赤字财政的指导思想，也不能没有严格的财政纪律。例如：希腊大搞高福利，24% 的雇员都在公共部门工作，[③] 而公共部门雇员一年可获 14 个月薪酬，一年至少有 6 周的带薪休假，很多人一年有 7 个月是下午两点半下班。[④] 公务员每个月可以享受到 5～1300 欧元之间的额外奖金，并且奖金的名目繁多，比如会使用电脑、会说外语等。希腊人退休以后仍然享有一年 14 个月的养老金，而希腊养老金欺诈现象猖獗，在过去 10 年间，有高达 80 亿欧元的养老金被那些已经去世的老人们的家属冒领。此外，逃税和漏税更是司空见惯。[⑤] 人们经常谈论的是所谓的 "40% － 40% － 20%" 的体制模式，40% 被逃税人拿走，40% 被那些腐败的检察官拿走，而国家只得到 20%。每年因为逃税所造成的损失估计达到 130 亿欧元。[⑥]

① Schulden - Krise, "Die fatalen Folgen der Euro - Einführung", http: //www. focus. de/finanzen/news/staatsverschuldung/schulden - krise - die - fatalen - folgen - der - euro - einfuehrung_ aid_ 612834. html, 2011, 2012 年 10 月 26 日检索.

② Quelle, Daten des Statistikamts der Europäischen Union (Eurostat).

③ Corinna Jessen, "Griechen wüten gegen die Prass - Wirtschaft", http: //www. spiegel. de/wirtschaft/soziales/verschwendung - im - schuldenstaat - griechen - wueten - gegen - die - prass - wirtschaft - a - 691762. html, 2010, 2012 年 9 月 6 日检索.

④ "Wie Griechenland das Geld verschwendet", http: //www. faz. net/aktuell/wirtschaft/europas - schuldenkrise/athener - ausgaben - wie - griechenland - das - geld - verschwendet - 1981513. html, 2010, 2012 年 9 月 6 日检索.

⑤ Gerd Höhler, Griechenland, Steuerhinterziehung: Bargeld lacht - aber nicht mehr in Griechenland, http: //blog. handelsblatt. com/global - reporting/2011/02/11/bargeld - lacht - aber - nicht - mehr - in - griechenland/, 2011, 2012 年 9 月 6 日检索.

⑥ Ulrich Pick, "Steuerhinterziehung und Schattenwirtschaft in Griechenland: Anzeichen für die Krise gab es schon lange", http: //www. tagesschau. de/wirtschaft/griechenlandsteuerhinterziehung100. html, 2010, 2012 年 9 月 6 日检索.

在西班牙、爱尔兰，上午 10 点上班，中午休息 3 小时，下午 4～5 点下班，晚上大玩，"They just talk，not work"。在希腊，金钱支出甚至成了"国家身份认同"的一部分了，① 那么，今天这些习惯了阳光、沙滩、海风和下午茶的人们可能要过上一段紧日子了。

货币政策与财政政策结构问题是欧债危机产生的另一个原因。一国的经济政策主要靠货币政策与财政政策这两条腿。现在的问题是欧盟缺少财政政策这条腿，而各成员国则是缺少货币政策这条腿。当一国债务达到一定程度后，其利率和汇率都会发生相应的变化，比如利率升高，货币贬值，但是现在整个欧元区使用单一货币，这就意味着当单个国家债务过高的时候，它既不能上调利率，也不能让货币贬值。在经济一体化程度不够的情况下，单一货币极易造成"好的越好，坏的越坏，多的越多，少的越少"的马太效应。例如希腊负债，本来可以采取货币贬值的办法来应对，现在则不行；欧盟应对债务危机，本来可以采取限债或保增长的办法，现在也不行。

还有人口结构的问题：老年人的比例与中青年人的比例失调亦是造成欧债危机的原因。以人口老龄化为例，在希腊，2005 年时，65 岁以上的人口占总人口的 18%，预计到 2030 年，这一比例将上升到 25%；在西班牙，这一比例将从 17% 上升到 25%。希腊人平均 53 岁退休，因此不要很久，一名就业者将不得不负担一名退休者的养老金。

此外，新债与旧债的结构也存在问题：举新债不够还旧债是问题的本质。国债收益率超过 7%，就不能再指望还能借债；单一国家与统一政策结构造成各国的发展水平不同却要执行统一政策的局面。例如，不管经济是处于衰退期还是繁荣期，各国都要执行 2% 的通货膨胀率和 1.25% 的基准利率。统一货币政策与经济趋同要求的矛盾造成各国，特别是小国的财政危机。欧盟的最新决定是核心资本从 6% 提到 9%，需 1060 亿欧元；欧洲金融稳定基金从 4400 亿欧元提高到 1 万亿欧元；对希腊债务减记从 21% 提到 50%，需 1000 亿欧元。目前"欧洲五国"的债务（包括公共部门和私人部门）达 4 万多亿美元。而欧洲央行的资本储备仅为 820 亿欧元，国际货币基金组织拥有的黄金和特别提款权也仅

---

① Georgios Christidis，"Wie wir Griechen immer deutscher werden"，http：//www. spiegel. de/wirtschaft/soziales/griechenland - wie - die - griechen - deutsche - sparsamkeit - entdecken - a - 827128. html，2012，2012 年 9 月 6 日检索。

合 3300 亿欧元，因此必须求助于欧洲金融稳定基金。由于欧洲金融稳定基金具体方案未定，现在很难做出系统评价。如果能实现欧洲金融稳定基金的五倍杠杆化（即初次 20% 的担保），那么就应该能够解决偿债所需的资金。

（二）德国经济模式的优势

德国的社会市场经济体制，使德国在金融危机和欧债危机的双重危机下，不仅能做到全身而退，而且还取得了较好的成绩，这归功于德国的既要照顾民生福祉又要考虑社会公平的经济体制。在社会市场经济条件下，德国采用世界上最严厉的《反限制竞争法》来规范市场竞争秩序，为中小企业的发展和参与公平竞争提供了制度保障。金融危机爆发后，德国先后出台了一项金融救市计划和两套经济刺激计划，目的是稳定银行系统和金融秩序。联邦议会通过了《金融市场稳定法》，颁布了《金融市场稳定基金法实施规则》，成立了评估委员会，评估委员会是一个咨询机构，也要参考德国"五贤人委员会"（即五大经济研究所）和其他专家顾问的意见和建议。德国是一个尊重知识、尊重人才的国家，尊重他们在国家建设和社会生活中的作用，即使一位部长，他（她）见到一位教授或一个知识分子时，也会先表示问好，而不是打官腔，昂首藐视对方。可以说，德国是一个知识本位社会，而中国却是一个官本位社会，两国知识人才在国家社会中受到的礼遇是有很大差别的。德国政府非常重视知识分子在政府决策中的作用，逻辑严谨，表述严密，德国的很多法律法规和政策在发布后都显示出严谨到无懈可击、精细到穷尽可能的特点。这也是德国多项制度设计在全世界都堪称典范的主要原因。德国作为一个法治国家，政府的各种举措，都要有法可依，有规可循。凡有必要立法的，必先立法，然后再在法律框架内解决相关问题。这也是多年来德国社会比较稳定的原因之一。

根据德国"五贤人"发布的经济预测报告，2010 年德国国内生产总值增长 3.7%，2011 年预计达 3%，2012 年速度将放缓，但仍有 0.9% 的增长率。劳动力市场继续延续 2010 年喜人的发展，截至 2011 年 10 月注册失业人口甚至减少到 274 万人，达到了自 1991 年以来的最低点。同时，2011 年就业人数持续增长到 4110 万，达到自德国统一以来的最高值。价格方面，2011 年初有过暂时的上升，之后有了轻微的回落。消费者价格

2011年上涨2.3%，2012年上涨1.9%。①

德国外债占国内生产总值的比重远远低于"欧洲五国"。而且，德国信贷融资比例较低，一直维持在5%以下。预算赤字方面德国表现良好，由2010年占国内生产总值的4.3%下降到2011年的1.1%，这种趋势2012年将持续下去。同时，根据德国中央银行发布的《2011金融稳定报告》，在过去两年里，德国金融体系表现良好。据统计，2011年上半年德国跨国大银行的经营业绩同比增长13%。银行的自有资本投资进一步提高和改善，资本化明显提高，盈亏情况稳定。尽管德国的银行业在欧债危机期间也不能避免信任危机，但是总体上还是稳固的。德国的财政趋于平衡，这归功于德国联邦政府对公共财政的积极整固。

（三）德国较少卷入欧债危机的原因

一是国际金融危机对德国的虚拟经济冲击不大，德国应对国际金融危机的对策得当，新增流动性不大，仅为820亿欧元。

相对保守的银行体系使德国虚拟经济受金融危机波及不大。欧债危机中债务主要集中在虚拟经济上。而德国注重实体经济发展，其虚拟经济受金融危机冲击小，这和德国相对保守的银行体系是分不开的。此外，德国早在1967年颁布的《促进经济稳定增长法》中就提出了俗称为"魔力四边形"的总体经济目标，成为世界上第一个用法律形式把充分就业、经济增长、通货稳定和对外经济平衡确定为宏观调控四大目标的国家。德国除了必须遵守《马斯特里赫特条约》规定的欧盟趋同标准外，对国家负债还有严格的规定。根据新修订后的《基本法》，"债务刹车"这一政策登上了历史舞台。此外，德国作为法治国家，以法为本，非常重视整顿财政，有严格的财政纪律。

二是早在2005年默克尔上台后就提出"整固、改革、投资"的三和弦政策，突出了财政整治，此后，债务和赤字大幅度下降。

德国在十几年前还是重病缠身。美国学者认为，这是由德国长久奉行高福利制度造成的，并把它称为"德国病"。其具体表现为"五高两低一结构"，"五高"指的是高失业、高福利、高劳动成本、高国债、高税收，

---

① Sachverständigenrat zur Begutachtung der gesamtwirtschaftlichen Entwicklung, 2011: Verantwortung für Europa nehmen, Wiesbaden. S. 11.

"两低"是低投资率和低增长，"结构"指的则是经济结构问题。这些问题导致德国企业成本居高不下，大批制造业企业迁出德国，外来投资疲软，收支失衡也给政府带来了巨大压力。

1998 年，施罗德总理制定的"2010 年议程"改革计划几乎涵盖了社会的各个方面。在 2005 年后的大联合政府中，默克尔总理推出了"整固、改革、投资"三和弦的政策，突出了财政整治，此后，债务和赤字就不断下降。同时默克尔还坚持 2010 年议程的改革思路，在削减企业负担等方面不断推出新政，提高劳动生产率。此外，默克尔政府继续推行"小微工作"和"短工"等新的工作形式和福利形式。到 2011 年 10 月，德国失业人数降到了 274 万，即便在经济危机和债务危机中，德国的失业率也是欧盟成员国中较低的。根据欧洲统计局 2011 年 11 月 30 日公布的数据，到 2011 年 10 月，欧盟 27 国的失业率为 9.8%，欧元区 17 国为 10.3%；而德国的失业率仅为 5.5%。[1] 这正是十多年来德国及时并持续地推行社会经济改革使德国较少被欧债危机所波及，而经济也得以迅速恢复的根本原因。

三是德国银行业保守，非营利性银行比例超过 70%。存款保险体系健全，保险额高于其他各国，拥有严格的信贷监管机制。

德国的银行体系是相对保守的。而恰恰是这种相对保守的体系，使德国银行体系在上一轮的金融危机中，和美国、冰岛和英国等国相比，受到的冲击有限。因此，这个德国银行体系所受冲击只是局限在部分银行范围内，而且，受到冲击的德国商业银行，其亏损主要来自投行业务和资产减记，商业信贷仍能正常进行。在危机发生后，各银行都力图克服困难，避免破产。同时，德国政府也积极及时地展开了救助，实施了近 5000 亿欧元的金融救市计划。

四是德国推出新债务法规，大力削减国债和赤字。要求联邦政府从 2016 年开始每年新增国债不得超过当年国内生产总值的 0.35%，联邦各州更是从 2020 年开始就不得举借新的债务。

在欧债危机的背景下，德国没有搞债务货币化，而是通过体制、通过提高生产率来解决，其及时调整财政政策，采取了相应的措施，并走向了

---

① "Die Agenda 2010: Eine wirtschaftspolitische Bilanz", Bundeszentrale für politische Bildung, 2005, http://www.bpb.de/apuz/28920/die-agenda-2010-eine-wirtschaftspolitische-bilanz? p=all.

可持续性的、以增长为导向的整固路线，"双松"组合转向了"紧松搭配"。而这些措施都取得了一定的成效，这也被称为"德国模式"。①债务刹车：2011 年起在联邦和各州实施，旨在严格进行财政整顿，2020 年各州必须达到结构性财政平衡。②新债务法规：旨在限制结构性负债（不依赖于经济发展情况的负债）。③"未来一揽子计划"：既包括减少支出的政策，又包括增加收入的政策，旨在于 2014 年前节约开支 265 亿欧元。④成立金融稳定理事会和市财政委员会：2010 年 4 月 28 日成立金融稳定委员会来替代之前的财政规划理事会，其中新任务在于监督联邦及各州财政情况，提前预防财政紧急情况的出现并及时做出正确的应对措施。德国政府充分根据经济发展形势，灵活采取适应的财政政策与欧央行制定的货币政策相配合。

五是德国虽然是个高福利国家，但其福利还不到形成危机的程度。

德国福利体制相对很成熟，并有严格的财政纪律相制衡。德国获得福利的主要途径是就业，而福利基金的主要来源是社会保险金，德国有严格的财政纪律，这也与欧洲五国形成了鲜明的对比。高福利不一定会造成高债务，关键在于是否有严格的财政纪律。

六是经济发展良好，德国 2014 年的国内生产总值预计将增长 3%，出口将增长 7.8%。

德国内需不断复苏，企业具有很高的竞争力。德国是出口导向型的国家，近年来其出口对象国结构有所变化，新兴工业国家地位日益提高，一方面新兴工业国家较之于发达国家受到金融危机波及较少，另一方面这些国家本身经济蓬勃发展。这更有利于德国出口增加。中德关系的互补性也可以帮助德国渡过难关，因此，德国政府非常重视两国关系，从默克尔频繁访华之举也可见一斑。此外，德国经济具有自己的独特性，有着扎实、健全的制造业基础。

（四）德国对希腊债务危机的处理

德国救援希腊体现了德国致力于推动欧洲一体化大业。德国对希腊债务危机处理方针的第一阶段为：静观其变，不愿提供援助。2010 年 4 月 26 日，德国表示，除非希腊出台更为严格的财政紧缩政策，否则不会"过早"伸出援手。德国的观点是，不主张破坏欧盟的一些基本规则，特别是"不救助义务"。当然也是保护自身的利益，希望主权债务国家自救，即在市场发债，通过滚动债务来避免违约风险。默克尔在救助希腊问题上比较犹豫，也与她面临的德国地方选举有很大关系。执政党地方选举受挫的直接原因是德国选民对欧债危机救援方案有很强的抵触情绪。欧债危机的一个后果是欧盟内德国影响力在扩大。由于德国比较成功地应对了经济危机和欧债危机，国家竞争力和国民生产总值不减反增，德国改革福利体制的经验正在为各国所学习。高福利本是欧洲人引以为傲的经济特征和生活方式，但是从"摇篮到坟墓"的社会保障给政府添加了沉重的财政负担，使解决这个问题的重要性日益上升。

第二阶段为积极援助的阶段。希腊试图通过大规模发债筹资和削减赤字计划实现自救，但其债务负担远超自身承受能力。希腊救助方案的不确定性成了欧元不断贬值的推手，欧元一路贬值至2005年以来的最低点，开始出现了欧元可能解体的声音。而统一的欧元是欧盟经济和政治一体化的最重要的基础。为了欧元区的稳定，德国积极推动欧盟与国际货币基金组织层面对希腊实施救援。2010年5月欧盟与国际货币基金组织通过了对希腊的第一轮财政救援计划。2012年2月21日，欧元区财长会议批准对希腊的第二轮救助计划，总额为1300亿欧元。

尽管有来自法国的反对，德国坚持对希腊进行债务重组。在欧元区发言权最大的德国对希腊债务重组的立场已经软化，同意私人债权人（指以银行、保险公司、养老金和对冲基金等为主的债权人）在自愿基础上参与希腊债务重组，这也意味着这一政策为希腊债务重组铺平了道路。根据德国联邦宪法法院的判定，欧洲稳定机制（ESM）没有违反德国宪法，但是德国参与欧洲稳定机制必须遵守一定的条件，即德国的出资上限为1900亿欧元。德国作为欧元区最重要的国家之一，成为欧洲稳定机制的出资大户，在欧洲债务援助上，比如援助的对象与援助的手段方面，德国实际上拥有了主导权。

第三个阶段是尽力促成希腊留在欧元区。如果希腊退出不仅会给德国造成巨大的损失，而且会引发连锁反应，形成葡萄牙等国也会退出的预期，从而引发银行挤兑和资金外逃，推高这些欧元区国家的国债收益率甚至最终威胁到欧元区的完整以及欧元的前途。因此，一直在努力捍卫欧元区完整性的德国总理默克尔及德国财政部长朔伊布勒均表态认为，希腊应当留在欧元区内。2011年10月31日，就在欧盟商讨援助希腊解决债务危机的方案时，时任希腊总理的帕潘德里欧无视欧洲领导人态度宣布举行全民公投，立刻引发了市场大幅波动。帕潘德里欧此举显然把执政党的地位置于经济利益之上，引来了德国总理默克尔的强烈不满。德国表示直至全民公投结束之前，希腊不会获得新一轮国际贷款援助。迫于压力，希腊在11月3日晚宣布取消公投，将继续留在欧元区。2012年3月9日，默克尔到访希腊，承诺为希腊提供3000万欧元，协助其建立地方行政管理机构，以及改进健康保险系统，并再次重申希望希腊留在欧元区。在"三驾马车"对希腊改革进展的评估发布这一关键时间点之前的这一表态，也体现了德国没有放弃希腊，而是需要希腊出台更强硬、更多的改革措施。

德国之所以在欧债危机中力挽狂澜，坚定不移地推进欧洲一体化的进程，是与德国国内形成的稳定的欧洲认同分不开的。德国的定位在欧洲，它强调德国是欧洲的德国。所以，认同问题是研究德国外交政策的一个重要而特殊的问题。在建构主义理论中，规范与认同是影响一个国家的对外行为及其国际关系的两个重要因素，它们是互相建构的，同时，相应地还有利益的本性驱使。在第二次世界大战后的较长时期内，德国的政治精英们形成了欧洲认同的观念，认为欧洲只有联合起来，才能在世界舞台上发挥积极作用，而德国也才能因此发挥积极作用，就是说，德国离不开欧洲，也不能离开欧洲。这是战后德国建国以来的思想，也是从阿登纳时期起所追求的目标。根据德国的欧洲认同和影响可以概括出德国外交政策的主要特征是，德国的认同是由"克制文化"所形成的，德国在国际舞台上不率先出场，不做挨枪杆子的第一鸟，而是必须继续限制它的"雄心"。德国既要做好一个忠实的跨大西洋伙伴，又要做一个好欧洲人和法国可靠的好邻居。德国要置身于多边合作的外交政策框架中，强调德国不单独行动，强调德国不能做也不会做一个世界大国，不做世界的领导者。它宁愿在欧洲范围内做一个地区一体化的发动机，做一个"好欧洲人"。

德国方面认为，要应对欧债危机必须坚持首先调结构，即必须先实施紧缩的财政政策，默克尔反复强调，不能无节制地救助南欧边缘国家，甚至是法国，这些国家必须根据德国的要求进行经济改革，发行欧元债券或者依靠欧洲央行来解决燃眉之急是治标不治本的做法，即使实行，在这些债务国不改变其财政政策的条件下，很可能引起今后欧洲经济的崩盘。默克尔曾经公开宣称"我们需要的不仅是一个货币联盟，更需要一个财政联盟，达成更一致的预算政策。为此，我们需要首先建立一个政治联盟，一步一步地向欧洲移交权力"，所以德国方面的态度是先谈政治后谈财政，而且在各个国际场合默克尔都坚决支持此观点，决不松口。

（五）塞浦路斯救急计划

塞浦路斯是地中海的一个小国。据介绍，塞浦路斯"漂浮在地中海上，含情脉脉地眺望着叙利亚、土耳其和黎巴嫩的海岸"。塞浦路斯属地中海型气候，冬季温湿，夏季干热，从地理上看，它靠近亚洲和非洲。塞浦路斯是古希腊神话中的爱与美神维纳斯的诞生地，被称作"爱神之岛"，有着迷人的特质。在塞浦路斯旅游，可以说，世界美景尽收眼底。这里有古代村落、城镇、剧场、运动场、宫殿、堡垒、庙宇、墓穴、围城、圆柱、马赛克镶嵌画，还有太阳神阿波罗的神庙遗址等。岛上酒吧、夜店比比皆是，在旅游旺季，可谓一床难求，故欧美游客每到每年七八月份便蜂拥而至。塞浦路斯税率低，还是"富人的天堂"。企业所得税率很低，仅为10%。个人所得税则更低。挪威首富油轮大亨约翰·弗雷德里克森，就因为塞浦路斯的税收政策优惠，2006年他放弃挪威国籍来到塞浦路斯。俄罗斯商人特别喜爱把钱放到塞浦路斯，据报道，俄罗斯人在塞浦路斯的存款达到190亿美元，占塞浦路斯全国存款的1/5以上。俄罗斯银行还向在塞浦路斯开办的俄罗斯公司放了400亿美元贷款，塞浦路斯被称为"俄罗斯人的金库"。塞浦路斯是个高度依赖希腊的国家，希腊的许多银行在塞浦路斯都开办了分行，正是希腊危机把塞浦路斯拖进危机的深谷，使其面临着银行倒闭、国家"破产"的险境。

2013年3月，欧元区17国财长会议，经过长达10个小时的艰苦谈判，终于在当地时间16日凌晨达成为救助塞浦路斯提供100亿欧元救助资金的议案，比塞浦路斯原先申请的175亿欧元少了75亿欧元。尽管如此，这笔"救命钱"还是给了塞浦路斯政府以喘息的机会。然而，欧元区成员国此次救助的条件却是非常苛刻的，主要受害者是广大的储户，许多塞浦路斯人表示他们"被欧盟出卖了"。救助计划的规定有如下几条。

第一，到2018年塞浦路斯必须将其银行业规模与国内生产总值的比例从目前的8∶1调降到3.5∶1的欧盟平均水平。

第二，对银行储户的存款征收一次性存款税，10万欧元以上大额存款税率为9.9%，10万元以下存款税率为6.75%。

第三，对存款的利息所得征收"代扣税"，据欧盟测算，这项可为塞浦路斯政府带来58亿欧元收入，把这笔收入纳入欧元区国家提供的100亿欧元中，实际上塞浦路斯政府从欧元区只能得到42亿欧元的救助款。

第四，企业税从10%提高到12.5%，又可为塞浦路斯政府每年增加收入2亿欧元。

当广大储户得到这个消息后，于16日上午纷纷赶到刚刚开门的合作银行提取现金，但被告知，"银行账户已被冻结"。很多民众自发组织到总统府抗议，称这个救助计划简直就是"把塞浦路斯变成了黑手党的老家西西里岛"。阿纳斯塔夏季斯总统发表声明说，"我们选择的方法可能很痛苦，但它是唯一使我们能继续生活下去的方法"。3月28日，关闭了近两周的塞浦路斯银行又重新开门营业。各银行在开门前都有保镖和保安把守。据报道，有专机将50亿欧元运到塞浦路斯用于银行恢复营业。但为防止银行现金被提空，采取了7天内严格限制资金流动的管制措施，如个人单日取现不得超过300欧元。这些管制措施还包括：冻结电子转账和现金的跨境转移；禁止携带现金出境，只有那些能证明是用于支付进口贷款的企业才能将资金汇出境外；用于信用卡支付的，以每月5000欧元为上限。据估计，在银行停业期间，塞浦路斯企业遭受的损失每天高达数百万欧元。据报道，塞浦路斯第博大银行行长辞职，银行被第一大银行兼并，预计其储户将损失80%的存款。

欧元区内部对这次救助计划的态度也不一样。欧元集团主席塞尔布卢认为，塞浦路斯银行账户有1/3是由外国人持有的，主要是富有的英国人和俄罗斯人。国际货币基金组织总干事拉加德在第一时间表态说，欢迎救助协议达成，并表示国际货币基金组织将与欧盟一起分担救助资金，出资10亿欧元。分析人士称，如果欧盟等不出手相救，塞浦路斯将面临破产，给整个欧元区造成更大破坏。欧元救助国财长已决定延长葡萄牙和爱尔兰救助借款的还款期限。希腊和西班牙已经在接受国际援助。希腊银行家称，将普通储户纳入救助计划打破了一项禁忌，这将有可能在爱尔兰、葡萄牙、西班牙和意大利采取同样措施，投资者将出现恐慌，害怕出现下一个塞浦路斯现象。

（六）解救欧债危机的主要方案及前景展望

解救欧债危机的短期对策是，希腊需要拿出勇气和行动，抛开一己之利，更不能不顾欧盟一体化的大局；实行宽货币（利率在 1% 左右，最近从 1.5% 降为 1.25%，购买国债增加流动性）、紧财政（削减财政赤字和举债）、寻援助的举措；重视"德国模式"，借助制度变革（颁布新债务法规）和生产率提高（出口增加，GDP 增加）来抑制债务危机；让希腊等国退出欧元区，荷提出成立排除法、意和希的小欧元区、成立新欧元区（neuro）；债务减免；赖账（申请破产保护）；攒钱还债（谋求经常项目顺差）；印钞还债，执行定量宽松（QE）货币政策；发行欧洲共同债券，将欧洲金融稳定基金（EFSF）转为欧洲货币基金（EMF），欧洲央行成最后贷款人，无限购债、无限提供流动性。

至于长期对策，则要把欧债危机看成"真正改革的机遇"，加快建设政治欧盟、财政欧盟，进行根本性改革，建立高度一体化的"新欧洲"。同时，应成立欧元区经济政府，引进共同财政政策；通过紧缩财政政策达到经济复苏；建立两种速度的欧洲。

对于解救欧债危机的前景展望是，欧盟正经历自成立以来的最大危机，但欧盟的历史反复告诉人们，欧盟越是认识到危机，就越能推动其自身的前进。因为几乎所有成员国都认识到，倒退带来的代价要远大于目前需要支付的代价，因此至今不仅没有一国考虑退出或是已退出欧盟，而且有像波兰这样的国家，强烈要求尽快加入欧元区。事实说明，"前进－危机－再前进"是欧盟发展的轨迹，这个轨迹不会因为欧债危机而发生变化。今天，我们同样不要去唱衰欧盟，而应该对其发展增加更多的信心。

二 中国在欧债危机中的角色和作用

世界离不开中国，中国需要世界。美国《福布斯》双周刊网站在 2013 年 7 月 24 日撰文说，"中国一打喷嚏，世界就感冒"，"对于欧元区而言，如果中国遭遇风险，欧元区 2014 年就将陷入衰退"。可以说，欧盟对中国的心态比较复杂，一方面看好中国，希望从中国得到更多好处来发展欧洲，使欧洲尤其欧盟在国际事务中起更大作用；另一方面又担忧甚至害怕中国的发展强大，担心欧盟被挤到解决国际问题的边缘。欧盟和中、美、俄形成国际四边形，但欧盟离开其他三边中的任何一边，都会显得无足轻重。所以，必须看到欧洲对华政策的两面性即经贸关系热，而政治关系冷，欧洲对取消对华武器禁运和承认中国的市场经济地位不积极。在政治上，欧盟和中国有许多共同点，比如反对单边主义，主张通过谈判解决国际或地区冲突，反对"先发制人"，例如在当前乌克兰问题上，欧盟立场与美国并不完全一样。由此，中国有必要加强与欧盟的高层互访，相互沟通，做到知己知彼。在经济上，除经贸外，中国可以加强在欧洲国家投资，如在德国投资，德国居欧洲中央，在德国建立研发中心，其生产的产品可以销往欧洲各地。加强中欧之间的人文交流。可以说，欧洲绝大多数人并不了解中国，他们所获得的中国知识只是从媒体上得到的，有很大的局限性。而中国也应该重视人文交流，它是一种软实力，其影响将是深远的。

欧洲债务危机虽然已过去，总结一下对中国经济政治产生的影响，是有好处的，可以更好地发展中国与欧洲、与欧盟的关系。归纳起来有以下几点。

（一）救助欧洲符合我国的对欧战略

在世界格局中，欧洲占据重要一极，欧盟是中国的重要伙伴之一，也是中国的一个重要经贸伙伴。救助欧洲于欧洲于中国都有利。这有助于稳定欧洲经济，有利于中国向欧洲出口，进一步改善中欧关系，提升中国的话语权，并展示中国负责任的大国形象。世界形势不断变化，各种势力和集团也在变化或潜在地发生变化，昔日的盟友或同盟也在变化，有些变得松散，也有的变得更加紧密。对中国来说，这是机遇和挑战，要抓住机遇，迎接挑战。

（二）欧债危机对我国来说既是机遇又是挑战

我们要审时度势，抓住并妥善利用欧债危机后的大好机遇。现在正是欧洲金融秩序，甚至是国际金融秩序重构、大洗牌的时期，这一机遇有利于缓解人民币增值压力，有利于提高我国外汇储备的真实收益率，可以进一步完善人民币汇率形成机制，争取以人民币计价我国部分对外债权，使人民币国际化，中国企业可以"走出去"和"引进来"，中国可以买技术、买品牌、买渠道；我国目前拥有3.2万亿美元的外汇储备，但使用得并不理想。应该说，目前动用外汇恰逢其时，可以达到扩大内需，使消费升级，改善进口结构，提高人民消费水平的目的。

（三）　欧洲是中国的重要贸易伙伴之一

2012 年中欧双边贸易总额达到 5460 亿美元，欧盟对华贸易逆差则为 1220 亿美元。[①] 欧盟一向以贸易保护主义著称。例如，最近欧盟又对从中国进口的光伏产品增收惩罚性关税。德国经济界担心，贸易争端可能伤害欧洲的汽车制造商。

（四）　中国对欧盟的救助必须附带一些条件

天下没有免费的午餐，当时中国对欧盟的救助附带了一些必要的条件。如中国认购欧洲基金组织份额，提出条件担任该组织副总裁，如朱民成担任国际货币基金组织副总裁一样；在欧洲央行，提出向欧洲央行派代表。提出人民币进入国际货币基金组织特别提款权；承认中国完全市场经济地位，解除军售禁令和高科技封锁，不要对中国的汇率政策和人民币增值施压，中国提供的资金至少须有一部分以人民币计价，建立欧元和人民币的双币特种结算机制等，这将保护中国投资不完全受汇率波动的影响。

（五）　中国应从多边渠道购买欧洲债券

中国应推动国际货币基金组织增资扩股，增加我国在国际货币基金组织中的影响力，为人民币进入特别提款权，逐步成为国际货币创造条件。2011～2015 年特别提款权的构成比重：美元 41.9%，欧元 37.4%，日元 9.4%，英镑 11.3%。中国应力争使人民币成为第五种组成货币，从而彻底摆脱汇率风险。中国可考虑借助欧洲金融稳定基金进行救助，购买欧洲金融稳定基金债券，但必须弄清全部机制和法规。要看到它获得了 AAA 的评级，为新投资者提供担保，但仅限于初次 20% 的损失，况且很多细节没有披露，实际情况还有待市场检验。此外，购买欧盟可能推出的统一欧元债券也是一种援助方式，也可考虑通过提供担保支持法国、德国债券市场，间接支持欧洲对"问题国家"的救助。有一点不得不注意到的是，中国应尽量避免大规模地进行双边救助，可以象征性地买入有关国家的国债，救助应以贷款为主，避免国债价格下跌产生较大的缩水。债务危机让欧元汇率承受很大的下跌压力，中国还可以考虑用美元贷款，以规避欧元

---

① 《中欧潜在贸易战没有赢家》，《参考消息》2013 年 5 月 20 日，第 5 版。

下跌的风险。中国购买具有战略投资的资产和商品，可以增加从欧洲的进口。奥朗德在接受独家采访时表示从不怀疑中国经济的实力，不赞成欧洲一些国家的"中国威胁论"，并且公开表示："我此行的目的，就是希望联结欧洲和中国。中国需要欧洲，一个更好的、发展更快、更有信心和资本的欧洲。中国也应该成为欧洲发展的动力，它应该接受更多欧洲的产品，这能让欧洲更加有活力。"

三　中国国内外各派别的观点

1. 国内反对派观点

中国的媒体基本是一边倒的反对声，强调维护国家利益是一国对外政策的根本原则。他们担心中国的投资打水漂或是被欧洲拖垮；中国没有能力来拯救欧洲。中国即使"有心"但也"无力"，中国不可能"英雄救欧"；如果直接救助，有可能面临欧洲外围国家债务重组带来的损失，面临外汇储备调整引起的世界金融市场动荡。是否救助，已不是简单的流动性支持，还将涉及世界政治格局调整和对欧新决策。要汲取 2008 年国际金融危机时各国救市和刺激经济计划的教训。要看到国内外投机者的贪婪，扩大信贷会带来巨大的投机和腐败，是一个无底洞，欧洲还在重复这一做法，中国必须十分小心。有可能是抱薪救火、惹火烧身，出力未必讨好。目前各国都有自己的打算：美国想借欧洲危机转移市场焦点并巩固美元的国际地位，德国想借机提升自己在区内的控制力，国际投机者更是想借危机发财。现在出手反而可能招致众人嫉恨。救助会导致中国出现损失，可能危及对中国经济金融的信心和稳定。不要把"好钱"丢向"坏钱堆"，资金救市就是肉包子打狗，这是"羊救狼"；欧盟远不是缺钱的问题，欧洲资金总体充裕。德国等国实力强大，北欧国家未受债务危机冲击，民间和企业资金雄厚。与累积了巨额外债的美国不同，欧元区整体的外部负债状况比较健康。因此，欧洲必须首先自救，才能希望获得他救；穷国支持富国于情理不合。"即使他们的穷人富人按财富比例捐献给政府将债务一次性还清，意大利的老百姓平均也比中国人富裕 11 倍！再如希腊，其人均财富，还掉国债后也是中国人的 3 倍。"救"欧洲"还不如救"温州"；欧债危机对中国影响相对较小，不要担心出口的减少，因为欧洲问题国家只占我国出口的 3.47%；欧债危机还在发酵，小小的希腊就搅得周天寒彻，意大利、西班牙甚至法国的形势都极不乐观，当更大的危机来临时，怎么办？中国的经济实力被高估了。西方国家一贯奉行冷战思维，在经济上不断捧杀中国，在政治上不断棒杀中国。对此，中国应该保持高度的警惕，不当"冤大头"，不要成为救世主，也承担不起"世界最后贷款人"的角色。

2. 国内赞成派观点

中国也多次对此正式表过态。这就决定了中国不能游离在危机之外；欧债危机对中国的影响主要通过贸易、大宗商品价格和投资信心三个渠道来发挥。目前中国挂靠的货币篮子中欧元比重在增加，大概是20%，如果欧元贬值，不利于中国外汇储备的保值和增值。因此，帮助欧洲就是帮助自己；对欧洲债务危机要保持冷静的分析。爱尔兰由于经济情况好转，已不在"欧猪"之列。意大利经济状况并非十分严重，其财政赤字与德国相差不多，经常项目逆差对 GDP 之比则更低。西班牙大银行经营状况良好。援助欧洲可以避免中欧利差倒挂，导致热钱为套利而流入我国，造成输入型通货膨胀；对自己赚的辛苦钱一定要看紧，但必要时也应该慷慨解囊，为国家谋取更大的利益；至今还没有一个大国明确表示反对救援。

3. 国外赞成派观点

法国总统萨科齐、欧洲金融稳定基金首席执行官雷格林、国际货币基金组织总裁拉加德、欧盟委员会主席巴罗佐都希望中国救援欧洲；英国《每日邮报》标题："为了保住欧元这一单一货币性命，欧洲正向中国伸出乞讨的破碗"；希腊、葡萄牙等国也切盼中国救援。但无论是欧盟还是欧元区都没有正式向中国提出援助的请求。

4. 国外反对派观点

中国当不了欧洲的"救星"。欧洲经济已是千疮百孔，仅凭中国一己之力绝不可能帮助欧洲复苏；欧洲担心中国提出苛刻条件，"带来政治代价"，并将拥有"决定单一货币命运的权力"；有人甚至叫嚷中国要"买断"欧洲；一则外电报道说，欧洲已经拒绝了中国要求在国际货币基金组织拥有更大影响力，将人民币纳入特别提款权货币系列（SDR）的条件。如消息属实，就表明，欧债危机还远没到让他们放弃原有方针的地步。

5. 本研究的评论与看法

相对比较赞成有条件援助派的意见，本研究认为赞成派的意见原则上是正确的，这反映了中国的战略利益，但反对派的意见也是十分重要的，必须认真对待，逐项研究并落实应对举措。必须看到欧洲对华政策的两面性：一是加强合作的积极面，另一面是怀疑猜忌的消极面。我们应当支持这种积极面，消除、抵制这种消极面。在欧债危机上同样如此，对欧洲可以提供援助，但必须要有条件。原则是：高度关注，态度积极，行动稳妥，坚持条件，量力而行，择机出手；过早出手拿不到对价。欧洲主要国家也还没真正地出手相救，说明危机还在可控之中；中国提出进入受援机构条件，以对受助者进行监督。中国应从多边渠道购买欧洲债券，这样风险可控，应尽量避免通过双边协议提供帮助。目前各国在援助方式上意见很不一致：美英等发达国家都不同意通过国际货币基金组织提供帮助，巴西则强调"我们只能通过国际货币基金组织提供帮助"，"别的任何方式都不行"。

四   国际金融危机和欧债危机背景下的中国与德国的经济关系

（一）中德贸易发展情况

中国是德国在欧盟之外最大的贸易伙伴和全球最大进口来源地，德国是欧洲对华直接投资和转让技术最多的国家之一。中国对德投资逐年增长，从 2008 年开始，德国就已成为中国每年在海外直接投资项目最多的国家。2004 年以来中国对欧洲出口一直处于高速增长之中，2008 年受到国际金融危机的影响增速放缓，2009 年更是出现了负增长。随着各国推出的救市计划发挥作用，各国经济从危机中逐渐走出来，进入了一个快速的复苏过程，2010 年双边贸易超过 30% 增长率也反映了这一点。但随着欧债危机升级，2011 年中国对欧洲出口只实现了极小幅度的增长，贸易差额缩小。2012 年上半年中国对欧洲出口较去年同期下降了 0.8%，贸易顺差进一步减少，同时美国超过欧洲成为中国第一大贸易伙伴。亚欧铁路交通的拓展，必将加大中德、中欧的经贸空间。2014 年 3 月 29 日，习近平主席在访德期间来到北莱茵－威斯特伐利亚州的钢都杜伊斯堡，迎接一列来自中国重庆的列车，列车途经哈萨克斯坦、俄罗斯、白俄罗斯和波兰4国，行驶16天，行程10300公里，到达终点杜伊斯堡，杜伊斯堡是中国新丝绸之路的目的地。杜伊斯堡在争抢中国企业方面在德国可以说是后来者居上，现有25000多名中国人生活在该州，中国企业已超过8000家，华为、三一重工都落户在北莱茵－威斯特伐利亚州。

（二）　欧债危机对中国金融稳定的影响

欧债危机对中国最大的冲击在于出口方面，即直接影响实体经济，它给中国金融市场带来了不稳定因素，但由于中国金融体系自身的特点，它带来的直接冲击很小，间接影响也在可控范围之内。短期内大量资本流入流出为中国金融市场带来了一些不确定因素，但总体来说未有实质性的损害。

（三）　国际金融危机和欧债危机背景下中国企业对德直接投资

有调查表明，中国对在德国投资兴趣最大。从投资企业的数量上来看，目前有近7000家德国企业在华，它们大部分是盈利的；共有1300多家各类中资企业在德设立了分支和代表机构，占德外资企业总数的2.8%。从投资数额来看，中国企业在德投资占德国企业在华投资不到10%，占外国企业在德投资不到1%。显而易见，在数据层面上，双方的投资是不平衡的，但这种不平衡状况正在发生变化。中资企业在德投资还有很大的潜力。

中国企业海外直接投资能带来积极影响，中国可以获取资源和先进技术；可以规避贸易保护主义，替代出口；可以扩大品牌影响力并提高市场份额等。从国家利益来看有利于：将"死钱活用"将大规模国债转化为资产；缓解流动性过剩、外汇储备风险和通胀压力；也是对欧洲的有力援助。

对于中国在德投资，联邦政府总体上持一种积极态度，认为发展潜力很大。德国人和德国媒体对中国在德国不断增加的投资抱有一种矛盾的心理，中国的投资一方面可以推动德国的经济和就业，尽管这一影响目前还非常微弱；另一方面，他们又担心中国在德国的某些重要的经济及工业领域，通过投资高科技或购买核心技术使德国失去相关优势。德国民众这种担心乃至恐惧的心态，这种负面感受也主要是受到了德国媒体的影响。

中德在直接投资领域长期存在不平衡，因此德国政府一直希望中国扩大对德直接投资。2011 年中国已经是德国的头号投资者，德国媒体目前对此的报道比较多，他们注意到中国近年来对德直接投资的重点转向了购买品牌和专有技术。虽然默克尔希望游说中国购买西班牙和意大利的国债，但中国对购买德国和欧洲企业的债务更感兴趣，因为不仅购买成本降低，而且可以一并买下技术。德国经济界总体上是支持中国投资经济结构薄弱的地区和企业的，但是在例如太阳能等行业，德国担心中国投资人过多参股会导致大量核心技术的流失，德国甚至一度有全球最大的光伏企业Q Cell，其就是敌不过中国企业的竞争而破产。普通德国人则希望了解更多投资者的背景和项目情况，以及会给本地带来何种影响，包括创造多少劳动岗位，会不会影响本地生态等。德国媒体还警告说，一旦中国国内经济形势走弱会拖累德国和欧洲其他国家的经济。

（四）人民币国际化战略机遇

我国货币地位与经济实力不符，为扭转这种不利局面，首先要推动人民币在国际贸易结算中的使用，最理想状态为出口收取人民币，进口支付外汇；更进一步则是要推动人民币作为国际计价和储备货币，使中国在国际经济和金融秩序中拥有话语权和规则制定权。人民币国际化遵循"积极稳健、有序推进"原则。但欧债危机也可能对人民币国际化发展不利：稳定的欧元能有力牵制美元，欧元风险加大，国际资金最多还是流入美元，欧元走弱意味着美元霸权地位进一步加强，人民币目前还无力与其竞争；中国经济受到外部金融危机直接影响不大，一定程度上归功于金融市场的管制，而人民币国际化意味着要放开管制，实现自由兑换，开放国内市场，在现阶段外部条件不稳的情况下，这一进程应当放缓。总之，欧债危机对中国经济的负面影响主要是通过影响出口实现的；出口受影响对银行业也造成了一些损失，给金融市场带来了不确定因素，此外金融市场还面临资本流入流出的短期冲击；以贸易为主体的经常项目和资本、金融项目又构成了我国的国际收支表；国际收支不平衡、外汇储备过高的问题则可以通过推动对外投资来改善，在欧债危机背景下可以觅得良机；同样人民币国际化也有机会可寻，而人民币国际化对我国对外贸易稳定发展、金融市场的进一步完善有利。但德国媒体不这么看。2003 年德国媒体在涉华报道中才提及人民币汇率问题。当时，美国要求人民币与美元脱钩，美国进口中国商品便宜，有利于美国消费者。从此，德国媒体就以人民币不增值就是不负责任为理由进行指责。2005 年 7 月，人民币与美元脱钩。德国媒体对此评论说，在人民币与美元争斗中输家是美国，借此挑拨中美关系。

五 德国与中国对国际金融体系改革的不同策略

早在 2009 年，德国领导人就在推动欧盟为国际金融危机寻找对策，并提出改善国际金融市场透明度、建立针对"避税天堂"的处罚机制、加强国际货币基金组织和金融稳定论坛的作用等建议。[①] 默克尔在多次访华与中国领导人的谈话中，也每每提及改革国际金融体系，谋求与中国在此类国际问题上达成共识。中国领导人也多次在国际场合表示，愿推进国际金融体系改革，促进世界经济可持续发展。

2010 年 1 月中国国务院总理温家宝访问德国期间，中德两国发表了《中德关于共同努力稳定世界经济形势的联合声明》，双方强调愿携手推动中欧关系继续快速发展，并一致认为中德作为两个主要经济体和出口大国，在应对当前经济金融危机方面有特殊的影响，中德合作具有特殊意义[②]。

胡锦涛主席 2011 年出访美国时指出，国际金融危机发生后，在国际社会和 20 国集团共同努力下，国际金融体系改革取得了进展。中国希望"国际社会共同努力，继续推进国际金融体系改革，推动国际金融秩序不断朝着公平、公正、包容、有序的方向发展"[③]。

此次欧洲债务危机显然削弱了欧盟的整体实力和声望，削弱了欧盟抵御风险和危机的能力。德国著名国际问题学者桑德施奈德在其新书《欧洲成功地下行》（2011 年出版）提出欧盟走下坡路是大势所趋的论断，这是

---

① 参见李永群《欧盟谋求国际金融体系改革》，新华网，http：//news. xinhuanet. com/world/2009 - 02/24/content_ 10880777. htm。

② 《中德发表联合声明将合作应对金融危机》，秀中国，http：//www. showchina. org/zt/jrwj/08/201001/t524658. htm。

③ 《胡锦涛接受美国〈华尔街日报〉和〈华盛顿邮报〉联合书面采访时表示 推进国际金融体系改革，促进世界经济的持续发展》，《中国金融家》2011 年第 1 期。

欧盟所不愿看到的，也是不愿想的。而中国等新兴经济体却在走上坡路，经济形势一片光明。这不得不引起欧盟的深刻反思。

有人说欧元区要崩溃（巴菲特、索罗斯），甚至有人说欧盟会垮台，这些都是危言耸听。当然也不能说，欧洲债务危机对中国就没有影响，主要是对中国向欧盟出口造成了负面影响。

欧债危机对中国的影响相对而言比较短暂，影响范围有限。主要影响集中在两个方面：一是冲击了出口，欧盟是中国第二大出口市场，仅亚于美国，2012年上半年中国对欧盟出口1630.6亿美元，占中国同期对外出口总额（9543.8亿美元）的17.08%。随着欧洲债务危机得到控制，对中国出口的负面影响就会降低。二是中国有可能会面临更多的短期资本流入，冲击中国的金融市场，这是我们需要防范的。

在国际金融体系改革的问题上，中德两国始终持有相同或相近的看法，并且双方合作具有广阔的前景和现实的必要性，这也是中德战略伙伴关系的重要组成部分。

第七章　价值观外交对中德关系的影响

基于历史的原因，德国的外交政策长期以来都包含两个维度，一个是价值维度，一个是利益维度。其中价值维度是指建立和宣扬亲西方价值观，实现德国同西方的一体化，在此基础上重建德国。在冷战结束20多年后，以价值观和社会制度来划分敌友，早已不是各国外交政策的主流原则。中国有着完全不同于德国的政治制度，基于不同的政治文化，两国在民主等问题上有着不同的理解。德国时常批评中国是"不民主"国家，而中国则坚持符合本国国情的政治和政党制度，拒绝西方民主，谴责德国干涉内政，因此两国容易在民主等政治问题上发生分歧和冲突，这也暴露了中德政治关系的敏感性和脆弱性。默克尔政府第一届任期内高调推行价值观外交，违背了时代潮流，带有明显的冷战思维特点。中国与德国分别属于不同的文化圈，历史文化传统和社会经济发展水平都有明显差异，并且中国选择了一条有中国特色的社会主义道路，无法接受别国把其推崇的价值观强加给自己。默克尔政府的价值观外交给中德关系的发展造成了负面影响。

第一节　默克尔政府的价值观外交

在施罗德时期，德国试图摆脱美国控制的努力以及施罗德的反美言论，让德国外交的两大支柱——欧洲一体化和跨大西洋关系——经受着严峻的考验，欧盟的深化发展陷入了停滞，德美关系跌入低谷，东欧国家对于德俄在天然气管道上的"过顶交易"十分不满，中国的崛起以及媒体表述的"中国模式"令德国各界感到了威胁。在此种情景下组阁，默克尔政府面临着外交领域的巨大挑战：如何让欧洲一体化继续前进，如何修复德美关系，如何应对发展中国家经济发展带来的威胁，如何继续扩大德国的出口市场，保持对外经济持续稳定发展，如何保证自身的能源安全等一系列的问题。

为了挽回德国外交局面，默克尔政府一上台就调整了外交政策。2006年3月，默克尔在对议会演讲中提出："德国的价值观包括人权、民主和宗教自由。"她所强调的价值观实际上是蕴含法治、人权、民主、自由的核心体系，实际上也构成了德国外交政策的价值基础。默克尔政府认为，该价值体系中最为重要的是注重国际法和维护人权，二者目的都是保护个人的权利不受侵犯。法治是其他各项权利得到保障的基础，法治、人权、民主、自由四者密不可分，如有一项受到威胁，外交和发展政策就应当采取措施。① 从这番阐述中可以看出，在默克尔政府看来，人权属于最高层级的价值观，甚至高于主权。如果其他国家出现这一与原则不符的情况，默克尔政府会采取行动加以干涉，意在贯彻自己人权至高无上的价值观，但实际上这种行为已经构成了对别国内政的干涉。

价值观外交强调德国外交政策的价值基础，用价值观作为外交关系中衡量亲疏远近的标准。

一 对欧美的价值共同体的政策

默克尔认为，欧盟面临危机的思想根源在于欧洲人对欧盟身份认同产生了怀疑，对于"欧盟是什么样的组织？""欧盟的边界在哪里？"无法找到明确的答案。因此，默克尔政府提出了自己对这些问题的解释和回答：欧盟是一个价值共同体，各民族本着宽容的精神和平共处是欧洲统一的最终目标。因此，在德国担任欧盟轮值主席国期间，默克尔推动欧盟各国一致统一用《里斯本条约》来代替原来的《欧盟宪法条约》，成功地使欧盟走出了所谓的制宪危机，对欧盟的深化和发展产生了深远影响。默克尔政府认为，欧盟的深化在于欧盟成员国的文化融合和欧洲身份认同的建构，期待加入欧盟的国家也应当接受欧盟的价值体系，即注重人权、民主制度、法治国家、市场经济等。

尽管欧洲和美国在现代生活方式上有很大差别，但是欧美文化同宗同源，也属于共同的价值体系。在默克尔政府看来，德美关系的一大坚实基

① 参见 "Werteorientierte Aussenpolitik: Voelkerrecht und Menschenrechte," http://www.bundesregierung.de/Content/DE/StatischeSeiten/Breg/ThemenAZ/Aussenpolitik/aussen-politik-2006-08-11-wertorientierte-aussenpolitik.html, 2013年10月26日检索。

础就是共同的民主价值观。默克尔上任后不久，就表明了德国和美国是关系紧密的伙伴和朋友，北约不仅是军事同盟，更应是价值同盟。[1] 除了公开表态之外，默克尔更是多次出访美国，提出德美两国应当在共同的价值原则基础上发展双边关系，在国际问题上加强合作，消除美国因欧洲军事力量增强而产生的疑虑。她多次强调北约始终是欧洲安全最重要的保障力量。毕竟，自2001年的"9·11"事件后，安全问题更加国际化，对于跨国犯罪、环境问题、经济危机、反恐等问题的处理仅凭德国一己之力无法解决，必须依赖美国这样一个世界超级大国的力量。

二 对于"民主国家"的拉拢政策

默克尔曾在出访中公开表示，"印度是亚洲最大的民主国家"，德国应当加强同印度的合作。从制度上说，印度是一个西方资本主义联邦制共和国，建立了西方的民主体制，更接近西方模式；从规模上说，印度人口仅次于中国人口，是世界上人口第二多的国家，劳动力和市场要素均占有优势，目前也是金砖国家之一，德国和印度的确有合作和交流的空间。2006年4月，印度总理辛格和德国总理默克尔签署了联合声明，表明"双方愿意在共同的民主价值体系和共同利益的基础上建立战略伙伴关系"。默克尔总理还鼓励德国企业在印度投资，并在2007年亲自率经贸代表团访问印度，与印度签署多项合作协议。通过德国和印度关系的发展，默克尔政府试图向世人展示民主国家的发展潜力。

默克尔政府对外政策的一个重点区域是非洲，大多数非洲国家因为近现代的殖民地历史，按照西方模式建立了"民主政体"，基本上与德国的价值体系相符。非洲成为德国开展发展援助的重点区域，德国政府强调本国的非洲政策和其他国家如俄罗斯、中国、印度等国的非洲政策不同，德国外交和发展政策以保护人权和实现法治为目标。对于津巴布韦政府，默克尔提出了批评，指责其独裁统治，压制新闻自由，迫害民主进步势力，破坏了"新非洲"的形象。

---

① 参见 Berlin – Besuch，"Rice verteidigt Geheimdienste in Anti – Terrorkampf，"http：// www. stern. de/politik/ausland/；Khaled – Masri – Zieh/551039. html？ eid = 551508，2013 年 5 月 17 日检索。

三 对中俄不同价值体系国家的牵制政策

中国和俄罗斯在冷战期间原属于东方阵营，苏联解体后，中国始终坚持社会主义制度，俄罗斯实行法国式半总统制的联邦民主制，但在民主制度上，中俄两国和德国皆持不同的立场和看法。中国的社会主义民主和俄罗斯的民主制，并不符合德国价值体系中的民主制度。默克尔政府信奉"民主和平论"，坚信民主国家之间不会发生战争，因此，有必要将中国和俄罗斯变成符合西方原则的民主国家，才不会对西方世界的发展构成威胁。

第二节　中德关系发展中的曲折——从施罗德政府到默克尔政府

施罗德政府特别重视同中国发展经贸关系，在他任期内，中德关系在双方对外关系中的重要性日益增强，德国政府于2002年出台了新亚洲政策，着重强调了对华关系的重要性。中德之间的贸易额迅速扩大，德国一直是中国在欧洲的最大贸易伙伴，2001年中德两国的贸易额为235.26亿美元，到2004年，双边贸易额达到541.2亿美元，占中国对欧贸易总额的25.6%。在经贸关系先行的基础上，施罗德政府努力推动两国在政治领域的战略互动。在施罗德总理执政时期，可以说，中德关系的发展进入了历史上的最佳时期，双方建立了高层定期互访机制、政府间的法治国家对话机制；在国际关系中，双方都积极推动多极化世界的形成，德国支持中欧关系的积极发展，在解除欧盟对华武器禁运问题上持积极立场。

默克尔总理就任后，多次在公开场合批评中国的人权状况。在中德关系中存在较大分歧的问题上，施罗德政府倾向于点到为止或者采取忽略的态度，但是默克尔政府认为这样的对话政策必须加以修正，因此在访华时，她十分直接地谈到人权、知识产权保护等敏感问题。2007年8月默克尔上任后第二次访华，在人权和知识产权保护问题之外，她还谈到了环保、资源、新闻自由等问题，认为中国在环保方面应当以发达国家为标准，中国应当推动非洲发展民主政权，中国应开放媒体自由。2007年9

月，她不顾中方的强烈反对，在总理府以总理身份接见被中国政府视作民族分裂分子的达赖，高调显示对中国人权、宗教自由的"关心"。2008 年 3 月西藏事件发生后，德国立即宣布总理和外长都不出席北京奥运会开幕式，作为对西藏事件的回应。

中德关系一而再、再而三地受到伤害，中国政府采取了一系列反制措施，包括冻结两国副外长级官员的战略对话，取消中国外长杨洁篪和德国外长施泰因迈尔在联大会议期间的早餐会，取消中德法治国家对话。中国企业家也拒绝参加法兰克福的中欧商务会议，中德经贸关系的发展受到不小的影响。德国国内外的批评声越来越大，其中最有代表性的是当时的德国外长施泰因迈尔，他曾公开批评说，"愚蠢的外交政策给德国国家利益造成损失"。德国的企业界眼见法国企业同中国签订了价值约 200 亿欧元的订单，作为欧盟内中国第一大贸易伙伴，德国企业却一无所获。经济界、外交界和媒体界有越来越多的人开始质疑默克尔的"价值观外交"。

第三节　德国追求价值观和经济利益之间的平衡点

2008 年国际金融危机在美国爆发，很快蔓延到欧洲和全球其他地区，随后希腊爆发主权债务危机，欧洲债务危机蔓延开来，整个欧盟都受到影响。尽管中国也未能逃脱金融危机的冲击，但相比日本、美国，受到的冲击要小得多。从各个方面来考虑，中国都是帮助德国、欧洲走出欧债危机的潜在有力助手。

在积累了同中国打交道的经验教训后，德国对华政策中的价值观因素减弱，变得更为务实。默克尔从第一任期对美国寄予厚望，强调两国的共同价值观，共同应对中国的崛起，到随着中国的发展越来越能使德国受益，德国也意识到国际权力已经由美国向新兴大国转移的趋势，默克尔也变得越来越务实。在考虑到德国在金融危机和债务危机中的利益维护后，在第二届任期内，默克尔的对华政策有所调整：首先，不再高调地谈及人权等敏感问题，不直接对中国的诸多问题提出批评；其次，默克尔政府和中国政府建立了高级的政府间磋商机制，主张通过对话来加强沟通和理解，解决在重大问题上、价值问题上的分歧和差异，对于西方价值观的推行手段不再是一味的强制，有所缓和。2012 年 8 月两国政府发表了第二轮政府磋商联合声明，德方重申坚持一个中国政策，尊重中国的主权和领土完整，支持两岸关系和平发展……愿意继续举行法治国家对话和人权对话……双方一致表示，愿继续深化全面的经济合作，双方致力于严格遵守世贸组织规则，减少贸易壁垒。[①] 中德两国在全球经济治理上有了更多的共同语言。

在共同的危机面前，中德两国捐弃前嫌，共同应对时局变化的考验，双边贸易额再创新高，人文交流不断加强，德国举行了为期三年的"中德同行"活动，2012 年是德国的"中国文化年"，2013 年是"中德语言年"，相关的系列活动内容丰富、受众广泛、影响巨大。中德关系无论是在政治、经济还是其他领域，都达到了前所未有的广度和深度。

在德国新一届大联合政府《联合执政协议》关于德国外交政策的表述中，价值观和利益都属于德国的国家利益范畴，"价值观"更多指的是国家文化方面的非物质利益，"利益"涵盖了国家的物质利益，包括安全生存、主权独立、经济财富等。"价值观"和"利益"作为外交政策的目标，分属两个维度，彼此并不矛盾。约瑟夫·奈也曾写道，"价值观乃是一种无形的国家利益"[②]。德国的外交政策虽表述为"受价值约束的、以利益为主导的外交政策"，但归根到底利益起着最核心的作用，只是这里的国家利益要受到价值观的规范和约束，过分强调价值观会给双边关系带来摩擦和冲突，影响两国经济利益的维护。事实表明，德国政府可以重点追求实现经济利益，忽略价值观传播的无形利益，也可以在追求经济利益的同时顾及对价值观的传播，但是绝不会仅仅为了价值观的传播而放弃对经济利益的追求。

德国政府一方面想要推行德国的价值观，另一方面又想取得和维护国家的经济利益，尤其是在和中国这样人口众多、市场庞大的发展中国家的关系中维护德国的经济利益。德国历届政府的外交政策都在努力寻找价值观和经济利益之间的平衡点，其目的在于：既保持良好的经贸合作关系，又能营造承担国际责任的大国形象，宣扬和推行西方的价值观，为政府大选吸引选民。

---

① 参见《第二轮中德政府磋商联合声明》，北京，2013 年 8 月 30 日。

② 参见 Joseph Nye, *The Paradox of American Power: Why the World's Only Superpower Can't Go It Alone*, Oxford: Oxford University Press, 2002, S. 139。

第四节　小结

价值观外交的推行，是默克尔政府初上任时选择的一种外交手段，意在建设西方价值共同体，修复在施罗德时期遭受破坏的德美关系，这一举措取得了良好效果。在默克尔政府的两届任期内，德美领导人进行了互访、演讲，在国际会议上商议北约事务，德美关系得到了切实改善。推行价值观外交的另一个表现，是拉拢亚洲的民主国家（如印度），而打压中国，在反对非西方民主制度这一点上，明显地体现了基民盟的传统色彩。中德关系的基石——经济的互补性和相互需要——受到打击，两国关系跌入低谷，经过社民党人和自民党人的外交部部长和中方的不断努力，才逐步加以改善。

在第二届任期内，默克尔政府吸取了经验教训，首先在《联合执政协议》中修改了措辞，将价值观优先的表述改为利益引导的、受价值观约束的外交政策，兼顾了价值观和利益两方面，并且强调了利益导向的重要性。在第二届任期内，中德关系得到了良好发展，双方于2011年建立了政府间磋商机制，进行了第一次政府间磋商，2012年进行了第二次政府间磋商，这是两国间最高级别的磋商。除此以外，2012年默克尔总理访华，2013年李克强总理上任后将德国作为欧盟国家中的第一站进行访问，都体现了两国关系的不断发展。两国在经济、贸易、科技、文化交流等方面的合作充分体现了中德建交四十周年来取得的成果。

在价值观问题上，默克尔政府选择了淡化和回避，例如，在中德关系中，在双方的互访中，人权问题并未完全消失，但是已经不是话题的重点，并且在李克强总理访问德国期间，记者还捕捉到双方在讨论人权问题时充满笑容的镜头，这充分表明人权问题虽是敏感问题，但在双方平等和互相尊重的基础上，是可以坦诚讨论的。如果一方摆出批评的态度，则容易导致对方的反感，造成两国之间的摩擦与矛盾。

德国不是一个幅员辽阔、人口众多的大国。它因在历史上发动了两次世界大战而为人诟病，也因战后的"经济奇迹"和"和平统一"而备受瞩目。现在，德国和法国一起推动着欧洲一体化进程的继续进行，在西欧，乃至整个国际舞台上都占据着举足轻重的地位。中国和德国远隔万里，一直保持着良好的经济关系。在中德关系经历了一段波折之后，如何能够进一步深化发展两国的战略伙伴关系，是值得探讨的一个重要话题。

施罗德担任联邦总理时期，似乎是经济利益在与价值观的博弈中占了上风，但实际上，德国外交政策始终没有放弃其传递价值观的使命。而这一使命，在默克尔政府时期变得更加旗帜鲜明。例如，对西方民主、人权毫不掩饰地推行，造成了中德关系中的曲折。德国对西方价值观的推行，本质上符合德国的国家利益。然而，任何外交政策的推行都植根于现实主义物质利益的基础之上，离开了经济发展和国家实力，非物质利益的追求便失去了任何保障。

对于中德关系而言，默克尔第三届任期内应会继续和中国保持良好关系，协调中欧贸易摩擦，通过对话和谈判而不是惩罚性关税来解决问题。德国和中国之间并不存在历史遗留问题，也没有根本性的利益冲突，然而两国的历史、社会文化传统、社会发展水平和社会制度都大不相同，因此出现误解是在所难免的。从中德关系过去40年的经验来看，经济优先的特点应当得到保持，在政治互动上，两国应当互相尊重，坦诚交流，中国有个成语叫"求同存异"，很适合用在中德这样两个社会制度不同的国家上，在求同存异的基础上，可以追求"求同论异"的境界，通过对话加深了解，推进中德战略伙伴关系。

第八章　对中德关系发展前景的思考

第一节　中德深化相互关系

　　江泽民主席于 1995 年 7 月 11～15 日率一个庞大代表团对德国进行正式访问，这是我国国家主席对德国的首次访问。江主席强调说，中国十分重视同德国的关系，中德两国之间既无历史遗留问题，也无现实的根本利害冲突，同德国发展全面合作关系，是中国外交政策的重要一环。科尔总理表示完全赞同江主席对两国关系的评价，并表示，中德两国有着传统的经济、文化和科技合作关系，中德之间不存在影响发展关系的障碍，两国有一切理由使关系更加密切。1995 年 11 月，应李鹏总理邀请，科尔总理第五次访问中国，他在北京举行的记者招待会上说：根据德国的新亚洲政策，与中国发展关系已成为德国政府和他本人的施政重点。他还说，中国改革开放和经济发展是对 21 世纪世界和平与发展的重要保证。冷战后中德两国作为贸易大国的合作需求以及一致的和平外交理念使中国和德国越走越近，两国互动良好和频繁，20 世纪 90年代中后期两国高层领导人的频繁互访充分证明了这一点。冷战后，苏联消失，世界上只剩下一个超级大国美国，世界政治形势发生了巨大变化，世界各国特别是具有经济和政治影响力的大国都适时调整了国内外政策，中德两国亦然。

　　从中德两国双边关系看，双方没有国家利益的冲突，两国没有领土纠纷，有的只是双方经济利益的一致和矛盾。从外交上看，也许中德的多边外交政策看起来不同，但是还是有共同点。两国都反对美国的单边主义，认为没有任何国家有权决定和支配国际事务，主张国际格局多极化，用和平手段解决国际上的冲突。[①] 比如在利比亚战争中德国没有派兵和提供其

---

　　① Gunther Hellmann, Christian Weber, Frank Sauer, "Die Semantik der neuen deutschen Außenpolitik," *VS Verlag für Sozialwissenschaften*, 2008, S. 117.

他支持，不像法国、英国。在联合国安理会表决是否在利比亚设立禁飞区时，德国投了弃权票，拒绝参与英法联军针对利比亚的军事行动。目前在一些国际问题上，联合国五常加上德国，实际上是六国先商讨之后再拿到安理会上讨论的。在处理国际冲突问题上，例如伊朗、朝鲜、叙利亚等问题，应该说，中德两国的一致多于双方之间的矛盾，所以中德关系不会出现大的起伏。但并不是说，中德两国双边关系就风平浪静了。

1989年德国对华进行"制裁"，1990年联邦总统魏茨泽克会见达赖，1995年联邦外长金克尔又会见达赖，1996年德国某些政要对中国台海演习无端指责，同年德国一些政党又掀起了一场所谓"西藏问题"的闹剧。施罗德执政时期：如1998年菲舍尔外长一上台就接见所谓"异见人士"魏京生，1999年又会见达赖，2004年中国欲购买哈瑙核电站的风波等。2005年默克尔上台后奉行价值观外交，一再批评"中国模式"，抨击中国的人权纪录，扬言要改变德国的亚洲政策，将其外交重点从中国移至印度。2007年德国联邦议院通过了所谓中国强迫劳役的决议，德国外长不断地公开指责中国知识产权保护，德国总理也于2007年9月23日不顾中方的强烈反对，在总理府接见达赖，明目张胆地干涉中国内政，开创了中德关系史上恶劣的先例。中国对此进行了有理、有利、有节的斗争，两国关系降到了十年以来的最低点。因此，两国要联合应对危机，德国必须首先迈过对中国进行无端指责这道门槛。

惯于纵横捭阖的默克尔首先采取行动，她通过其幕僚向中方表示，德国坚持一个中国政策，尊重中国的核心利益，知道了中国西藏问题底线在哪里，并已汲取了教训。中方从战略全局和根本利益考虑出发，欢迎德国态度的转变，并决定捐弃前嫌，抱团取暖，继续发展对德关系。

其实，回顾中德关系数十年的春秋，我们可以明确看到，关系能够良好、迅速地发展是由多个因素共同促成的，由于中德两国的战略目标趋近，主张政治多极化、经济全球化和文化多元化，发展双边关系的趋势不会因为领导人的更迭而变化。德国多次游说欧盟成员国取消对华武器禁运，始终支持中国的经济改革，推动欧盟承认中国的完全市场经济地位。中国也支持德国在国际上发挥更大的作用。中国的辽阔市场、相对廉价的劳动力和日益改善的投资环境，与德国的技术优势、资本优势、产品质量形成互补，为两国的经贸合作创造了有利条件。

一 加强高层互访

关键障碍扫除了，双方的工作便立即跟上，高层互访就出现了新的局面，从低层到高层，从一般到频繁，从个人到集体。以下仅列举部长级以上的互访。

从德方来看，2008 年 6 月 13~15 日德国副总理兼外交部部长施泰因迈尔访华，9 月 6~8 日德国总统克勒访华并出席国际残奥运动会，10 月 23~25 日默克尔总理来京出席第 7 届亚欧首脑会议并访华。2010 年 1 月 15~16 日新任副总理兼外长韦斯特维勒访华，5 月 17~21 日克勒总统再次访华并出席上海世博会德国国家馆日活动，7 月 15~18 日默克尔总理第 4 次访华，10 月 8~12 日联邦参议院议长伯恩森访华。2011 年 3 月 31 日至 4 月 2 日，韦斯特维勒外长访华并出席"启蒙的艺术"展览开幕式。

从中方来看，2008 年 9 月 7~11 日，国务院副总理张德江对德国进行访问。2009 年 1 月 28~29 日，温家宝总理第 3 次访问德国，10 月 10~14 日，习近平副主席访德并出席以中国为主宾国的第 61 届法兰克福书展开幕式。2010 年 4 月 12~14 日政治局常委李长春访德，10 月 8 日温总理调整日程"闪电访德"，11 月 26~28 日，马凯国务委员出席中欧论坛汉堡峰会第 4 次会议并访德。2011 年 1 月 6~8 日，李克强副总理访德，6 月 6~10 日政治局委员汪洋访德，6 月 28 日温家宝总理再次访德。此外，双方在国际会议期间的会晤和互通电话也非常频繁。

这些高层互访回顾了国际金融危机下中德关系的过去，研究了现实，规划了未来，带来了以下丰硕的成果。

2009 年 1 月 28~29 日，温家宝总理第 3 次访问德国时，双方发表了《中德关于共同努力稳定世界经济形势的联合声明》，签署了 8 项中德经贸合作协议和合作意向。2009 年 2 月 25 日，继温总理访问后由中国商务部部长陈德铭率领的中国贸易投资促进团访德，双方签署了 36 项采购合作协议，共 79 亿欧元（合 100 亿以上美元）。

2010 年默克尔访华期间双方发表《中德关于全面推进战略伙伴关系的联合公报》，这是战后中德关系史上除建交公报以外的第二个联合公报。中德双方签订了 10 份大单，总值达到 40 多亿美元。

2011 年韦斯特维勒外长访华，与杨洁篪外长举行首轮中德部长级战略对话，从此轮开始，中德战略对话由副部长级提升为部长级。

2011 年李克强副总理访德，双方签署了 87 亿美元的合同协议。

2011 年 6 月 24 日《人民日报》在温总理赴德主持首轮中德政府磋商前夕全文发表《中德合作成就与展望》一文，约 1.2 万字，全面介绍了中德合作的成就。这在新中国的对外关系上是空前的；2011 年温家宝总理访德和德国总理默克尔共同主持首轮中德政府磋商，中方有 16 位部长参加。建立中德政府磋商机制是两国关系和中欧关系史上的一个创举。中德双方共签署和发表了 22 个合作文件，其中有 14 个经贸合同协议，达成金额超过 150 亿美元。2013 年 3 月习近平当选为中国国家主席；是年 9 月，德国联邦大选，默克尔蝉联第 3 届联邦总理，在两国新一届政府领导下，两国关系必将进一步发展，两国各方面合作必将更为深化。

二　建立战略伙伴关系

战略伙伴关系是中国推广的一种新型国际关系，是一种国与国之间相互平等、相互尊重的国际关系。从首次提出至今，它对世界的和平和发展起着越来越大的影响，但不明其究竟者甚众，怀疑者亦不寥寥，尤其是欧盟和欧洲诸国。其真正引起国际舆论的重视还是在 2010 年 7 月 15 日，德国总理默克尔访问中国时，中国与德国签订了中德战略伙伴关系。这标志着中国力图推进的战略伙伴关系正逐步得到西方大国的认同。正因如此，温总理特别强调，此次访问具有历史意义。

在全球化发展日益扩大与深化的今天，为了促进自身多方面发展，一国往往根据自身利益和在国际体系中的位置与其他国家建立各式各样的关系。所谓战略伙伴关系便是一种这样的关系。它大致包含三层意思：①两国应该是伙伴，而不是对手；②这种伙伴关系是建立在战略全局上的，而不是战术上的，是长期的，而不是短暂的；③是开放性的，而不是排他性的。这是一种既非结盟又非敌对的合作关系。因此战略伙伴关系的特点应该是：平等、和谐、全面、长期、稳定。这就意味着两国应该用战略的、长期的眼光，从全球和全局的角度来看待、分析和处理彼此的关系，严格尊重彼此的核心利益和重大关切，深化政治互信，在带有战略性的重大国际和地区问题上加强磋商和协调，正确处理双边的分歧、矛盾和摩擦，建立长期、稳定、友好、和谐和可持续发展的合作机制。

今天人们当然有理由希望中德之间能够沿着战略伙伴关系的方针和原则不断向前发展，为世界各国，特别是发达国家同新兴市场国家和发展中国家之间处理双边关系树立一种模式和标准。

三 加强磋商，协调两国共同应对危机的方针

国际金融危机爆发后，世界各国，特别是发达国家和新兴市场国家大大加强了多边和双边的磋商。为了应对危机以及危机引起的各类新矛盾、新问题，中德也加强了磋商和合作。例如为了准备在韩国首尔召开的20国峰会，两国首脑就加大了磋商，研究如何尽快结束多哈回合谈判，如何改革国际金融体制以及其他国际经济问题。双方同意应该从此次国际金融危机中汲取教训，重振并发展世界经济。双方表示今后要加强宏观经济方针的协调，共同反对贸易和投资保护主义。在会议上两国也公开批评美国的定量宽松货币政策。德国表示要推动欧盟承认中国的完全市场经济地位，这就打破了默克尔对外经济政策的一个禁区。温家宝则相应表示，中国支持欧盟和国际货币基金组织为克服欧洲债务危机所做的努力，并将购买欧洲某些国家的国债。他还表示，中国支持欧元的稳定，将同德国以及欧盟紧密合作来克服当前的金融危机和欧洲债务危机并求得共同的发展。

四 加强经贸合作，扩大贸易规模

在这样的背景下，两国之间扩大经贸合作、提高经贸总额自然就是水到渠成的事情了（见表8-1）。

表 8-1 2008～2010 年中德的贸易额

单位：亿美元

年 度	中国对德国出口	中国自德国进口	总额	中国顺差
2008	591.7（+21.5%）	558.4（+23.0%）	1150.1（+22.2%）	33.3
2009	499.2（-15.6%）	558.1（0%）	1057.3（-8.1%）	-58.9
2010	680.5（+36.3%）	743.4（+33.2%）	1423.9（+34.7%）	-62.9

数据来源：中国海关总署。

2008 年，就在国际金融危机开始冲击两国经济的时刻，两国的贸易总额竟然提高到了 1150.1 亿美元，增长 22.2%，提前超过了两国政府 2004 年设定的 2010 年使两国贸易总额达到 1000 亿美元的目标。其中中国向德国出口 591.7 亿美元，增长了 21.5%；德国向中国的出口达到 558.4 亿美元，增长了 23.0%。

2009 年，两国经济受到国际金融危机最大的冲击，整个德国出口下降 18%，但中德双边贸易额仍达到 1057.3 亿美元，只下降了 8.1%。其中中国对德国出口 499.2 亿美元，下降了 15.6%；而德国向中国的出口却近乎持平，达到 558.1 亿美元。德国出口增幅较明显的产品有汽车及零配件（24%）、纸及纸制品（24%）、药品（19.4%）、食品和饲料（17.8%）。

2010 年，中德双边贸易额达到 1423.9 亿美元，增长 34.7%，占中国与欧盟贸易总额近 30%，其中中国向德国出口 680.5 亿美元，增长了 36.3%；德国向中国的出口达到 743.4 亿美元，增长了 33.2%。增幅最大的出口产品有汽车及零配件（104.9%），数据传输设备、电子及光学产品（40%），电气设备（38.6%）和机械设备（34.5%）。中国已成为德国最大的进口国和第三大贸易伙伴。

截至 2012 年底，中国累计批准德国企业在华投资项目 7820 个，德方实际投入 197.6 亿美元，已成为欧洲在中国的最大投资国。2009 年前 10 个月，德国在中国的实际投资不仅不降，反而上升，达到 10.8 亿美元，增长了 32%。95% 的德国在华企业盈利。2010 年 4 月，德国工商总会对德国 9000 家工业企业进行的调查显示，37% 的受访企业将中国作为投资首选目的国，较 2009 年增加 5 个百分点。其中，千人以上大型企业中超过半数视中国为最重要的外国市场。2011 年 3 月，德国工商总会对德国 6000 家工业企业进行的调查显示，43% 的受访企业首选赴中国投资，较 2009 年增加 6 个百分点，中国首次成为德企最大投资对象国。其中，59% 的大型企业视中国为最重要投资对象国，32% 的中小企业计划对华投资。2011 年，中国首次成为德国工业界最青睐的投资地，超越了欧洲的地位。在对外投资的德国企业中，有 43% 希望新增或扩大在中国的销售和生产，同时，中国对德国投资也已达 13.2 亿美元。① 德国政府保证，将考虑修改外资企业在德国投资的法律，以便让更多的中国企业赴德

① 转引自《中德合作成就与展望》，《人民日报》2011 年 6 月 24 日，第 3 版。

国投资。

国际金融危机中的中德经济关系日益密切这一点反映在各个方面，特别值得一提的是，中国已成为德国四大支柱产业的重要出口市场：2009年，当世界汽车市场严重滑坡的时候，中国成了世界最大的汽车市场，德国在华的各汽车公司均是获益者。据统计，2010年，德国汽车制造商向中国出口的汽车比2009年多出53%，德国在华的汽车制造商产量提高了1/3。2009年大众公司在全世界的销售量为450万辆，其中1/3是在中国销售的。2010年，德国每100辆出口轿车中有11辆销往中国，大众、奔驰、宝马、保时捷等公司在华销售业绩屡创新高；2010年德国共向中国出口了151.2亿欧元的机械产品，占德国同类产品出口总额的10.9%，中国已成为德国机械设备行业全球最大的出口市场，德国纺织机械的需求"几乎完全"来自中国；电子产品及电气设备对华出口99亿欧元，占比6.6%。2010年，西门子公司在华销售额达55亿欧元（不含IT解决方案、服务集团及子公司欧司朗）；化工产品对华出口34.9亿欧元，占比3.8%。巴斯夫公司在大中华区（含香港、台湾地区）销售额达58亿欧元。

截至2011年4月底，中国共批准从德国引进技术的合同15448项，金额522.1亿美元。德国是中国引进技术最多的欧洲国家。[①]

2011年6月首轮中德政府磋商后，中德两国决定争取未来5年双边贸易额再翻一番，达到2800亿美元。这一方面要靠两国传统的贸易部门和企业，另一方面更要重视新兴领域、部门和企业，特别是能源加工、可再生能源、电动汽车、环保领域部门和企业。

对中德经贸关系的这一发展，杜伊斯堡－埃森大学的中国问题专家赫倍热尔教授（Thomas Heberer）说：联邦政府已经知道，德国经济的飞速发展应归功于中国增加了对德国商品的进口。德国应该把中国视为伙伴而不是对手。德国著名经济评论家赫勒斯（Jürgen Heräus）则评论说：在国际金融危机的时候，中国让德国经济界看到了一位可靠的伙伴。当欧洲每个国家都在思考，动用纳税人的钱来为国家振兴消费或是支撑深陷危机银行的措施时，中国却加强了同欧洲伙伴的合作。[②]　"中国够朋友"，"中国

---

① 转引自《中德合作成就与展望》，《人民日报》2011年6月24日，第3版。

② Chinesen in Deutschland auf Einkaufstour, aktualisiert am 25.02.2009, Wirtschaft bei t－online.de.

不愧为德国的忠实朋友"，"中国不是救世主，但中国是德国的危机拯救人"这样的评论和讲话不断出现在媒体报道和报告中。

当前，国际贸易出现了重大的变化。在金融危机的冲击下，以贸易自由化为目标的多边贸易体制不断受到贸易保护主义的削弱，世界贸易组织和世界银行等国际组织的影响力减弱，于是双边体系日益超过多边体系。中德双边关系越来越紧密，其中既有特殊性，也有普遍性。德国及其他国家领导人频繁带领经济代表团来华访问，说明了中国市场的吸引力巨大，但也说明国际多边体系因为危机进入停滞状态，双边关系是推动经济发展的主要动力。

2013 年，李克强出任新一届的政府总理，在李克强总理访德期间，特别将两国在制造业和信息通信技术、农业和城镇化、经贸和财政金融领域的合作提上了议事日程，一方面与默克尔总理确定建立中德农业合作部长级对话机制，促进现代农业和食品安全的合作；另一方面在金融危机阴霾未散的情况下倡议建立两国"财长＋行长"财金对话，启动中德经济顾问委员会，建立德国中国商会和投资促进机构，积极推动中德合作进入"快车道"和"提速期"。近年来德国作为欧洲的第一大经济体和中国作为全球发展最快的新兴经济体，已互为彼此在欧盟或亚太地区的最大贸易伙伴。据统计，2012 年中德双边贸易额已达到近 1611 亿美元，为 1972 年建交初期的 588 倍，占同期中欧贸易总额的近 1/3；德国对华投资达 14.5 亿美元，比前一年增长 28.5%，德国在华企业约 7000 多家，其中中小型企业日渐增多。预计 2013 年的双边贸易额及德国对华投资均将超过 2012 年。与此同时，中国已成为德国第 3 大投资项目来源国，对德投资超过了德国对华投资，中国在德企业也快速增加至 2000 多家。目前，德国已成为中国在欧洲的最大贸易商和技术引进来源国。中国自 2012 年超越美国，成为德国在欧洲境外最大及全球第 6 大供货商。①

中德两国的经贸合作历史已久，并不断取得突破进展。2013 年 9 月 6 日国家主席习近平在圣彼得堡会见默克尔总理，指出双方达成的多项合作共识，成为推动中德关系深入发展的新动力。而默克尔表示，中国经济持续发展有利于德国。德国法兰克福希望成为人民币交易离岸中心。德方将

---

① 孟虹：《"四十而不惑"：交流增互信、合作促发展》，北京周报网，http://www.beijin-greview.com.cn/2009news/guoji/guancha/2012 - 02/09/content_ 424706. htm。

继续致力于推动欧盟妥善解决欧中贸易争端。

　　德国在光伏和无线通信设备反倾销案上的积极立场有利于中欧经贸的顺利开展。同时在人民币国际化的趋势和欧债危机的背景下，欧洲也将是人民币交易的一大市场。中国有必要加强与德的沟通，从欧盟成员国层面促进中欧关系的发展。

五　危机时期中德经贸关系中的问题

　　国际金融危机中的中德经贸关系有了出人意料的增长，但不等于没有问题。分歧、矛盾、摩擦和争吵依然不少。主要有以下突出事例。

　　第一，2008 年黑红联盟面对国际金融危机和中国经济的飞速增长，决定取消对中国发展援助中的财政合作，没有把原定 2009 年联邦发展援助部给中国的 4700 万欧元发展援助款纳入德国联邦预算。[①] 2009 年 11 月 1 日，黑黄联盟上台后，其经济合作部长尼贝尔便宣布，"只对有限的国家进行此类合作"，"像中国和印度这样的经济巨人便都不再符合这一标准"，接着就全部中止了对华的发展援助，这完全是违背国际惯例的，因而受到绿党等的强烈批评，说他这样"在做法上是错误的，后果是严重的"。

　　第二，当前的欧盟正处于十分困难之中，其国民经济在经受国际金融危机的巨大冲击后，又遭受欧洲债务危机劫难，于是竭力推行贸易保护主义，尤其是对经济发展迅速、已成为全球化大赢家的中国发难，不仅不解除对华的武器禁运，不承认中国的完全市场经济地位，而且一再推出贸易壁垒和反倾销措施。德国是欧盟的最大经济实体，也是欧盟的经济核心，因而也不得不服从欧盟的决定，向中国施压，对中国实施反倾销制裁。

　　第三，德国一再抱怨在同中国贸易中的高额逆差。2010 年默克尔访华时还向温总理说，2009 年中德这两个世界出口大国的贸易额达到 920 亿欧元，但中国对德国出口 554 亿欧元，远远超出了德国对中国 365 亿欧元的出口。[②] 而按中方的统计，2009 年中国对德国出口 499.2 亿美元，德国

---

① 转引自《德政府突然取消明年对华援助款 称中国不缺钱》，环球网，http：//world. huanqiu. com/roll/2008 - 11/295776. html。

② Vgl，"Merkel stellt in China Forderungen，"http：//bazonline. ch/ausland/asien - und - oz-eanien/ Merkel - stellt - in - China - Forderungen/story/19657928.

对中国出口 558.1 亿美元，中方逆差为 58.9 亿美元。双方统计差异如此之大是因为中德双方都对一般出口商品按离岸价格计价，进口商品则按到岸价格计算，而且按照国际惯例，出口额不计入转口贸易，而进口额则计入转口贸易。这就造成了两国因对经香港和鹿特丹等地转口货物的统计口径不同而在贸易统计上的差异。结果，中德双方都称本方处于双边贸易的逆差地位，或者中方认为本国虽有顺差但并不甚大，而德方则称本方逆差太大。正是这种统计差异导致德国对中国贸易逆差被高估。根据德方统计，中国是德国在全球最大逆差来源国，2008、2009、2010 年德方逆差分别达 253 亿欧元、190 亿欧元和 229 亿欧元。而按中方统计，近年来中德贸易基本平衡，2008 年中方有小额顺差 33.3 亿美元，2009 年中方逆差 58.9 亿美元，2010 年中方逆差 62.9 亿美元。其实，中国同样也是主张并实施对外贸易平衡的，也十分愿意帮助德国实现贸易平衡，但不同意采取削弱中国出口的办法，而是希望德国加大对中国的出口，特别是高科技的出口，而这恰恰是欧盟所不愿意的。

第四，当前以美国为首的一些发达国家强烈要求中国的人民币增值，德国同样站在美国一边。如联邦经济部长布吕德勒就说："我们必须注意不要使货币战变成贸易战。中国作为一个大国负有很大的责任，不要使其逐步升级。"[①]

第五，知识产权的保护问题是当前中德经贸关系中最为突出的一个问题。德国一再指责中国没有依法实施对外国知识产权的保护，说德国大量的产品和商标被盗版，还泄露德国生产中的专门知识，大量伪造德国和欧洲的产品及包装，用类似于已在中国登记注册商标的欧洲生产商的贸易名称和商标登记注册，对已有的发明和创造稍做改动便申报发明专利，不重视许可证，不缴纳许可证费，强使德方做非自愿技术转让等。中国承认在保护知识产权方面的缺陷，也愿意听取德方的意见和批评，而且至今已经颁布了 45 种有关专利、商标、著作权和特殊使用权，包括因特网域名的法律，其水平在国际上均属一流。但中国也希望德国等发达国家给予足够的时间，以便中国迎头赶上。中国也反对夸大事实和急于求成。

第六，外国企业的市场准入问题。不少外国企业认为它们在中国至今

---

① Vgl, http：//www. fr - online. de/politik/endlich - richtig - wichtig/ - /1472596/4760806/ - /index. html.

没有享受到"国民待遇",欧洲商会的 1400 家企业甚至集体提出要求贸易平等。2010 年 10 月联邦经济部长布吕德勒在访华时也指出,贸易保护主义就是"阻止我们扩大经济关系和竞争的障碍"①。作为世界出口大国的中国和德国都负有开放市场的特殊责任,布吕德勒要求中国为减少市场准入的障碍做出贡献。② 显然,德国要求中国单方面降低市场准入门槛是不公平的。

国际金融危机中的中德经贸关系迅速发展堪称奇迹,尽管两国经贸关系中还有不少问题,但中德经贸关系显然已经成了新兴市场国家同发达国家之间合作的一个范例。

第二节 欧债危机背景和中欧贸易摩擦下中德关系的新特点

在世界局势发生巨大变化的背景下,近两年中德政治关系的发展呈现以下特点。

(1)两国高层互访和接触频繁密集并富有成效,对于增进相互了解、加深政治信任、推动双边合作起了关键性的作用。自 1972 年两国建交以来,两国关系发展是走走停停,时快时慢,时好时坏,甚至走入低谷。1999 年和 2000 年双方决定开启人权对话和法治国家对话,并在大力促进经贸合作的基础上,于 2004 年 5 月在中欧全面战略伙伴关系框架下建立起"具有全球责任的伙伴关系"。2010 年又升格为"战略伙伴关系"。建立不同领域与层次的沟通渠道和机制,积极利用智库,通过对话促理解,通过合作增互信,通过信任构建未来,求同存异,平等互利,这一推进中德关系 40 年良好发展的基本原则已成为默克尔对华合作依循的准则。2011 年 6 月,中德两国开启了政治磋商机制,为中德战略伙伴关系的发展翻开了崭新的篇章。双方的首次政治磋商取得 8 项重要共识,发表了《中

---

① Vgl, "Bundeswirtschaftsminister Brüderle besucht mit großer Wirtschaftsdelegation China und Japan," http://www.bmwi.de/BMWi/Navigation/Presse/pressemitteilungen, did = 363008. html.

② Vgl, "Die Deutschen suchen besseren Marktzugang in China," http://www.wirtschaftsblatt.at/home/international/wirtschaftspolitik/die – deutschen – suchen – besseren – marktzugang – in – china – 442103/index. do.

德政府磋商联合新闻公报》，签署了涉及政治、经济、环境、社会、教育、文化、媒体等近20项合作文件，会议的规模、议题和效率，均为前所未有。中国是继以色列和印度之后与德国建立政府磋商机制的第3个非欧洲国家，此次中国也是首次同外国政府建立政府磋商机制，推动了双方的沟通与理解，加强了互信与合作。政府磋商机制和中德外长级战略对话为两国更大规模和更为广泛的政府间对话奠定了基础。

（2）两国省州之间的互访和合作越来越多，从而使两国政治关系有了坚实而广泛的基础。1986年5月29日上海和汉堡结为姐妹友好城市。这是两国建交以来相互结成的第一个友好城市。1987年德国科隆和北京建立姐妹友好城市，1994年北京与柏林结为友好城市，2004年3月1日江苏镇江和德国曼海姆市结为姐妹城市，2004年7月22日重庆市和杜塞尔多夫市结为姐妹城市，1985年4月17日不莱梅与大连市结为姐妹友好城市，天津和德国萨尔州于1994年9月结为州际友好城市，等等。这些都夯实了两国友好合作的基础。

（3）两国政府在相当广泛的各类问题上达成共识，尽管其中也存在一些分歧。两国政府经过多年磨合，在政治、经济、文化很多领域达成共识，或有相同看法，或达成一致意见。例如，在知识产权保护、法治民主、人权保护、反对贸易保护主义等方面，双方达成很多一致意见，尽管还存在一些分歧或不同看法，这些并不妨碍双方本着友好合作精神进一步加强和深化各个领域的合作。

（4）两国官方交往氛围良好，但有些德国媒体却不时出现不利于两国友好氛围的新闻炒作。2010年夏天一次问卷调查表明，90%的中国受访者对德国有好感，而德国受访者只有50%对中国有积极印象。① 中国媒体和媒体人应该主动出击，走出去、请进来，加强与德国媒体的来往和合作，通过友好媒体向德国公众传递中国快速发展信息。即使是对华不友好的右翼保守媒体和人士，也不妨与之交往，相互了解和认识。

在国际金融危机和欧债危机背景下考察中德关系，不难得出以下结论。

（1）在国际事务中，两国都扮演着各自不同的重要角色。德国是欧洲

① 刘立群：《默克尔连任以来的中德政治关系》，载李乐曾、郑春荣主编《德国发展报告（2012）》，社会科学文献出版社，2012，第228页。

的大国，中国是世界大国，是联合国五常之一，比如在伊朗问题谈判中，德国是六方之一，同五常平起平坐地讨论伊朗问题。中德两国都反对武力解决问题，寻求伊朗问题的和平解决之道，两国可以彼此协调立场，夯实两国合作的政治基础。

（2）经贸互补始终是中德两国关系发展的基础。德国是制造业大国，中国是轻工产品大国并正在实现现代化过程中，两国互补有着广阔空间。德国及欧洲在欧债危机中对中国有所期待，而中国也正尽其所能帮助欧洲走出欧债危机困境，但是期待和实际之间始终存在差距。欧债危机首先会不可避免地影响到中德之间的经贸关系。在欧债危机的背景下，为了走出危机，欧盟国家采取了一些贸易保护主义措施来"保护"和"促进"本国产业发展，而对于中国产品进行不同形式的所谓反倾销。面对以中国为首的新兴经济体带来的冲击、机遇和挑战，欧盟国家对中国的敌意可能上升。德国可能重新考虑它的对华战略和调整对华政策。

（3）欧债危机的发生使中国在中德伙伴关系中的重要性增强。一方面加剧了德国对中国的"威胁"感知；另一方面也是中德之间加强合作的契机。债务危机让欧盟遭受了严重的经济和社会危机，这在客观上加重了欧洲对于中国的需求。在此背景下，中德之间应当本着互信互利的原则，深入分析和探讨中国所能发挥的作用，寻找增强双边合作的举措，既要继续巩固中德之间以经济为主导的战略伙伴关系，又要拓展双方在政治与社会等方面的合作。

（4）对身份的自我认同和外部对身份的认同之间存在着差别，这种差别会导致国家交往中的冲突和矛盾。在中德关系中，它们对彼此的认知是一个重要考察因素。中德关系中的很多矛盾根源于此。要进一步推动中德关系，拓展两国民间外交，加强人文交流，使人文交流真正成为中德关系的又一支柱。鉴于在西方大国中，德国，尤其是德国媒体中的中国形象最为负面，因此，我们必须加强公共外交战略，尤其是要加强青年人之间的交流和沟通，改善对彼此的了解和认知。

（5）一方面德国寄希望于中国伸出援手，另一方面德国更深刻地感受到了来自中国模式的挑战。德国既希望获得经济利益，又担心因为依赖中国而受制于中国。对西方而言，中国的经济发展不仅是对西方自由经济模式的挑战，而且也是对政治体制的挑战。这种模式曾被西方国家认为是临近终结，然而中国模式所带来的中国政治、经济的发展却展现了西方模式之外还有其他建设和发展国家的可能性。德国对中国"爱恨交织"的双重情结道出了上述的矛盾心理。

第三节　危机时期中德关系中的问题

一　人权问题

　　人权问题是中国和西方发达国家包括德国发展关系交锋的交点。人权包括人的生存权、劳动权、个人发展权。新中国成立后，进行土地改革，实现了孙中山先生"耕者有其田"的愿望，公私合营、工商业改造，大大改善了生产力和生产关系，工农业生产得到恢复和发展，人民生活得到改善。改革开放30多年来，中国经济快速发展，社会稳定，劳苦大众不仅解决了温饱问题，而且现正在向更高的生活水平迈进。基本解决了13亿人口的衣食住行，这一在中国共产党领导下的社会主义中国的奇迹令世界瞩目。劳动就业是世界各国面临的一大问题，中国也一样，中国不像德国、瑞典是福利国家，社会保障也还不全面，但中国很少有失业人员流落街头，这不能不说也是一个奇迹。笔者在柏林和波恩等城市，常看到一些流浪者露宿街头或公园的情景。2013年中国有大约600多万应届大学毕业生要走上社会求职，这在世界上也是绝无仅有的。劳动是每个有劳动能力和有劳动愿望者的神圣权利，中国政府积极采取各种措施和途径解决这个问题。个人发展，也是发掘人才，人尽其才。中国从计划经济走上市场经济，为个人发展提供了广阔天地。中国早在1993年引进社会主义市场经济体制，2001年加入世贸组织，现在建立了人才市场和劳务市场，人才市场是高学业者和有专门技能人才的交流场所，劳务市场是低层次人才的交流场所。人们可以自主择业，可以自主创业。求职者可以和招聘单位协调谈判就业的工资、福利以及个人培训和深造或升迁机会，这也就是德国的劳资谈判（Tarif）。这对中国人来说，都不是新鲜事物。人才流动，在中国叫跳槽，个人觉得满意，可以继续工作，如果觉得不满意，则可以离开走人，另谋出路。这又叫炒鱿鱼，老板炒员工的鱿鱼叫解雇，员工炒老板的鱿鱼叫被解雇。这充分表明，中国在人权问题上有了长足发展，取得了惊人的进步。中国和德国以及其他西方发达国家，由于双方历史传统不同，人文环境各异，价值观不同，在人权问题上常常出现分歧，这是不奇怪的。关键是，双方应就此问题交换思想，交流沟通，相互借鉴，而不是对中国进行指责，甚至谩骂。中国和德国已开始了关于人权问题的对话，开展了法治方面的对话和讨论。这是两国关系一直保持良好发展势头的见证。德国前外交部部长施泰因迈尔曾说过一段话："我们与中国关于人权问题的法治国家对话可谓这方面的典范。对话十分深入。许多耐心和在对话中建立起来的东西比言辞激烈的讲话更能带来持久的改变。几年前没人能够设想，中德法官能就死刑等问题展开讨论。"① 德国外长自然是站在西方的立场上发表这番言论，但从中也不难看出，中德之间已经在人权问题上建立起对话机制，对于那些从前十分敏感的问题领域，现在也进行了政治对话与互动，并且进行得十分深入和顺畅，可谓是中国与西方国家之间深入合作的典范。

西方国家强调个人人权，但发展中国家则强调集体人权，认为要保护人权，就要通过国内法律来实现，保护人权的责任也应由各主权国家和各国政府来承担，不能由任何其他机构来代行其职能，不能越俎代庖，在这个问题上，中国政府有自己的基本立场。邓小平在各种场合反复阐述过这一立场。其一，西方人的人权观与中国人的人权观存在着分歧。邓小平指出，西方世界的所谓人权，和中国的人权，本质上是两回事。中国政府致力于维护和保障中国的国权和公民的人权，并把生存权、发展权放在首位，我们主张的人权与我们的社会主义民主政治制度是一致的。其二，国权比人权更重要。归根到底，人权是一个国家主权范围内的问题。西方的一些国家拿人权当幌子，实际上是要损害中国的国权。其三，西方国家也有自己的人权问题，他们在世界上很多地区以双重标准来对待本国和他国的人权，没有道理在人权问题上对中国指手画脚。

二　西藏问题

中国和德国以及其他西方国家发展关系及开展合作中常出现的另一个

① 《德外长：扩大与中国伙伴关系符合德国利益》，新华网，http://news.xinhuanet.com/world/2006-02/14/content_4178119.htm。

问题是所谓"西藏问题"。西藏自古以来就是中国领土不可分割的一部分，13 世纪中叶元朝统一中国以来，西藏就受中央政府管辖，新中国成立后，西藏成立西藏自治区，是中华人民共和国的一个行政区。所谓西藏问题已有 100 多年历史，是英帝国主义一手炮制的，第二次世界大战结束后被美国接受用来服务于美国制华反华的全球战略。德国议会有一个"改善西藏人权状况"决议干涉中国内政。美国参众两院和欧洲议会也就所谓西藏问题通过决议，扬言如不干涉"西藏问题"，西方就失去"在人权问题发言的道德权威"。达赖分裂主义集团更借助西方反华势力在西藏自治区境内多次制造暴力恐怖事件，已遭到西藏自治区各族人民的强烈反对和唾弃。达赖集团在德国和美国等西方国家仍然有一定市场，仍然是西方用来制华反华的一个棋子。2007 年 9 月默克尔总理不顾中国反对，会见达赖分裂分子，声称"我想见谁就见谁"。2008 年 4 月默克尔宣示她仍然要见达赖集团。美国更是要拿达赖说事。虽然中德关系已于 2010 年升级为"全面战略伙伴关系"，2011 年双方举行首轮政府磋商，并努力把双方的贸易额从当年 1700 亿美元增长到 2015 年 2800 亿美元，2012 年 8 月 30 日当时的习近平副主席还会见了来访的默克尔总理。但我们在看到推动中德关系发展的积极因素时，也不能忽视和回避带来负面影响的消极因素。达赖在德国仍有相当的市场，我们不能掉以轻心。中国驻外使领馆及其他各种官方和民间机构，要利用一切机会和方便，广交和深交当地朋友，举行各种讲座和展览，介绍和展示西藏的变化和发展，也可派遣西藏自治区藏族代表访问德国和其他西方国家宣讲西藏的变化和发展。在西方主要媒体上发表文章，介绍西藏的风俗人情，介绍西藏的建设和成就，让德国和西方民众能更多地了解西藏的变化和发展，从而不断改变西方人对西藏的偏见，识破达赖集团和西方反华势力的真面目。

2009 年奥巴马就任美国总统后，先后于 2010 年 2 月和 2011 年 7 月两次在白宫会见达赖喇嘛。2014 年 2 月 21 日，美国总统奥巴马在白宫会见达赖喇嘛。一直以来，以美国为首的西方出于自身战略需要，把达赖集团作为牵制、遏制中国的一颗棋子，目的是打"西藏牌"，利用"西藏问题"遏制中国。中国坚持领土和主权完整，在现实和道义上没有让美国及其盟友占到便宜。美国无法迫使中国就范，于是想到这张老牌——达赖。这是西方一些国家的惯常伎俩：借西藏问题在国内争取支持，在国际上给中国施压，使中国难堪。美方执意这样做，将严重损害中美合作和两国关系，也必将损害美国自身利益。别的西方国家也是一样。

三　贸易摩擦

中德及中欧贸易时常发生摩擦，时不时还亮起红灯，是因为双方竞争不在同一个起跑线上。在两国的进出口贸易中，德国的出口主要以技术含量和质量赢得竞争力，产品价格较高，中国方面难免望而却步。而中国的出口主要以劳动密集型产品为主，产品价格较低，以数量作为竞争力，因此，需要提高商品质量和技术水平。中德双边贸易发展迅速，由于双方的需求不同、相互了解有限，不可避免地会碰到矛盾和摩擦。在德国人心目中，中国企业侵犯知识产权的情况十分严重，因此对所有的中国企业都抱有很强的防范心理，对中国产品过分严厉和限制，贸易保护现象时有发生。德国的对外贸易机制也被纳入欧盟的整体经济贸易框架之中，由于欧盟机构庞大、规则复杂，中国产品进入德国市场困难重重。另外，欧盟东扩以后，德国对贸易的兴趣和动力也会有所变化，中国产品面临的竞争压力更大。贸易摩擦体现出双方身份认同的差别，为保护本国利益，这种摩擦是避免不了的，过去有，现在有，将来仍然会发生。过去的不说，只举近些年的贸易摩擦例子。2010年8月，欧盟对中国产塑料袋进行反规避调查报告，征收反倾销税率为28.8%；2011年5月13日，欧盟对从中国进口的三聚氰胺搞反倾销，同日又对中国的钼丝产品进行反规避调查；2011年5月14日，欧盟对中国产铜版纸征收高额反倾销税；2013年8月6日，欧盟要对中国太阳能板征收高额惩罚性关税。中国也以其人之道还治其人之身。2011年5月16日，中国公布从欧盟进口的马铃薯淀粉反补贴调查结果；2013年6月28日开始对产于欧盟的甲苯胺征收36.9%的反倾销税，有效期达5年；2013年7月1日起对从欧盟进口的葡萄酒展开反倾销和反补贴调查。中欧经过6周艰苦谈判，双方代表就中国太阳能板在欧盟国家最低售价以及年度配额接近达成一致意见。中欧互为第一大贸易伙伴，占全球贸易比重约为10%。2012年双方贸易额下降了3.7%，欧盟对中国贸易逆差达1220多亿美元。中德贸易中，2010年中国顺差214.5亿美元，2011年中国变为逆差，而德国顺差则为5.2亿美元。德国联邦外贸与投资署GTAI第一总经理贝诺彭泽（Dr. Benno Bunse）在李克强总理访德前夕接受《21世纪经济报道》专访时说，"德国对贸易战也没兴趣，我们负担不起一场贸易战"。尽管中国与德国以及中国与欧盟贸易中仍存在各种问题，但有一点可以肯定，中德两国关系具有良好的发展前景，更不用说德国要分享中国高速经济发展所带来的红利。

四　文化差异

文化是一个民族的精神支柱，是文明的体现。一个民族的文化教育水平高或比较高，那么这个民族的文明程度就高或比较高，反之，则这个民族很可能是落后、愚昧，甚至于挨打。中国是一个具有数千年历史的文化古国，文化历史传统悠久。德国日耳曼民族是一个优秀的民族，曾经称霸于欧洲大陆。中德两个民族各有自己的文化传统和历史经验，在此基础上形成独特的民族特性。中国文化历史悠久，博大精深，德国文化内涵丰富，影响深远。中国文化具有鲜明的包容性和宽容性，海纳百川，中国文化中除保留着自己的文化优秀品质之外，还吸纳了西方先进的文化，来丰富自己，发展自己。明末清初，得到当时朝野认可并尊重的外国传教士有意大利人利玛窦（Matteo Ricci, 1552~1610）、德国人汤若望（Adam Schall von Bell, 1591~1666）、比利时人南怀仁（Ferdinand Verbiest, 1623~1688），他们漂洋过海来到中国，死后被安葬在现在的北京市委党校校园内，他们的墓地见证了400多年的中西方文化交流、碰撞与融合。正是因为利玛窦、汤若望、南怀仁等人来到中国做出的杰出贡献，得到明清朝皇帝、大臣们以及众人的支持、认可与尊重，死后才获得葬于京城的殊荣。新中国成立以来，来华访问的外国宾客多半要到这里瞻仰死者的墓碑和一些遗物，它们见证了中国与欧洲交往和联系的历史。正是由于先行者历尽辛苦远涉重洋，将西方文艺复兴以来的科学技术、人文艺术传到了中国，同时也将中国文化和风土人情介绍到了西方，才开启了西学东渐和中学西传的互动局面。文化领域的合作与交流是促进中德两国关系发展的一个积极因素。1979年中德两国签订双边文化交流协议，成立了德国歌德学院北京分院，为在中国传播德语和德国文化做了大量的工作。1994年德国学术交流中心（DAAD）在北京设立分支机构。中德两国有120多所高等学校建立了校际合作关系。在德国留学和进修的中国留学生有3万多人，在中国学习的德国留学生近3000多人。2003年12月，中国以"文化与文明对话"为主题，主办了亚欧部长级会议，双方均派出高级官员和学者参加，德意志民族的好学、聪慧与严谨的品格和中国五千年悠久灿烂的文化，相互吸引，相互补充。2005年胡锦涛主席在德访问期间还参加了中国在柏林开设的中国文化中心的揭幕式。中国西安的"兵马俑"曾多次在德国举办巡回展，双方的文艺团体交流更是频繁。

迄今中国约有20万人在学习德语，近100所高校设立了德语专业，逾100个中小学参加了德国外交部发起组织的"学校——塑造未来的伙伴"活动。中德关系不断深化，德国方面也更加重视对于当代中国的研究。德国逾30所高校和研究机构设有汉学教学与研究。德国民间基金会墨卡托基金会于2013年11月宣布将投资1840万欧元在柏林创建欧洲最大的中国研究院，聘请30名专家学者和工作人员重点就中国政治、经济、技术创新和环境以及社会、媒体、当代文化等展开研究。而在中国方面，目前除了中国社会科学院欧洲所作为中德合作研究的重要平台外，上海同济大学德国研究中心、四川外国语大学德国研究中心分别被教育部国际合作与交流司确定为国家区域和国别研究培育基地；北京外国语大学德语系则在原《德意志文化研究》的基础上，创新出版《德语国家资讯与研究》杂志，并在"中德语言年"框架下与德意志学术交流中心合作协办"中德文化语言政策高层论坛"活动。德意志学术交流中心和北京大学合作创立的德国研究中心在2013年9月参与组织了"中德作家论坛"以及首届"中德领袖论坛"，邀请来自中德政治、经济、文化、教育、体育、艺术等领域的领袖人物围绕"文化与信任"、"经济与信任"和"政治与信任"展开讨论。①

文化交流在中德双边关系中的作用日益突出，已成为促进中德关系向纵深发展的一股动力。初看起来，中德文化交流呈现如下特点。

（1）中国和德国在对待各民族文化的态度上都强调文化的多样性和相互之间的互补性，主张通过对话与合作增进彼此的理解和尊重。过去，德国政府和民间对中国的民主与法治状况不了解，对于中国的人权状况多为批评和指责态度，现在德国通过对话援助项目向中国提供法官培训、学者进修、培养法律人才等方式，同中国进行积极合作，体现了对中国国情和文化的尊重，为中德两国在该领域的深入交流与合作创造了新的契机。

① 参见孟虹《2013年中德关系评述》，中华人民共和国驻法兰克福总领事馆，http：//frankfurt. china - consulate. org/chn/sbwl/t1116065. htm。

（2）学习汉语，学习汉文化的德国人也不断增多。我们讲的中国文化，一般指汉文化，汉字不但书写难，且每个汉字都有一个特定的含义，这是德国人和其他外国人学习汉文的一大困难。很多德国人都对古老的中国文化向往已久，愿意了解、学习和吸收，中国的文化典籍如《道德经》《易经》等在德国一版再版，很受欢迎。中国的标志性建筑如万里长城、苏州园林等为德国人所津津乐道。改革开放以来，中国对德国哲学、音乐和文学类的译介也达到了前所未有的水平，歌德的《少年维特之烦恼》有3个中文译本，发行量在10万册以上。

（3）建立文化园地，实现彼此共享。凯特·克劳斯认为，决策者们基于他们所拥有的共同的历史、社会、文化经历，以及个人的领悟力，来使用物质利益概念和文化概念界定国家的安全利益。在中德关系中，决策者的领悟力来自德国对"中国方式"的理解和中国对"德国方式"的理解。文化的交流能够促进这种相互理解，减少误会，推动中德关系进一步发展。

中国改革开放30多年来，中国人努力工作，艰苦奋斗，经济得到长足发展，中国的综合国力不断增强，人民生活也在慢慢改善。按综合国力计算，中国则居世界第二位，仅次于美国，并已成为世界第一贸易大国。但中国GDP按人均计算排在世界较为靠后的位置。所以，一方面，我们中国人自己不要盲目自傲，坐井观天，自以为了不起，飘飘然起来；另一方面，我们也不能妄自菲薄，自己看不起自己。我们的发展成就是世人皆知的，但我们自己要戒骄戒躁，牢牢记住我们离实现"中国梦"还有很长的路要走。但同时，德国人，还有西方人，不仅要看到中国发展的成就，还要看到中国是13亿人口的大国，虽然我们已解决了温饱问题，但仍然有相当数目的同胞在贫困线上生活。西方人、德国人不要给我们中国戴高帽，应善意地指出我们存在的不足和问题，这样，我们可以发展得更快些，为世界做出更多的贡献，使大家生活在一个和谐的世界大家庭。

第四节　搁置争议，求同存异，迈步向前看

2012年2月初，德国联邦总理默克尔访华时和中国领导人重点讨论了欧债危机背景下的全球金融政策等问题。温家宝总理向德国领导人声

明中国对欧元的支持。这次访问再次非常清楚地表明，"德国目前领先其他欧洲国家，是中国在欧洲最重要的合作伙伴"①。自金融危机以来，及至欧洲债务危机，中德两国不仅在经济领域，而且在政治、社会领域进一步加强了交流，达到了前所未有的密度，体现着两国战略伙伴关系的战略高度。第一，政治上两国都是负责任的大国，两国在国际事务中共同点多于分歧点。德国如果企图要在欧洲发挥更大作用，除自身和欧洲因素外，借助中国因素也是不可或缺的。在伊朗和朝鲜半岛无核化方面，两国达成共识反对伊朗发展核武器，主张朝鲜半岛无核化，主张用谈判方式解决伊朗和朝鲜半岛无核化问题。但两国也存在分歧点，德国是制裁伊朗和朝鲜的主要西方发达国家之一，而中国反对对伊朗和朝鲜进行制裁，认为制裁不能根本解决问题，只能把问题搞复杂化。还有在人权、民主等问题上，欧洲包括德国是不会轻易做出让步的，而总是以所谓人权的卫道士自居，对他们认为的所谓侵犯人权的国家颐指气使。第二，中国是联合国五个常任理事国之一，拥有否决权。德国、印度、日本和巴西曾联手争取成为联合国常任理事国。德国一直以来都想要争取成为一个常任理事国，而这就必须得到中国的支持。现在德国也在参加一些五常的工作，比如讨论伊朗和叙利亚问题就是五常加德国一起讨论的。第三，两国经贸关系将会进一步扩大和发展。德国是中国在欧盟内的最大贸易伙伴和投资及技术引进来源国。中德经贸关系在欧债危机的背景下，不但没有被削弱，反而变得更加紧密。在金融危机期间，中国的对外投资额跃居世界第五位，并且对欧洲市场的购买力也不断增大。在2012年，大批中国企业到德国投资建立公司，其数量已经超过美国，排在所有国外企业在德国建立公司的第一位。② 在欧债危机期间，北京一直在不断支持欧元。中国拥有3万多亿美元的外汇储备，欧元在投资中所占的比重将会不断加大。在当前德国经济出现萧条的情况下，很多中国企业为德国经济提供了投资资金和就业机会。例如，三一重工收购了德国著名企业普茨迈斯特（Putzmeister），在德国建立了生产工厂。温总理

---

① 《施明贤大使2012年3月29日在科隆经济论坛上的开幕致词》，德意志联邦共和国驻华使馆网站，http://www.china.diplo.de/Vertretung/china/zh/_ _ pr/2012/reden - bo - 2012/120329 - k_ C3_ B6ln - ps.html? archive = 3389202。

② 参见王倩《温家宝出席德国汉诺威博览会巩固中德关系》，中国日报网，http://www.chinaclaily.com.cn/hqzx/2012 - 04/23/content_ 15239880.html。

出席德国汉诺威博览会时，中德双方领导人商定了在未来 5 年双边贸易额翻番的目标。德国将继续是中国在欧洲最重要的贸易合作伙伴。① 第四，两国之间的民间交流会不断增强。截至 2011 年底，中德两国友好城市达到 66 对，全德国中德友协已达到 91 个。每年约有 50 多万德国人来中国，也有近 50 万中国人到德国。② 最近几年，"中德同行"，"中国在德累斯顿，德累斯顿在中国"，"启蒙的艺术"和"艺术的对话"等系列活动，以展览、论坛等多种形式，加强了中德两国人民的交流，推动了双方相互理解。2012 年 1 月，中国驻德国大使在使馆举行了"中国文化年"活动新闻发布会。"中国文化年"鼓励中德艺术家、文化界人士直接建立联系，以音乐、喜剧、文学、电影等形式介绍中国文化艺术的发展，活动范围覆盖德国各大主要城市。合作与对话是此次"中国文化年"的主题。中国希望通过"中国文化年"活动，向德国民众提供了解中国当代文化的机会，增进民众之间的相互理解和尊重，并且促进双方文化机构的长期合作，共同应对面临的挑战与问题。③这种交流意味着：一是德国自 2008～2009 年全球金融和经济危机开始以来在中国和亚洲眼里赢得了唱主角的地位；二是中国开始在形成中的多极化国际体系中采用作为重要活动者的新定位。④

中国政府曾多次向全世界宣示，中国即使变得更强大了，也决不称霸，永远不称霸。中国同欧盟发展全面战略伙伴关系，符合中欧双方的利益，这是中欧双方的共识。中欧合作在互相尊重、互相信任、平等互利的基础上进行，跳过意识形态和社会制度的差异，不为一时一事所干扰，方能不断扩大双方的共同利益。

欧盟不相信中国政府永不称霸的承诺，甚至认为中国"会在地区和国际舞台上独断专行"。显然，双方还缺乏足够的信任。双方要学会相互信任，特别是欧盟要放下高傲的架子，要认识到欧盟自己身份和地位的下降，今日欧盟已非昔日的欧盟。欧盟要用平等的眼光看对方，尊重对方，相互磋商，既不回避问题，又要从对方的实际情况出发，协商解决矛盾和

① 参见王倩《温家宝出席德国汉诺威博览会巩固中德关系》。
② 《驻德使馆举行"中国文化年"活动新闻发布会》，中华人民共和国驻德意志联邦共和国大使馆网站，http://www.china-botschaft.de/chn/dszl/dshd/t899423.htm。
③ 《驻德使馆举行"中国文化年"活动新闻发布会》。
④ 《施明贤大使 2012 年 3 月 29 日布科隆经济论坛上的开幕致词》。

冲突，争取互利共赢。例如在人权问题上，欧盟要理解中国的文化传统，要理解中国的国情，要用换位思考的方式为有 13 亿人口的中国想一想，而不是居高临下地对中国指手画脚，批评指责。如果欧盟内的异样声音不放弃偏见，其结果是损人不利己。欧洲央行前行长特里谢曾说道，欧洲正面对着一个崭新的全球经济，一个被全球化和亚洲及拉美新兴国家重新塑造的经济，只不过欧洲人迟迟才深切体会到而已。①

　　面对中德关系中存在的问题，双方，首先是欧盟应自省和反思，不要总想着要改造中国，要改变中国的社会主义颜色。中国改革开放的 30 多年，也是融入世界的 30 多年。欧洲还没有准备好，如何应对中国快速发展后带来的影响，尽管德国在欧盟国家中已经先行迈出了步子，但整体上欧洲对中国发展的认识和行动都相对滞后。欧盟包括德国出台了各种对华政策，就其动机和立足点而言，都集中在改造中国上，企图把中国纳入西方资本主义体系，希望中国的变革能最终导致建立起西方的政治体制，实现对中国的"和平演变"。德国应放弃政治偏见，和中国加强沟通和交流，进一步了解彼此，避免发生误解和冲突。中德两国人民的友谊将更深更牢固，中德关系将会发展得更好，就像长江水和莱茵河水一样浩荡奔流，生生不息！

---

① 董玉洁：《中欧互视，怎样才能"对上眼"——专访国际关系学院院长陶坚》《世界知识》2012 年第 6 期。

附：中德关系简明大事记
（1990 年至 2014 年 3 月）

1990 年

5 月 22 日　德国联邦议会议长聚斯穆特会见访德的中国全国人大常委会外事委员会副主任委员曾涛，双方就相互合作事宜进行了友好交谈。

6 月 25 日　李鹏总理在北京会见来访的德国联邦议会外交委员会主席施特尔肯，就改善和发展两国关系交换意见。

9 月 26 日　中国外长钱其琛在纽约会见联邦德国副总理兼外交部部长根舍，双方就改善和发展两国关系交换了意见。

10 月 3 日　德意志民主共和国（东德）并入德意志联邦共和国（西德），根据西德《基本法》，两德实现统一，中国驻民主德国大使馆撤销，改为中国驻德国大使馆柏林办事处。同日，德国总理科尔就德国统一致函李鹏总理。吴学谦副总理代表中国政府向德国驻华大使韩培德重申了中国对德国和平统一的支持，希望德国重新统一能为欧洲和世界和平做出贡献。

10 月 6 日　中国外交部抗议德国总统魏茨泽克于 10 月 4 日会见达赖喇嘛。

10 月 23 日　德国基民盟（CDU）、基社盟（CSU）、自民党（FDP）议会党团联合向联邦议会提议恢复对华发展合作，认为这种合作有利于中国人民、环境保护和中国的经济改革。

10 月 30 日　德国联邦议会决定取消 1989 年 6 月以来对中国的经济合作制裁及限制措施。

11 月 20 日　德国大众汽车公司与长春一汽签订建立生产奥迪轿车合资企业协议。

1991 年

4 月 19 日　中德两国政府间财政合作协定在波恩签署。

6 月 12 日　中德 1991 年至 1993 年文化合作换文在波恩签字。

6 月下旬~7 月　中国赴欧洲采购团访问德国。

10 月 28 日~11 月 2 日   国务院副总理兼国家计委主任邹家华率团访问德国。

11 月 5~7 日   德国经济部长默勒曼率代表团访华，参加在北京举行的中德经济合作混合委员会第七次全体会议，讨论如何降低德国对华外贸赤字。李鹏总理、朱镕基副总理、钱其琛外长会见了代表团。

1992 年

1 月 27 日~2 月 1 日   中共中央总书记江泽民在北京会见由德国联邦议会副议长汉斯·克莱因率领的德国联邦议会代表团，双方进行了友好的交谈。

3 月 10~12 日   中国外交部部长钱其琛访问德国，拜会德国总理科尔，并与根舍外长会谈，就进一步改善和发展两国关系进行友好会谈。

4 月 11 日   中德友好协会在北京正式宣布成立，首任会长为中国驻德国前大使王殊。

4 月 12 日   中德核安全合作议定书在北京签署。

4 月 13 日   李鹏总理在北京会见德国联邦环境、自然保护和核反应堆安全部部长托普费尔。

6 月 24 日   德国联邦议会决定取消对中国的出口限制，中德两国间的贸易额迅速上升。

10 月 31 日~11 月 2 日   德国外交部部长克劳斯·金克尔访华，江泽民总书记、李鹏总理、钱其琛外长分别会见金克尔外长并进行友好会谈。

12 月 10 日   德国联邦议会通过决议，同中国关系恢复正常化。

12 月 18 日   德国外交部发言人舒马赫表示，德国一直坚持反对向台湾地区出售驱逐舰和潜艇。

1993 年

1 月 28 日   德国联邦安全委员会做出拒绝向台湾地区出售潜艇的决定。

5 月 11~13 日   钱其琛外长访问德国，在和德国政府领导人会谈中多次强调中德关系的重要性，但同时明确说明，中国政府绝对不能容忍任何其他国家借助所谓人权问题干涉中国内政。

9 月   德国亚太经济委员会成立，旨在加强德国企业与亚太区域的合作，对华关系是亚太经济委员会的一个大的工作重点。

9 月 22 日   德国联邦政府批准《德国亚洲政策纲要》，成为德国的新亚洲政策。此政策是由外交部和其他六个部共同草拟的。中国在德国的新亚洲政策中居于重要地位。

9 月 23 日　中国外经贸部部长吴仪与德国外长金克尔在波恩签署两国财政合作议定书，双方强调要进一步发展两国经贸合作。

11 月 15~23 日　德国总理科尔对中国进行正式访问，实现了两国关系的完全正常化。

1994 年

1 月 16~30 日　中共中央政治局常委、人大常委会委员长乔石访问德国，参观访问德国联邦议会。

4 月 5 日　柏林市长迪普根应中国旅行社邀请，访问北京，与北京市政府发表共同声明，柏林与北京结为友好城市。

7 月 3~9 日　李鹏总理访问德国，与德国联邦政府洽谈关于进一步扩大两国合作的问题。

1995 年

4 月 8 日　德国新任驻华大使赛康德向国家主席江泽民递交国书。

5 月 9 日　中国邮电部副部长黄振东与联邦交通部部长魏斯曼在北京签订海运协定。

7 月 11~15 日　江泽民主席对德国进行国事访问。

7 月 13 日　钱其琛外长与金克尔外长签订在广州和慕尼黑增设总领馆的协定。

7 月 15 日　外经贸部部长吴仪与金克尔外长签订中德财政合作协定，当年德国政府向中国政府提供 1.8 亿马克财政援助。访问期间还签订了其他 8 个合作协定。

11 月 12~16 日　科尔总理对华进行正式访问。访问期间，李鹏总理与科尔总理共同签署了两国关于建立高科技论坛（的联合）备忘录，并达成加强基础设施建设、制定对外经济法规以及建立联合科研与交流中心的合作协议。

1996 年

2 月 6~12 日　朱镕基副总理对德国进行正式访问，与德方签订上海地铁二期工程贷款及财政合作协定。

4 月 10 日　江泽民主席应德国社会民主党刊物《前进》要求，题词"增进中德两国人民之间的相互了解和友谊，推动两国友好合作关系不断发展"。

6 月 14～17 日　中国政府强烈抗议德国联邦议会"讨论西藏问题"会议，干涉中国内政。

7 月 5 日　德国总统赫尔佐克（就中国部分地区遭受水灾）致电江泽民主席，对中国（部分地区）遭受水灾的灾民表示慰问。

9 月 3～4 日　德国前总理施密特来京参加 21 世纪论坛，与江泽民主席、李鹏总理、全国政协主席李瑞环会见并进行友好交谈。

10 月 21～24 日　德国副总理兼外长金克尔应钱其琛副总理兼外长邀请访华，双方进行会谈，金克尔外长访华，是为德国赫尔佐克总统访问中国进行准备。金克尔在京分别受到江泽民主席和李鹏总理会见。

11 月 18～25 日　应国家主席江泽民的邀请，德国总统赫尔佐克和夫人对中国进行国事访问。他是德国统一后访华的第一位德国国家元首。江主席与赫尔佐克总统举行了会谈，国务院总理李鹏、全国政协主席李瑞环、副总理朱镕基也分别会见了赫尔佐克总统。

1997 年

5 月 25 日　德国总理科尔电贺同济医科大学建校 90 周年。

6 月 5～11 日　全国政协主席李瑞环应德国联邦政府邀请，对德国进行正式友好访问。这是中国全国政协主席首次访问德国。李瑞环会见了德国总统赫尔佐克、总理科尔、联邦议会（院）议长聚斯穆特和其他人士。

6 月 23 日　中德两国政府就德国在香港特别行政区保留总领事馆达成协议并换文。

9 月 26 日　中德友协在科隆举行成立 40 周年纪念活动，《中德友协》纪念文集出版。

10 月 1 日　江泽民主席、李鹏总理和钱其琛副总理兼外长与德国总统赫尔佐克、总理科尔和副总理兼外长金克尔分别互致贺电，庆祝中德建交 25 周年。

10 月 10 日　德国社会民主党主席奥斯卡·拉封丹函贺江泽民再次当选中共中央总书记。

12 月 5 日　中共中央政治局常委、书记处书记胡锦涛会见应中联部邀请访华的德国共产党主席海因茨·施特尔一行。

1998 年

4 月 27～29 日德国第七届亚太经济会议在北京举行，德国政界、经济界及新闻界代表近 800 人出席，会议旨在就亚洲金融危机影响和德国的亚太政策交换意见，强调德国企业界重视亚太地区特别重视中国的重要性。会议通过了《北京决议》。中国外经贸部长石广生出席会议并发表讲话。

8 月 21 日　中德两国外交部举行第二次人权磋商，双方友好地交换意见。

11 月 23 日　李鹏委员长接受德国《商报》驻京记者思立志的采访，回答并介绍了关于全国人民代表大会制度、民主与法治建设等问题

1999 年

2 月 1 日　朱镕基总理会见应外交学会邀请访华的德国巴符州州长托伊费尔。

3 月 26～30 日　唐家璇外长应德国副总理兼外长菲舍尔邀请对德国进行正式访问并出席在柏林举行的第二届亚欧外长会议，并与德国外长菲舍尔举行会谈。唐外长拜会了德国总统赫尔佐克和总理施罗德，就美国滥炸中国驻南斯拉夫大使馆事件，施罗德总理和菲舍尔外长致函中国政府，表示震惊并向中国遇难人员表示哀悼。

5 月 12 日　德国总理施罗德对中国进行为期一天的工作访问，与江泽民主席、朱镕基总理和唐家璇外长会谈。双方主要就科索沃问题交换了意见。施罗德总理代表德国政府和北约对中国驻南使馆遭轰炸向中国政府和人民表示无条件道歉，向死伤者家属表示最深切的同情和慰问。

8 月 24 日～9 月 1 日　德国前总理科尔应中国政府邀请访华，江泽民主席、李鹏委员长、朱镕基总理分别会见科尔总理并进行友好交谈。

9 月 30 日　全国人大常委会委员长李鹏会见应贸促会邀请访华的德国经济东方委员会主席阿梅隆根和委员会中国工作组前主席魏斯。

11 月 2～5 日　德国总理施罗德对中国进行正式访问。朱镕基总理与施罗德进行了会谈，江泽民主席会见施罗德。两国领导人积极评价双边关系的发展状况，并重点就扩大和加强两国在中小企业、服务、环保及司法等领域的合作和中国加入世贸组织等问题交换意见。

2000 年

6 月 29 日～7 月 2 日　应施罗德总理邀请，朱镕基总理对德国进行正式访问。朱总理与施罗德总理就中德关系及共同关心的国际问题交换了意见，达成广泛共识。朱总理还会见了德国总统劳、联邦议会议长蒂尔泽、前总理科尔和施密特、柏林市长迪普根等领导人，中德双方签订了关于经

济、工业和技术合作等多项合作协议。

11月29日～12月2日　应外交学会邀请，德国前总理施密特访华。江泽民主席、朱镕基总理、吴仪国务委员、中国人民银行行长戴相龙分别会见了施密特总理。

12月12～13日　应唐家璇外长邀请，德国副总理兼外长菲舍尔访华，中德双方就双边关系和共同感兴趣的国际问题交换了意见，增进了了解，取得了共识。江泽民主席、朱镕基总理分别会见了菲舍尔外长，双方进行了友好会谈。

12月12～13日　中德环境合作大会在北京举行。国务院副总理温家宝出席大会开幕式并讲话，会议发表了《中华人民共和国政府和德意志联邦共和国政府环境保护联合声明——行动议程》。会议期间，还举办了中德环境技术商贸洽谈会。

2001年

2月20日　德国国防部长沙尔平访华，江泽民主席会见，沙尔平与中央军委副主席张万年举行了友好的会谈。

4月19日　朱镕基总理在中南海紫光阁会见迪普根市长率领的柏林市政府代表团，宾主进行了亲切友好的交谈。

4月24日　德国政府发言人海耶在柏林重申，德国将不参与任何向台湾地区出售武器交易的活动。

6月19日　德国总理施罗德会见正在德国进行正式访问的国务院副总理吴邦国，双方在亲切友好的气氛中进行交谈。吴邦国副总理赞赏德国政府拒绝向中国台湾省出售潜艇。

9月10日　江泽民主席会见来京参加《21世纪的中国与世界》国际论坛会议的德国前总理科尔，双方进行了友好交谈。

10月31日～11月2日　应中国政府邀请，德国总理施罗德对中国进行正式友好访问。

10月31日　国务院总理朱镕基在人民大会堂与德国总理施罗德举行会谈，双方就进一步加强中德友好合作关系和共同关心的国际问题广泛地交换了看法，取得了重要的共识。

11月1日　江泽民主席会见施罗德总理，并进行亲切友好的交谈。出席会见的中方代表有民盟中央副主席张宝文、外交部副部长王光亚、驻德大使卢秋田；德方参加会见的有内政部长席利、外交部国务部长福尔默和驻华大使薄德磊等客人。

2002 年

1 月 17 日　亚欧环境部长会议在北京举行。德国环境部阿德曼女士出席。会议就共同关心的环境问题交换看法，并就 2002 年召开的可持续发展世界首脑会议提出各国的关切和建议。

2 月 21 日　朱镕基总理会见来华访问的德国黑森州州长科赫。朱镕基总理愉快地回忆了他对德国的访问并希望中德友谊和经贸关系继续深入地发展。

4 月 3 日　国家主席江泽民会见德国《明镜》周刊主编奥斯特和《世界报》主编伽姆斯。江主席向他们介绍了中德关系发展状况和中国政治经济形势等并回答了他们的问题。

4 月 8 ~ 13 日　在中德建交 30 周年之际，国家主席江泽民应德国总统约翰内斯·劳的邀请，对德国进行了正式访问，江泽民主席与德国总统劳和德国总理施罗德分别举行了会谈。江主席还会见了德国前总理科尔，自民党主席韦斯特韦勒和民社党主席齐默尔等党政和联邦州领导人。江主席在德国外交政策协会做了题为《共同创造一个和平繁荣的新世纪》的演讲，并在德国经济亚太委员会宴会上发表了《中国将加强国际经济技术合作》的重要讲话，阐述中国的对外政策，受到广泛好评。

2003 年

1 月 20 ~ 22 日　第 13 次中德混合文化委员会磋商会议在柏林举行，双方讨论了关于扩大两国之间的文化交流、两国媒体交流及促进两国语言在对方国家的普及等。

1 月 28 日　德国海因利希·伯尔基金会召开亚太政策研讨会，德国外交部亚洲政策协调人斯坦茨在发言中强调中国是这次会议的研究重点，执行德国的亚洲政策不能超越亚洲各国的政治理念和社会习俗。

2 月 15 日　德国对中国人的自助游正式开放，120 名中国自助游团踏进法兰克福机场，开始申根协定国家的自助游。

3 月 4、10 日　江泽民主席两次接到德国总理施罗德电话，就伊拉克问题交换意见。

4 月 16 日　德国 118 家机械公司组团参加在北京举行的中国国际机床展，德国展团是本次展会上海外最大的展团。

5 月 4 日　德国政府向中国提供 1000 万欧元紧急商品援助，帮助中国开展"非典"防治工作。德国西门子（中国）公司和德国德尔格医疗和安全设备公司也参加了援助。

5 月 10 日　德国 RTL 私人电视台总编汉斯马尔访问北京期间与中央电视台签署合作意向声明书，这是中国中央电视台首次表示与德国一家私人电视台有合作意向。

5 月 21～22 日　德国贝塔斯曼基金会在北京举办国际文化论坛，主题为"文化多样性——互相学习，共同努力"，中国文化部部长孙家正和该基金会副主席莫恩出席，双方进行了友好交谈。

6 月 14 日　温家宝总理会见来华访问的德国前总理科尔，宾主双方就国际形势和两国关系相互交换意见，进行了友好交谈。

7 月 6～7 日　中德第六届人权对话在柏林举行，德国艾伯特基金会、中国人权发展基金会和中国国际交流协会共同主办了这次对话会议。

10 月 25 日　德国波恩大学"波恩汉学学会"正式成立，"中国热"（China Boom）在德国广泛开展。

11 月 3 日　德国《商报》（Handelsblatt）集团成立"中国第一媒体服务公司"，专为德国和欧洲对中国媒体市场有兴趣的客户提供服务。

11 月 24 日　德国总理施罗德和中国总理温家宝通电话，这是两国总理之间的热线电话。

11 月 25～27 日　德国总理施罗德会见中国副总理曾培炎，曾培炎率领中国政界、经济界、学界方面的代表 30 多人参加汉堡"中欧联手"峰会，与参加会议的各方代表进行了广泛交谈。柏林"少林文化中心"坐落在柏林富兰克林大街，中国少林寺住持释永信大师参加了文化中心的揭幕仪式。26 日，首届德国汉堡"中欧联手"峰会举行，中国副总理曾培炎率 11 月 25 日位于柏林市中心选帝侯大街的德国少林寺迁往柏林夏洛滕区的富兰克林大街 10 号，并正式更名为"少林文化中心"。

12 月 6 日　德国总理施罗德应温家宝总理邀请，率领 44 人大型经济代表团对中国进行工作访问。当日下午温家宝总理与施罗德总理举行了友好会谈。会谈后，两国总理共同出席双方多项合作文件的签字仪式，并会见了中德企业家和中外记者。中德双方签署两国政府关于建立热线电话的协议、关于加强中小企业合作的谅解备忘录以及铁路、航空、财政、金融、人员培训、化工等领域合作的文件。

12 月 7 日　中国国家主席胡锦涛会见了德国总理施罗德，全国人大常委会委员长吴邦国也会见了施罗德总理。施罗德出席了德国中小企业联盟向中国前总理朱镕基颁奖的有关仪式并致贺词。在京期间，施罗德总理还会见了中共中央对外联络部部长王家瑞，宾主就发展中国共产党和德国社会民主党合作事宜进行了友好交谈。

12月31日　"2005年北京新年音乐会"在人民大会堂举行，德国著名指挥家尤斯图斯·弗兰茨首次执棒指挥北京音乐会。

2004 年

1月6日　德国耶拿大学医学院疼痛治疗科主任麦斯纳出示了中国针灸止痛确有疗效的科学依据，这是他领导的一个科研小组的科研成果。

1月17日　德国MAXO刊物以超大、印制精美、图文并茂的版面向德国观众推介上海旅游。

2月6日　纽伦堡玩具博览会有65个国家参展。中国玩具公司摊位达219个，在参展商中中国公司首次居于首位。据德方统计，中国玩具已占德国玩具市场的1/2。

2月19日　中德合作设计制造的中国首列高速火车机车车头在吉林长春机车车辆厂下线。

2月26日　北京司法代表团访问柏林，与柏林市政府签订了司法合作协议。

2月26日　德国汉堡GMP建筑设计公司计划在中国大连科技中心建造280米、62层高的大连双塔，成为大连的标志性建筑。

3月9~22日　德国歌德学院北京分院与中国社会科学院文献信息中心联合主办的《在平等与多样化之间的全球化》国际图书展在北京举行。

4月1日　阿富汗问题国际会议在德国举行，中国外长李肇星出席会议。会议期间，德国总理施罗德在联邦总理府接见了李外长和正在德国访问的中国财长金人庆。

4月29日　温家宝总理在出访德国等欧洲五国前夕，接受路透社和德国《世界报》社记者联合采访，温总理向记者们谈了国际形势和中国的对欧政策，并表示希望中德双方在高科技领域进行更为紧密的合作等问题。

5月2日　应德国总理施罗德邀请，温家宝总理乘专机抵达巴伐利亚州，开始德国之行。

5月3日　温总理一行抵达柏林，施罗德在总理府举行仪式，欢迎温家宝访德。温家宝总理和施罗德总理在柏林举行会谈后发表了《联合声明》。声明中说，德国政府承诺坚持明确的"一个中国"的政策，支持中国和平统一。德国政府明确反对台湾"独立"的立场，并反对旨在加剧台湾海峡紧张局势的任何举动。温家宝和施罗德还共同出席了中德两国多项合作协议的签字仪式。温家宝总理还参观了波茨坦会议旧址，强调说波茨坦会议旧址是一个对中国具有重要历史意义的地方，中美英三国《波茨坦公告》明白无误地确认了台湾是中国的一部分，"台湾与祖国大陆统一这一中华民族的夙愿一定会实现"。

5 月 4 日　德国总统劳在总统府会见了中国国务院总理温家宝。同日，温家宝还会见了德国联邦议会议长蒂尔泽。此外，温家宝还会见了德国前总理科尔、基民盟主席默克尔、自民党主席韦斯特韦勒，宾主进行了友好交谈。

5 月 17～18 日　第五届"中德法治国家对话"在北京举行。德国司法部部长奇普里斯和中国国务院法治办公室主任曹康泰主持了法治论坛开幕式，两国法律专家就司法合作进行了广泛交谈。

7 月 14～16 日　德国副总理兼外长菲舍尔抵达北京，开始访华。15日，中国外交部部长李肇星与菲舍尔举行会谈。同日，温家宝总理会见了菲舍尔。16 日，菲舍尔还前往山东省济南市，为一个中德合资企业的太阳能工厂投产剪彩。

11 月 23 日　国务院总理温家宝应约与德国总理施罗德通电话，双方就有关双边关系和当前重大国际问题交换了看法。

12 月 6 日　应温家宝总理邀请，德国总理施罗德率 44 人大型经济代表团对中国进行工作访问。温家宝总理与施罗德总理举行了会谈并共同出席双方多项合作文件的签字仪式。

2005 年

1 月 24 日　北京奥组委正式宣布阿迪达斯所罗门集团成为北京 2008年奥运会合作伙伴。这是继 2004 年大众汽车之后北京奥运会合作的第二个德国品牌。

2 月 3 日　西藏自治区遭受泥石流灾害，受灾地区修复中小学校，德国萨克森州新闻记者积极参加学校的修复工作，给当地藏民留下深刻印象。

2 月 22 日　德国驻华大使史丹泽（Dr. Stanzel）访问香港。他对香港商界领袖说，德国是欧盟取消对华武器禁运计划的最坚定的支持者之一。

3月31日　全国人大常委会委员长吴邦国在人民大会堂会见来华访问的德国联邦参议院议长普拉泽克，双方进行了友好交谈，吴邦国委员长表示，中德关系的发展惠及两国和两国人民。

4月1日　全国政协委员会主席贾庆林会见德国联邦参议院议长普拉泽克并进行友好交谈。德国驻华大使史丹泽博士会见时在座。

4月23日~5月1日　应全国人大常委会委员长吴邦国邀请，德国联邦议会议长蒂尔泽率团访问中国。这是蒂尔泽自1998年以来第一次以议长身份访华。他的访华首站是上海，然后是西藏。胡锦涛主席会见了蒂泽尔议长。在华期间，吴邦国委员长和蒂泽尔议长签署了一个德国议会和中国人大交流合作的协议。

4月25~27日　应西藏自治区人大常委会邀请，德国联邦议院议长蒂尔泽首次访问拉萨市。蒂尔泽在拉萨除了会晤当地官员外，还参观了德国技术合作公司（GTZ）在那里开设的一个职业学校以及德国政府资助的拉萨旧城改造项目。

7月7日　中国国家主席胡锦涛在英国会见了德国总理施罗德。胡锦涛说，中方愿同德方一道，进一步增强政治互信，扩大经贸合作，加强两国在能源、教育、文化、科技、人文等领域的交流，共同推动中德关系进一步向前发展。施罗德同意胡主席的意见并表示，德方愿加强同中方在能源领域特别是清洁能源、可再生能源和替代能源方面的合作，使经济发展与人口、资源、环境相协调。

8月21日　德国北威州的朔尔兄妹综合学校（Geschwister Scholl Gesamtschule Dortmund Deutschland）从2003年起开设汉语课程，从中学7年级起将汉语作为第二门外语引入教学体系，开了德国中学固定教授汉语的先河。

8月29~31日　中国国际贸易促进会首次在德国纽伦堡举办消费品、礼品和家庭用品贸易展览会。参展的270家亚洲展商中247家来自中国。

9月5~7日　德国前总理赫尔穆特·施密特应《21世纪论坛》邀请访华，并在会上做了题为《一个欧洲人对中国前景的展望》的报告，受到出席会议者的高度赞赏。

9月19日　中国人大常会副主任、中科院院长路甬祥院士荣获德国哈勒雷奥波尔迪纳自然研究科学院（Deutsche Akademie der Natur forscher Leopoldina）院士证书。

10月15日～2006年1月15日　科隆东亚艺术博物馆举办古代中国的地毯艺术"天子之光"展览。这是欧洲地区第二次举办来自中国的地毯精品工艺展。第一次是在1911年的巴黎，距今已近100年，展品主要是公元1400～1750年间70位中国皇帝的宫廷地毯。本次再现了中国地毯历史的辉煌。

10月17日　中德法律专家在北京首次开会讨论有关中国刑法改革和刑事司法改革的问题。

11月10～13日　中国国家主席胡锦涛对德国进行国事访问，以推动中德关系的进一步发展。这是胡锦涛作为国家主席对德国的首次访问。胡锦涛主席与克勒总统举行会谈，共同出席中德两国政府文化合作协定和中德交通、卫生、通信等领域合作文件的签字仪式。访问期间，胡主席与施罗德总理、基民盟主席默克尔女士、联邦议会议长拉默特等德国领导人就双边关系和共同关心的重大国际及地区问题交换了意见。

11月11日　《中德对话论坛》在德国正式成立，胡锦涛主席和克勒总统出席成立典礼并发表致辞。论坛的中方主席是全国政协副主席、中国工程院院长徐匡迪，德方主席是德国经济亚太委员会主席、西门子公司监事会主席冯必乐。

11月23日　德国新一届政府22日宣布成立，温家宝总理致电默克尔总理表示热烈祝贺。

12月1日　国务院总理温家宝同德国总理默克尔通电话，祝贺她就任德国总理，并就进一步加强中德友好合作关系交换了意见。双方一致表示将共同努力，推动中德关系不断向前发展。

12月13日　德国前总统约翰内斯·劳提出在南京把原拉贝寓所修建为一座多媒体中心纪念馆，纪念68年前对保护南京市民做出过杰出贡献的西门子公司职员拉贝先生。投资者为南京大学、德国驻上海总领馆、西门子博世家电公司以及西门子公司等。

2005年

2月9日　德国总理施罗德接见在洪堡中学任教的中国老师，祝贺中国的春节。

3月31日　全国人大常委会委员长吴邦国在人民大会堂会见来华访问的德国联邦议会议长普拉泽克，吴委员长表示，中德关系的友好发展给两国人民带来了裨益。

5月12日　德国伟大诗人戏剧家席勒逝世200周年纪念活动在北京举行，主办单位为中国社会科学院、中国对外友协和中国作家协会。

8月26日　中国驻德国大使馆举行电影招待会，庆祝中国人民抗日战争和世界人民反法西斯战争胜利60周年！

9月5~7日　应《21世纪论坛》邀请，德国前总理施密特访华并在论坛上做了题为《一个欧洲人对中国前景的展望》的报告，受到与会者的热烈赞赏。

9月8日　上海同济大学和欧洲最大的大众汽车公司沃尔夫斯堡（Volkswagen，VW）总部签订合作协议，合作研发"混合型引擎"（Hybridantrieb）车辆。混合型驱动技术被视为21世纪汽车引擎的革命。

11月10~13日　胡锦涛主席对德国进行正式访问，旨在推动中德两国发展，这是胡锦涛作为国家主席首次访德。胡主席分别与德国克勒总统、施罗德总理、联邦议会议长拉默特及基民盟主席默克尔，进行了友好交谈。

11月11日　德国"中德对论坛"成立，正在德国访问的胡主席和德国总统克勒出席成立典礼仪式，并发表致辞。

12月27日　德国特许经营业专业网站Frenchise-net.de把于2005年2月对外开放的中国市场称为特许经营的"典型事件"，首先落户中国的是德国Cup & Cino咖啡店和Europcar汽车出租连锁店。

2006年

1月11~13日　中德两国政府第二届环保论坛在青岛举行，环保合作已是两国合作的重要项目之一。在这次论坛上，中德双方签署了环保合作协定。

1月13日　中德两国新的投资促进和保护协定生效，取代了两国于1983年签署的双边投资保护协议。

2月5日　中共中央联络部副部长张志军应邀在慕尼黑安全政策会议上就亚太地区外交和安全形势发言，阐述中国提倡的互信、互利、平等和协作的新安全观。

2007年

1月7日　德国黑森州电视台每周六下午4点半播出5集电视片，介绍中国各地风光山色，如云南——神奇森林和萨满；四川——熊猫、竹和调料；江苏——在皇家运河和摩托天楼之间等。

1 月 20 日　默克尔总理给 9 名在德国访问学者颁发奖金，资助他们完成科研项目。

1 月 26 日　中德可再生交通能源合作指导委员会第三次会议在北京举行，研讨进一步合作事项。

2 月 1 日　德国联邦议会讨论对华援助问题，认为提供发展援助不但必要，而且还应增加援助项目。

2 月 6 日　中国国际交流协会与德国艾伯特基金驻京办事处在北京民族饭店共同举办招待会，庆祝双方友好交流合作 20 周年。

2 月 8 日　中国外交部副部长张业遂和德国外交部国务秘书西尔伯贝格进行副外长级磋商，一致同意以中德建交 35 周年为契机推动中德和中欧关系全面发展。

2 月 19 日　柏林市政部门在中国驻德使馆协助下在柏林火车站举办中国春节庙会，向德国人民展现中国春节传统节日氛围，这是首次举办这样的活动。

2 月 21 日　中国重庆博赛矿业集团下属的欧洲公司在德国鲁尔工业区租地建厂，加工和销售氯化钙。

2 月 22 日～3 月 17 日　德国 93 岁高龄卡尔·贝尔格老人的 120 幅摄影作品在基尔展出，介绍中国 20 世纪三四十年代情景，宣传中国传统文化。

3 月 13 日　在柏林举办中德贸易研讨会，双方高级商务代表讨论的重点是知识产权保护问题。

3 月 19 日　温家宝总理和默克尔总理通电话，就两国关系和共同关心的地区及国际问题交换意见。

3 月 20 日　德国证券交易所（Deutsche Boerse）和天津产权交易中心签署合作协议，发展两国的证券交易市场。

3 月 30 日　山东木材企业工友集团在法兰克福股市挂牌，市值为 440 万欧元，这是中国第一家公司在德国上市。

4 月 11 日　德国联邦议会中德议员小组主席普弗卢克率团访华，与外交部副部长张业遂会见并进行友好交谈。

4 月 13 日　德国投资兴建"大连莱茵海岸度假村"，选址渤海金州湾。

4 月 18 日　国家副主席曾庆红在人民大会堂会见德国防长弗朗茨·约

瑟夫·容，双方进行了友好交谈。

4月19日　德国和欧洲最大的私立医疗保险公司 DKV 与中国人保合作建立中国第一家私立医疗保险公司。

4月24日　德国前总统赫尔左克率团访华，出席"信息安全：中国与世界"国际学术研讨会，曾培炎副总理会见德国代表团，双方进行了友好交谈。

4月25日　德国联邦议会反华"亲台"议员小组，在柏林举行"视频会议"，为"台独"分子陈水扁鼓噪，在中德关系中制造不和谐声音。

5月14日　中国政府聘请德国前总理施罗德出任中德医文化交流项目顾问。

5月17日　全德国有30位华人担任德国大学教授，他们成立了德国第一个华人教授协会，维护在德国从事教育工作的华人的权益。

5月24日　应胡锦涛主席邀请，德国总统克勒首次对中国进行国事访问。胡主席和克勒总统举行会谈，双方一致同意把中德"具有全球责任"的伙伴关系提高到一个新水平。

6月18日　据报道，全德国有20家私人诊所采用针灸、中药和气功等中医疗法为德国患者治疗，全德国有65家中药店铺。

6月27日　中德经济合作联委会第13次会议在北京举行，双方在煤矿安全、煤炭使用、商业法律和贸易统计和标准化方面合作，进行深入探讨，达成许多重要共识。

7月16日　德国黑森州长罗兰特科赫访华，应西藏自治区政府邀请访问拉萨，自治区政府向科赫一行介绍了西藏建设和发展情况，双方进行了友好交谈。

8月19~29日　德国自由民主党主席韦斯特维勒应中共中央对外联络部邀请访华，他是首位正式访华的自民党主席。

8月26~29日　应温家宝总理邀请，德国总理默克尔正式访问中国，双方就进一步发展中德关系和共同关心的国际问题等进行了会谈。

9月15日　德国政府不顾中国强烈抗议，默克尔总理邀请并在总理府会见达赖，干涉中国内政。中国取消参加原定于23日在慕尼黑召开的法治国家对话和12月在北京举行的"人权对话"。

9月28日　德国外长施泰因迈尔会见参加联大会议的中国外长杨洁篪，他提出希望两国关系不要因"不愉快的事"（指默克尔会见达赖）受影响。会见持续约 30 分钟。

10 月 8 日　德国《金融时报》报道说，德法两国政府联合阻止中国进入欧洲宇航防务集团监事会，是出于所谓"安全"原因。

10 月 23 日　德国基民盟（CDU）通过《亚洲战略》文件，指出崛起的中国会成为德国的竞争者，德国要加强与印度、日本等所谓民主国家合作，以应对中国挑战。基民盟主席为默克尔总理。

2008 年

1 月 15 日　应德国联邦国防军干预部队行动司令部司令奥尔丁中将邀请，中国驻德国大使马灿荣在司令部介绍中国国内形势和外交政策，并强调中国仍是一个发展中国家。

1 月 24 日　调查显示，每年约有 200 家德国企业进入中国，目前在中国的德国企业（包括独资公司、合资公司和代表处）共约 4500 余家，员工总数达 20 万。在华的德国企业每年营业额平均为 1500 万至 2000 万欧元，其中大多数德企为机械制造和工程企业。

1 月 26 日　德国联邦议院人权委员会主席的格梅林认为，北京奥运将对中国产生积极的影响。

2 月 8 日　德国总理默克尔致电胡锦涛主席和温家宝总理，对我国南方部分地区遭受雨雪冰冻灾害表示深切同情和诚挚慰问。

2 月 22 日　中国驻德国大使马灿荣在使馆新春招待会上祝贺柏林自由大学孔子学院被评为模范孔子学院，祝贺三位教授 U lrich Kautz（高立希）、Wolfgang Kubin（顾彬）和 Mecht hild Leutner（罗梅君）获得 2007 年中华图书特殊贡献奖。

3 月 5 日　国务委员唐家璇在北京会见德国前总理施罗德。

3 月 6 日　德国各大报对温家宝总理政府工作报告做了较为客观报道，重点关注报告中提到的教育、医疗和社会福利以及缩小贫富差距等问题。

3 月 14 日　同济大学中德学院 4 位研究生以优异的德语成绩和专业知识，荣获 2008 年度德国总统奖学金。

3 月 17 日　德国政府发言人表示，德国政府反对抵制北京奥运会，"抵制奥运不会给西藏人带来任何好处"。

3 月 25 日　德国联邦政府发言人表示，默克尔总理拒绝达赖访德要求。

3 月 25 日　中国外长杨洁篪同德国外长施泰因迈尔通电话，就中德关系及共同关心的问题交换意见。

4 月 6 日　德国《每日镜报》发表文章，题为"中国进行着一项伟大的实验"，德国前总理赫尔穆特·施密特在文中批评西方媒体偏见，认为中国没有推行帝国主义。

4 月 9 日　德国东部第一家孔子学院在莱比锡开学。它是中国在德国开办的第 7 家孔子学院。

4 月 10 日　德国亚洲经济联谊会主席波多·克吕格就"西藏问题"说，西藏数百年来就属于中国，寻求西藏自治的政治运动应该停止而不是再扩大。

4 月 17 日　德国前驻华大使赛茨在《南德意志报》上撰文，批评德国媒体一叶障目地报道中国西藏和人权问题。

4 月 19 日　来自德国各地的近 3000 名华人、华侨以及中国留学生在柏林举行游行集会，抗议德国和西方媒体在报道"西藏问题"时的不实立场，并反对西方将奥运政治化。

5 月 9 日　大型中德友好合作活动"中德同行"在第二站重庆举行开幕庆典。

5 月 11 ~ 16 日　以联邦议会党团副主席瓦尔特·科尔博为团长的德国社民党代表团访华，并出席由中共中央对外联络部、中国国际交流协会和德国艾伯特基金会共同主办的中德关系研讨会。

5 月 12 日　德国总统克勒致电中国国家主席胡锦涛，对四川汶川发生地震发来慰唁。

5 月 13 日　德国总理默克尔致电温家宝总理，向四川汶川地震中的死伤人员表示吊唁和慰问，并称德国将迅速提供援助，帮助中国抗震救灾。

5 月 14 日　德国政府宣布，已通过德国红十字会向中国地震灾区提供一笔总数为 50 万欧元的救灾援助。

5 月 15 日　德国自民党主席韦斯特维勒对四川汶川地震表示慰问。

5 月 16 ~ 19 日　德方不顾中方严重交涉，允许达赖喇嘛窜访到德国，企图干涉中国内政。

5 月 17 日　新华社报道，德国在华企业纷纷参加地震救灾，戴姆勒向汶川地震灾区捐 500 万元；西门子捐 200 万元。

5 月 19 日　不顾中方抗议，德国发展援助部长维乔雷克－措伊尔会晤达赖。

5 月 19 日　德国政府决定将对华救灾援助款增加到 150 万欧元，此前已提供 50 万欧元援助。5 月 26 日德国黑森州政府决定向中方提供价值 100 万欧元的救灾物资。德国救灾的款物合计 350 万欧元。

5 月 26 日　柏林中国文化中心举行正式启用仪式，该中心是展示和了解中国之窗口。

5 月 28 日　德国联邦国防军向中国四川地震灾区提供帐篷、毛毯、发电机等救灾物资。另外，德国红十字会也向中国地震灾区捐赠了 1500 顶帐篷。

6 月 8 日　德国前总理施罗德访问山西。

6 月 10 日　温家宝总理与德国总理默克尔通电话。默克尔再次就中国汶川地震向中方致以慰问，表示德方愿继续向中方提供支持和帮助。

6 月 13 日　德国副总理兼外长施泰因迈尔对中国进行正式访问，和中方就双边关系及国际问题交换意见。施泰因迈尔外长还会见了律师、大学教授和其他人士。

6 月 15～16 日　中德高层在重庆举行城市发展与环保论坛，被称为"重庆对话"。

6 月 24 日　德国《时代》周报驻京记者花久志在该报上撰文《中国不是邪恶王国》，向德国人民报道真实的中国。

7 月 7 日　德国特里尔大学校长彼得·什温克梅茨格与中国驻德国使馆公使衔参赞姜锋在柏林签署了孔子学院总部与特里尔大学合作创办孔子学院的协议，向德国人民介绍中国的传统文化，这标志着德国第 8 所孔子学院将在马克思故乡——特里尔落户。

7 月 9 日　德新社消息，距离 2008 年北京奥运会开幕还有一个月的时间，德国获得分配的 3 万张奥运会比赛门票已经销售一空。

7 月 17 日　德国前总理施罗德在《时代》周报上发表文章，呼吁德国继续支持中国的现代化。

7 月 18 日　据中国外交部公布的统计数字，德国共向四川汶川地震灾区捐款 1806.70 万人民币，是欧洲捐款最多的国家。

7 月 28 日　德国前总统魏茨泽克接受《图片报》采访时表示：不应该抵制北京奥运会。奥运会在世界上人口最多的国家举行，是对所有人的考验。

7 月 28 日　德国外长施泰因迈尔在《法兰克福汇报》上发表文章

《我们对中国的期望》，谈中国变化和对华关系，主张通过合作和对话，以达互利的目的。

7月29日　据德国工商协会调查，在中国开展业务的德国企业中有40%表示有意拓展在中国的业务。目前，德国大约有20万个工作岗位依赖于向中国出口，德国向世界出口额中有3.1%是向中国的出口。

8月1日　中国外长杨洁篪应约同德国副总理兼外长施泰因迈尔通电话，就共同关心的国际问题交换了意见。

8月9日　中国国务院副总理李克强会见德国前总理施罗德。

8月10日　温家宝总理会见德国前总理施罗德。

8月10日　德国前总理施罗德在北京接受德新社记者采访时强调说，德国政治高层没有正确理解出席北京奥运会开幕式的重要性，批评德国主要媒体"认识狭隘"。

8月23日　国际奥委会副主席、德国奥委会主席巴赫称赞北京举办了一届出色的奥运会，认为事实证明让北京举办这届奥运会是正确的选择。据德国之声报道，德国运动官员认为：在政治、安全和空气污染这三重压力下，北京奥运最终在组织、竞技水平、安全、环境和观众气氛上都交了一份近乎完美的答卷，赢得了世界的感谢、尊重和认可。

9月3日　德国财政部长佩尔·施泰因布吕克在中国表示，德国会继续向中国提供发展援助，而且还要通过"非传统"的新型援助方式，让中国和德国经济都受益。

9月7日　中国国家主席胡锦涛在人民大会堂会见前来出席北京残奥会开幕式的德国总统克勒，双方进行了友好交谈，还开诚布公地讨论了关于人权的问题。

9月17日　中国作家、文化部前部长王蒙抵达汉堡，参加一系列中德文化的交流活动。

9月22日　德国发展援助部长维乔雷克－措伊尔在接受德国《新奥斯纳布吕克报》采访时表示，德国结束同中国之间传统的货币形式的经济援助，取而代之的是将同中国在司法、社会、气候保护对话等方面开展援助，这就是非传统的"新型援助方式"，目的是实现中德战略伙伴关系。

10月9日　中国外交部部长助理吴红波在柏林与德国外交部国务秘书西尔伯贝格共同主持中德第二轮战略对话。双方就中德关系、中欧关系及共同关心的重大地区和国际问题深入交换看法。

10 月 14 日　德国总理默克尔在第三届德国机械制造峰会开幕式上说，中国是德国最重要的出口市场之一。机械制造在中德双边贸易中扮演着重要角色，多年以来占德国出口总额的 30%。

10 月 14 日　德国总理默克尔在柏林总理府接见了中国优秀青年代表团，双方就两国青年的工作和交流进行友好会谈。

10 月 21 日　第九届中德人权研讨会在北京召开，中德两国的数位人权专家围绕人权与和谐社会进行了讨论。

10 月 23 ~ 25 日　应国务院总理温家宝邀请，德国总理默克尔对中国进行正式访问，并出席第七届亚欧首脑会议。温家宝总理在人民大会堂与默克尔总理举行会谈。

10 月 24 日　中国国家主席胡锦涛会见来华进行正式访问并出席第七届亚欧首脑会议的德国总理默克尔。

12 月 14 日　德外交部政策司司长、前驻华大使史丹泽在 12 月 18 日中国改革开放三十年纪念日即将来临之际，接受《德国之声》记者采访，称赞中国的改革开放取得了巨大成就，也给世人留下了深刻的印象，并认为中国不仅作为世界工厂出口自己的产品，而且也致力于成为世界经济全球化的一个有机部分。

12 月 21 日　在中国纪念改革开放 30 周年之际，德国前总理施罗德在接受《德国之声》记者采访时说：我们必须承认，这一政策取得了很大的成功。它使 4 亿中国人摆脱贫困。今天，大多数中国人已不再忍饥挨饿，而中国并非在每个历史阶段都能做到这一点。这就是改革开放的成果，所以我们希望中国能继续这一政策。

2009 年

1 月 28 日　德国联邦司法部长齐普里斯女士向德国西南电台表示，中华人民共和国正不可逆转地走向法治。数年来，中德关于司法和人权的政府间对话已取得了令人瞩目的进步。温家宝总理于当地时间 28 日晚抵达柏林，开始对德国进行正式访问。

1 月 29 日　温家宝总理与默克尔举行会谈。双方就推进中德关系，特别是携手应对金融危机深入、务实地交换了意见，达成广泛共识。双方还发表了中德关于共同努力稳定世界经济形势的联合声明。访德期间，温家宝总理还会见德国总统克勒、德国副总理兼外长施泰因迈尔，并在中德经济技术合作论坛上发表演讲。

2月6日　《德国之声》电台采访德国经济界亚太委员会首席执行官弗里多林·施特拉克。施特拉克说，中德经济相互依赖，在经济危机时期，中德两国更需同舟共济。

2月26日　德国驻华大使施明贤博士为10名中国优秀科技工作者颁发了德国总理奖学金。该奖学金是由洪堡基金会委托德国外交部颁发的。

3月8日　由60名中国企业代表组成的投资团访问德国，主要目的是为中国加强在德投资做好准备。

3月8~11日　应中共中央对外联络部邀请，以德国联邦议院社民党议会党团副主席瓦尔特·科尔博为团长的德国社民党代表团访华。

3月10日　据《环球时报》报道，所谓“德国援助西藏组织”和“德国西藏人协会”等组织支持达赖喇嘛的流亡活动，干涉中国内政。

3月25日　慕尼黑东方基金会与北京外国语大学共建的慕尼黑孔子课堂揭牌成立。这是在德国设立的第一所孔子课堂。

3月28日　据《德国之声》报道，德国外交政策协会与民意研究机构diamap就德国外交政策趋势进行的一次调查结果显示，240名来自德国政治、经济、传媒等领域的社会精英人士中，有近四成认为中德关系次于德国与印度之间的关系，但优于与俄罗斯之间的关系。他们还认为，中国是世界第二政治强国。

4月20日　正在北京访问的德国巴伐利亚州副州长马丁·蔡尔说，金融危机对中国银行业的影响有限，这也给德国银行业带来了稳定器的作用。据报道，巴伐利亚州有400多家公司已在中国设立企业，有1300多家企业与中国企业有贸易与业务合作关系。中国目前已成为巴伐利亚州的第五大贸易伙伴。马丁·蔡尔表示，该州对中国出口的快速增长主要来自汽车、电子、化工等行业。

4月27~28日　中德法治国家对话第九届研讨会在深圳举行。会议主题是完善养老保险法律制度。

5月12日　位于德国北威州贝德堡的三一重工德国产业园举行奠基仪式。该建设项目总投资达1亿欧元，是迄今为止中国在欧洲最大规模的投资项目。

6月8日　外交部副部长李辉在北京与德国外交部国务秘书西尔伯贝格共同主持中德第三轮战略对话。双方就国际金融危机背景下全面深化中德关系以及共同关心的国际和地区问题深入交换意见。

6 月 10 日　马灿荣大使应邀访问德国弗赖堡大学，并代表中国国家汉办与该校及弗赖堡市签署了关于建立弗赖堡大学孔子学院的合作协议。弗赖堡大学授予马大使该校银质荣誉勋章。弗赖堡市还聘请马大使为该市"中国论坛"荣誉主席。

6 月 25 日　国务院总理温家宝应约与德国总理默克尔通电话，就双边关系和共同关心的重大地区和国际问题交换了意见。

6 月 28 日 ~7 月 2 日　第二届中德媒体对话会在德国东部城市德绍举行，主题是环境保护问题。

7 月 14 日　据《经济日报》报道，德国作家伯恩哈德·甘特尔发表了一封给德国媒体的公开信，信中说："我觉得德国媒体有两面性。一方面，中国对德国经济极其重要；另一方面，德国总是靠想象来报道中国的不足，不论西藏、奥运会，还是 2009 年法兰克福书展，说到底就是，不管中国做什么，中国政府为现代化付出多大努力，中国的不足对西方媒体来说都是永恒的热门话题。"甘特尔在信中呼吁德国媒体和德国人民"尊重不同文化是全人类的义务，中国和中国人民早就向我们敞开了大门，只是我们西方人，我们德国人，在我们自己的愚蠢和狭隘中始终没有领会这一机遇，更遑论利用这一机遇"。

7 月 29 日　《星岛环球》网报道说达赖喇嘛从波兰窜访德国黑森州，会见黑森州长科赫、德国联邦发展援助部长维乔雷克·措伊尔，并拿到马尔堡大学"荣誉博士"的帽子。据德媒报道，达赖在德国的"受欢迎程度已不如从前了"。

9 月 26 日　据人民网报道，德国前总理施罗德为《人民日报》撰文，祝贺中华人民共和国成立 60 周年。

10 月 7 日　第四届中德大学校长会议在德国南部城市图蒂宾根大学落下帷幕，双方就诸如双学位项目、学生交换、共同研究、课程设置、资格认定等的法律和程序问题进行讨论并取得许多共识。有 300 多所中国高校与 100 多所德国高校建立了校际交流关系。

10 月 10 日　应德国总理默克尔的邀请，中国国家副主席习近平抵达德国，对德国进行正式访问。在访问期间，习近平副主席参观了柏林中国文化中心、波茨坦会议纪念馆，并聆听纪念馆负责人关于世界反法西斯战争和波茨坦公告将台湾归还给中国的内容介绍等情况。

10 月 12 日　国家副主席习近平在德国总统府拜会了德国总统克勒。

克勒总统积极评价中德关系，说中国是一个伟大的国家，在国际和地区事务中发挥着日益重要的作用。会见后，习近平副主席与德方共同出席了经济、教育以及太阳能、机电合作文件的签字仪式。

10月25日　"中德同行"友好交流活动在武汉举行，德国前总理施罗德出席会议并发表演讲强调，中德两国探讨建立更公正的世界贸易体系、确立环保标准、开发能源资源等具有全球意义，双方应携手应对环保、气候、能源等多方挑战，实现生态现代化和可持续发展。

10月30日　中国德国研究会在北京外国语大学德语系举办研讨会，研讨德国新一届联邦政府的政策走向及中德关系，表现出谨慎乐观的态度。

12月8日　国务院总理温家宝应约与德国总理默克尔通电话。双方就两国关系和应对气候变化问题交换了意见。

2010 年

1月7日　德国歌德学院院长阿克曼在接受《环球时报》采访时表示，西方媒体对中国报道"不客观""不负责任"，他们对中国的批评性报道拿不出证据。

1月11日　德国科学家爱斯特·路德维希·温奈克获得2009年中华人民共和国国际科学技术合作奖。温奈克系慕尼黑大学教授，著名生物化学家，曾任德国科学基金会主席和欧盟科学理事会秘书长。

1月15~16日　德国外长韦斯特维勒对中国进行工作访问，与中国外长杨洁篪举行会议，双方表示在国际问题和地区问题上进一步加强磋商和合作。

1月8日　中国外交部政策司司长乐玉成和德国外交部政策规划司司长埃德勒在北京举行第13轮外交政策磋商。

1月27日　《环球》杂志报道了德国青年卢安克在广西东兰县切学乡板烈小学义务教学的事迹，卢安克被当地人称为"活雷锋"。

1月29日　北京大学学生艺术团应邀访德，在柏林自由大学演出。

2月3日　中德合作建设的江阴临新大地低碳示范城项目正式签约，总投资约30亿元人民币。德国汉堡芭蕾舞团在北京国家大剧院演出《茶花女》。

2月5日　中国外长杨洁篪参加在德国慕尼黑举行的"安全政策"会议，做了《变化中的中国与世界》的演讲，阐述中国在世界和平和安全方面的政策主张，反对霸权，维护世界和平和稳定。

2月10日　中国驻德大使吴红波在使馆宴请德国防部长古滕贝格，双方就双边关系、两军关系及共同感兴趣的问题进行了友好交谈。

2月22日　吴红波大使为德国汉学界人士举行新春招待会，德国外交部、各联邦州文化部及汉学工作者和中国汉语助教志愿者共80多人出席招待会。

2月28日　德国RTL电视台攻击在欧华人商店是"黑社会"，遭到在欧的华商、华人及对中国友好人士和团体的强烈反对和抗议。

3月3日　德国前外长菲舍尔应中国人民外交学会邀请访华，与中国外交部副部长傅莹进行友好交谈。

3月8~11日　德国社会民主党国际部副部长马格斯·恩格斯应中共中央对外联络部邀请访问中国，双方就进一步发展两党友好交往深入交换意见。

3月17日　德国绿党主席蔡姆约茨德米尔率团访华，受到中央书记处书记刘云山会见，中联部部长王家瑞和外交部副部长傅莹参加会见，双方进行了友好交谈。

3月25~26日　中德经济合作联委会第12次会议在德国举行。

4月1日　德国总理施罗德在联邦总理府会见了出席阿富汗问题国际会议的中国外长李肇星和正在德国访问的中国财政部部长金人庆。金人庆还与德国政府签署了一系列有关德国向中国贷款和赠款协议。

4月2~14日　中德科技合作成果展览在德国柏林举行。

5月2日　应德国总理施罗德邀请，温家宝总理访问德国，双方就两国关系和共同关心的国际热点问题交换意见，会谈是在友好气氛中进行的。温家宝总理和施罗德总理在柏林举行会谈后发表了联合声明。德国政府承诺坚持"明确的'一个中国'的政策，支持中国和平统一"。德国政府反对台湾"独立"，并反对旨在加剧台湾海峡紧张局势的任何活动。温家宝和施罗德还共同出席了中德两国多项合作协议的签字仪式。

5月4日　德国总统劳在总统府会见了中国国务院总理温家宝。温家宝还会见了德国联邦议院议长蒂尔泽以及德国前总理科尔、基民盟主席默克尔、自民党主席韦斯特韦勒。温家宝总理和施罗德总理在"中德高技术对话论坛"第三次会议上发表讲话，德国工商界300人出席报告会。

5月24日　中国科学院与德国马普学会科学合作30周年庆祝大会在

京举行，胡锦涛主席和德国总统约翰内斯·劳向大会发来贺电表示祝贺。

11月23日　国务院总理温家宝应约与德国总理施罗德通电话，交换了有关双边关系和当前重大国际问题的看法，表示进一步深化两国友好合作关系及在国际问题上的合作，两国总理之间建立了安全直接的热线电话。

12月6日　应温家宝总理邀请，德国总理施罗德率大型经济代表团对中国进行工作访问。温家宝总理与施罗德总理举行了会谈，两国总理共同出席双方多项合作文件的签字仪式。中德双方签署了两国政府关于建立热线电话和关于加强中小企业合作的协议。

12月7日　胡锦涛主席会见了德国总理施罗德，全国人大常委会委员长吴邦国也会见了施罗德总理。施罗德在京期间还会见了中共中央对外联络部部长王家瑞。施罗德总理在曾培炎副总理陪同下前往长春参观了一汽大众汽车厂。

2011年

1月4日　中国外交部发言人洪磊在例行记者会上谈中德关系时说："中国政府高度重视与德国的关系。在当前复杂多变的国际形势下，中德两国加强沟通，深化各领域务实、互利合作尤为重要。我们愿与德方共同努力，增进相互了解和信任，推动中德战略伙伴关系全面、深入发展。"

1月28日　温家宝总理应约与德国总理默克尔通电话。默克尔首先向中国人民祝贺农历新春佳节。两国总理认为，中德确立战略伙伴关系、建立政府年度磋商机制具有深远意义。温家宝表示，中方将继续以实际行动支持欧方应对主权债务危机，支持德国发挥重要作用和影响。

3月11日"启蒙的艺术"大型展览在国家博物馆举办，监护人为胡锦涛主席和德国沃尔夫总统，出席的来宾有中国国务委员刘延东和德国副总理兼外长韦斯韦勒。

6月11日　同济大学、复旦大学、上海外国语大学、北京外国语大学、北京对外经贸大学、社会科学文献出版社的专家学者，会集于上海同济大学德国问题研究所，参加撰写《德国发展报告（2010~2011年）》（《德国蓝皮书》），与会学者们还研讨了德国政党政治格局及德国和欧洲的经济政治形势等。

7月19日　中德第九次人权对话在贵阳市举行，双方介绍了各自国家的人权状况并就刑事司法与人权保护及国际人权领域合作等问题深入交换了意见。

9 月 23 日　汉堡市举办"鸭宴"，中国驻德大使吴红波应邀出席。出席"鸭宴"的还有中国驻汉堡总领事陈红梅、汉堡中德协会主席尼尔迈尔、汉堡市议会议长维特等，"鸭宴"在友好亲切的氛围中进行。

10 月 30 日~11 月 4 日　应德国联邦参议院议长泽霍费尔邀请，中国全国政协主席贾庆林对德国进行友好访问，双方关于中国人民政治协商会议和德国联邦参议院合作进行了友好会谈。贾庆林还会见了德国总统沃尔夫。贾庆林出席了中德企业合作论坛并发表题为《携手共创中德经贸合作的美好未来》的重要演讲，受到与会者的热烈赞扬。

11 月 17 日　吴红波大使应邀出席德国汽车工业协会在柏林中国俱乐部举行的晚宴并致辞。德国汽车工业协会是德国最大的行业协会之一，拥有整车制造、零配件、特种车辆等各类企业会员超过 600 家。

11 月 18 日　外交部副部长傅莹与德国外交部国务秘书哈珀尔举行两国外交部副外长级政治磋商，双方就中德关系、中欧关系及其他共同关心的问题深入交换了意见。

11 月 20~21 日　慕尼黑安全会议核心小组会议在北京举行，会议进一步讨论了当前安全政策所面临的挑战，涉及范围包含经济危机，网络战争，资源安全以及远东局势等。

12 月 6 日　杨洁篪外长出席柏林第二轮中德外长级战略对话，杨外长与德国总统沃尔夫会见时表示，通过两国领导人多次接触和会晤，双方达成了许多共识。杨外长说，中德两国为应对全球国际金融危机，为稳定全球经济、金融形势做出了重要贡献。两国互为重要战略伙伴，中方愿与德方进一步加强高层往来，深化经贸合作，增进相互了解和信任，推动中德战略伙伴关系不断向前发展。明年是中德建交 40 周年，中国将在德举办中国文化年，增进两国民众，特别是青年之间的交流，相信这将进一步加深德国人民对中国的了解。中德经贸关系是中欧经贸关系的典范，在国际金融危机的背景下，希望德方在反对贸易保护主义，促进中欧经贸关系上发挥更加积极的作用。沃尔夫表示，当前国际形势复杂多变，中国是维护世界和平与稳定的重要国家，中德保持各层次的沟通与交流非常重要。欢迎中国在德举办中国文化年，这有助于德民众加深对中国历史和文化的了解，德方愿为此提供支持。两国是稳定国际经济金融形势的重要力量，有必要就此加强合作。双方还就阿富汗问题、波恩会议等交换了看法。

12月7日　中国杨外长在德国柏林出席中德外长级战略对话期间受到德国总理默克尔会见，双方就两国共同关心的问题交换了意见。杨外长与德国副总理兼外长韦斯韦勒举行会谈，双方表示对两国关系发展状况满意，并就进一步加强两国合作交换了意见。

12月9日　中国福建"索立鞋业"以"索立股份公司"名义在法兰克福证券交易所高级市场成功上市，公开发行70万股，发行价为9欧元，开盘价为9欧元，募资630万欧元。至此，已有37家中国公司在法兰克福证交所上市，其中9家在高级市场，1家在一般市场，6家在初级市场，21家在公开市场。

2012 年

1月9日　德国《商报》发表弗兰克·泽林的文章，题为《世界秩序，中国将更加强大》。文章说："西方媒体喜欢这样报道中国：危机蔓延到中国各个角落，直到这个国家灭亡。但我们不能被这愚弄：实际上，这个国家远比我们想象的更加稳定。""因此，2012年的中国很可能与往年一样，担当自己的角色，并将继续获得更大的国际强权，从而把经济成就转化为政治影响力。"

1月13日　中国驻德国大使馆网站报道，为庆祝中德建交40周年，中国驻德国大使馆特于2012年1月至12月举行"中德建交40周年"基础知识有奖竞答活动。

1月24日　德国ARD – Hoerfunkstudio驻京记者露特·基希讷以歪曲事实报道四川省甘孜州炉霍县发生的一部分群众闹事事件，以此取悦德国听众，攻击中国。中国相关部门应该把露特·基希纳记入黑名单。

1月30日　中国政府举办的"2012德国'中国文化年'"活动在柏林宪兵广场音乐厅隆重开幕，中国文化部蔡武部长、吴红波大使，德国联邦政府代表、外交部国务部长皮珀尔，外交部国务秘书布劳恩，国防部国务秘书武尔夫，十几位联邦议员及部分联邦州代表，文化、教育、经济界人士等近千人出席。

2月2日　德国总理默克尔访问中国，在中国社会科学院发表关于中德关系及国际金融形势的演讲。她在温家宝总理陪同下游览了北京中轴线东侧的一条小胡同——南锣鼓巷。

2月2日　中国国务院总理温家宝在人民大会堂与德国总理默克尔举行大、小范围会谈。两国总理一致认为，中德建交40年来，双边关系取得巨大进展，达到很高水平，造福了两国人民，对世界产生日益重要的影响。双方表示，要保持高层交往，共同办好"中国文化年"、汉诺威工业博览会等大型活动，全面落实第一次中德政府磋商达成的协议和共识。

2月3日 中国国家主席胡锦涛和全国人大常委会委员长吴邦国在人民大会堂分别会见德国总理默克尔，双方进行了友好会谈。

2月3日 在广东考察的国务院总理温家宝和德国总理默克尔在广州与中德企业家举行座谈，参加会谈的两国企业家代表有德国西门子、大众、欧洲直升机公司和中国国家开发银行、联想集团、南方航空、三一重工等近40家企业。两国总理还共同参观了海瑞克（广州）隧道设备有限公司。默克尔总理是中国龙年来访的第一位西方国家领导人，中国也是她是龙年出访的首个欧洲以外的国家。

2月7日 德国《柏林早报》网站2月2日报道，多数德国人（约占68%）坦然接受中国成为日益强势的经济大国。

2月9日 德国《金融时报》报道，2011年，德国对中国的出口首超意大利。中国在德国出口总额中的比重为6.1%，成为德国第五大出口目的国。德国出口到中国的产品主要是机械、汽车和汽车零部件，对华出口机械产品已超过对美国的出口。

2月20日 中国外交部副部长张志军会见来华访问的德国社民党副干事长兼国际部部长波斯特一行。双方主要就中德、中欧关系，及共同关心的国际问题交换看法，会谈是在友好的气氛中进行的。

2月25日~3月2日 应中国共产党邀请，以格吉娜·罗驰主席为团长的德国左翼党代表团访华，双方就两党合作和国际问题进行了交谈，交换了意见。

3月15日 德国联邦外贸与投资署公布的数据显示，2011年中国企业在德国投资158个项目，中国成为在德国投资项目最多的国家。

4月22日 中国国务院总理温家宝应德方邀请抵德访问，与德国总理默克尔共同出席德国汉诺威工业博览会开幕式，并发表题为《坚持改革开放，推动创新发展》的演讲。汉诺威工业博览会此次主题是"绿色、智能"。中国时隔25年再次担任工博会合作伙伴国，500多家中国企业展示了我国在新能源、新能源汽车和智能制造等方面的最新成果，参展规模和水平创历史新高。双方就相互关心的问题交换意见，进行了友好会谈。温总理还会见了老朋友前总理施密特和施罗德，双方回顾中德两国友好关系的关系史，温总理对德国两位前总理为中德关系做出的贡献表示感谢。

4月23日　温家宝总理在德国总理默克尔的陪同下，为工业博览会中国中心展区开幕剪彩。两国总理参观了中国上海汽车集团公司、中国一汽集团公司、西门子、ABB 等中德知名企业的展台。之后两国总理共赴位于沃尔夫斯堡市的大众汽车公司总部参观，并共同见证了上汽集团与大众在新疆合作建厂、一汽集团与大众加强合作两个联合声明的签署。

5月8~13日　应中方邀请，德国前总理赫尔穆特·施密特访华。在华期间，温家宝总理和前总理朱镕基会见了施密特，进行了友好交谈，并共同出席了在天津开幕的国际行动理事会第20届年会。

6月15日　据《经济日报》报道，由拜耳公司、国务院扶贫开发领导小组办公室外资项目管理中心共同开展的"拜耳-中国农村发展项目"近日启动。据悉，该项目选址重庆市万州区的梨树乡及恒河土家族自治乡，覆盖4个行政村约1200家农户，旨在通过社区自主发展模式的建立，改善农村居民生活质量，提高生活保障与环境保护能力，探索可持续发展的乡村扶贫模式。

6月22日　德国《明镜》周刊在线报道，德国先进的技术、优良的研发能力、高水平的劳动力、相对健康的财政状况以及良好的社会环境，使中国企业对其偏爱有加。安永公司就欧洲经济区吸引力问题对各国840位经理的调查显示，欧洲债务危机对德国"完全"没有影响，德国是欧洲最具吸引力的国家，且吸引力还在增加。中国在德投资强势增长，2011年中国企业在德投资项目为45个，同比增加36%。中国在欧投资项目的三分之一都放在了德国，是继美国、瑞士和英国之后的德国第四大投资来源国。

6月26日　据德国《经理人》杂志报道，柏林 Euracom 公司经理扎伊茨从中国进口了德国第一辆电动公交车，该车具有噪音低、环保、便宜的特点。对于中国的创新，不仅德国专家们感到震惊，而且整个业界也都为之欢欣鼓舞。迄今为止，德国公交车都是矿物油、天然气或混合动力的，电动公交尚属首例。

7月24日　外交部军控司司长庞森与德国外交部军控与裁军事务专员罗尔夫·尼克尔在北京举行军控与防扩散磋商。双方主要就伊朗核问题、日内瓦裁军谈判会议、核裁军、外空等问题交换了意见。

8月19~24日　由北京外语大学承办的"亚洲日耳曼学学者大会"

在北京九华山庄举行，会议主题为"跨语言 – 跨文化 – 跨学科：日耳曼学的边界扩展"。来自中国、日本、德国、韩国、埃及、以色列等国的 140 位专家学者参加了会议，会议就关于日耳曼语教学和扩展进行了广泛讨论。

8 月 30 日　应国务院总理温家宝邀请，德国总理安格拉·默克尔抵京，开始对中国进行正式访问。温家宝与默克尔会谈并共同主持第二轮中德政府磋商，中方 8 位部长和 5 位副部长，德方外长韦斯特韦勒、财政部长朔伊布勒、经济部长罗斯勒、交通部长拉姆绍尔、环境部长阿尔特迈尔和 2 位国务秘书参加磋商。双方签署了 13 项政府协议清单，以及《空客中国总装线二期框架协议》等涉及航空、汽车等多个领域的 13 个合作协议，价值 60 亿美元。中国国家主席胡锦涛、全国人大常委会委员长吴邦国、国家副主席习近平、国务院副总理李克强分别会见默克尔，并进行了友好会谈。这是默克尔 2005 年就任德国总理后第六次访华。

9 月 17 日　德国总理默克尔在柏林举行的新闻发布会上表示，尽管欧盟委员会已经针对中国光伏产品启动反倾销调查程序，但她仍然坚持通过对话政治解决中欧光伏贸易争端。

9 月 18 日　德国汉学家、民族学家南因果在德国《青年世界报》上发表评论文章，指出日本政府"购买"钓鱼岛的行径是企图修改第二次世界大战的领土结果，如今人们看到日本咄咄逼人的傲慢自大态度又一次死灰复燃，这会在日本所有邻国唤起可怕的记忆。

9 月 19 日　《南德意志报》在每日专题版上刊登题为《一段可怕的历史》的文章抨击日本。该文指出，严重的战争罪行在日本早已被遗忘，没有人意识到日本对中国要承担历史罪责，同时极少有人知道，中国对钓鱼岛的主权要求确有"需要严肃对待"。

10 月 11 日　德国外长韦斯特韦勒为中德建交 40 周年在《法兰克福汇报》以《冠军联赛中的德国和中国》为题撰文，称：中国的迅速崛起突出表明，国际秩序变化之快已今非昔比。我们生活在一个更趋多极化的世界。亚洲、拉美包括非洲的新兴力量中心已不仅仅是经济增长的火车头，而是已成为国际决策过程中不可或缺的伙伴。因此，我们外交政策的目标应在不忽略老盟友的同时，与 21 世纪的新兴大国建立新伙伴关系。我们与中国建立的战略伙伴关系在此具有导向作用。我们致力于在政治、经济、文化、科学和社会领域与中国进行长期合作。涵盖人权、环境以及中

《中德发表联合声明将合作应对金融危机》，爱中国，http：//www. showchina. org/zt/jrwj/08/201001/t524658. htm，2012 年 4 月 15 日。

世界知识出版社编《中华人民共和国对外关系文件集》，第 1 集，世界知识出版社，1957。

《驻德使馆举行"中国文化年"活动新闻发布会》，中华人民共和国驻德意志联邦共和国大使馆网站，http：//www. china - botschaft. de/chn/dszl/dshd/t899423. htm，2012 年 4 月 26 日。

〔德〕马克思、恩格斯：《德意志意识形态节选本》，人民出版社，2003。

〔德〕赫尔穆特·施密特：《伟人与大国》，柏林，1990。

〔美〕彼得·卡赞斯坦、罗伯特·基欧汉、斯蒂芬·克拉斯纳编《世界政治理论的探索与争鸣》，秦亚秦等译，上海人民出版社，2006。

〔美〕曼纽尔·卡斯特：《认同的力量》，曹荣湘译，社会科学文献出版社，2006。

〔美〕塞缪尔·P. 亨廷顿：《变化社会中的政治秩序》，王冠华，刘为等译，上海人民出版社，2008。

〔美〕约瑟夫·S. 奈：《硬权力与软权力》，门洪华译，北京大学出版社，2005。

〔美〕朱迪斯·戈尔茨坦、罗比特·O. 基欧汉编《观念与外交政策》，刘乐国、于军译，北京大学出版社，2005。

〔英〕马丁·雅克：《当中国统治世界：中国的崛起和西方世界的衰落》，张莉、刘曲译，中信出版社，2010。

〔美〕爱德华·卡尔：《20 年危机（1919 ~ 1939）国际关系研究导论》，秦亚青译，世界知识出版社，2005。另参见 Hayward A. Alker, *Rediscoveries and Reformulations*：*Humanistic Methodologies for International Studies*, Cambridge：Cambridge University Press，1996。

方爱东：《社会主义核心价值观的发展历程及其当代建构》，安徽大学博士学位论文，2010。

伯涵：《欧洲一体化遭遇空前挑战》，中国证券报，http：//finance. jrj. com. cn/opinion/2012/05/16004113131495. shtml。

曹立：《欧债危机背后的大国博弈及启示》，《理论视野》2011 年第 12 期。

程曼丽:《大众传播与国家形象塑造》,《国际新闻界》2007年第3期。

夏建平:《认同与国际合作》,世界知识出版社,2006。

《德国多名高官因丑闻下台　媒体称换个国家根本不是事儿》,凤凰网,http://news.ifeng.com/world/detail _ 2013 _ 01/12/21111220 _ 0.shtml,2013年11月12日。

德意志电台对泽林采访,2013年3月6日。

董玉洁:《中欧互视,怎样才能"对上眼"——专访国际关系学院院长陶坚》,《世界知识》2012年第6期。

方明、蔡月亮:《政府国际公关:国家形象塑造的新视野——兼论中国国家形象塑造》,《东南传播》2007年第1期。

方长平:《国家利益的建构主义分析》,当代世界出版社,2002。

冯霞等:《北京奥运文化传播与中国国家形象塑造》,《北京社会科学》2007年第4期。

冯仲林:《德国指南》,时事出版社,1996。

冯中林:《联邦德国在东西方关系中的地位和作用》,《现代国际关系》1986年第3期。

弗郎克-泽林:《中国密码:一个德国人眼中的神秘中国》,贵州人民出版社,2009。

管文虎主编《国家形象论》,电子科技大学出版社,1999。

郭绍棠:《权力与自由——德国现代化新论》,华东师范大学出版社,2001。

郭树勇:《大国成长的逻辑》,北京大学出版社,2006。

郭万超:《中国崛起》,江西人民出版社,2004。

顾俊礼主编、杨解朴副主编《中德建交40周年回顾与展望》,社会科学文献出版社,2012。

何佩群等主编《国际关系与认同政治》,时事出版社,2006。

贾文键:《德国〈明镜〉周刊(2006—2007年)中的中国形象》,《国际论坛》2008年第4期。

解琳:《欧元崩溃的政治影响料将甚于经济后果》,中华人民共和国商务部网站,http://www.mofcom.gov.cn/aarticle/i/jshz/zn/201109/2011090 7731779.html,2011年9月8日。

靖鸣、袁志红：《西方媒体报道与中国形象塑造》，《当代传播》2007年第2期。

〔美〕彼得·卡赞斯坦：《地区构成的世界：美国帝权中的亚洲和欧洲》，秦亚青、魏玲译，北京大学出版社，2007。

〔美〕肯尼思·沃尔兹：《国际政治理论》，胡少华、王红缨译，中国公安大学出版社，1992。

李菲菲：《德国媒体中的中国形象——以〈焦点杂志〉为例（2007~2008)》，上海外国语大学硕士学位论文，2010。

李慧明：《国际关系中的国家身份》，《学术论坛》2007年第12期。

李少军：《国际政治学概论》，上海人民出版社，2002。

〔德〕罗伯特·库尔茨：《资本主义黑皮书》，钱敏汝等译，社会科学文献出版社，2003。

李文红：《德国人权外交研究》，人民日报出版社，2009。

李文红：《德国人权外交的新版本——默克尔的价值观外交》，《国际论坛》2009年第3期，本论文曾被中国人民大学书报资料中心转载在复印资料《国际政治》2009年第9期。

李希光、赵心树：《媒体的力量》，南方日报出版社，2002。

连玉如：《新世界政治与德国外交政策——"新德国问题"探索》，北京大学出版社，2003。

刘继南、何辉等：《中国形象：中国国家形象的国际传播现状与对策》，中国传媒大学出版社，2006。

刘继南、周积华、段鹏等：《国际传播与国家形象》，北京广播学院出版社，2002。

刘立群：《德法关系：从宿敌到盟友》，载刘立群主编《金融危机背景下的德国及中德关系》，社会科学文献出版社，2011。

刘伟胜：《文化霸权概论》，河北人民出版社，2002。

〔美〕罗伯特·基欧汉：《霸权之后》，苏长和等译，上海人民出版社，2001。

罗建波：《中国国家形象战略的基本框架与实现途径》，《理论视野》2007年第8期。

马超、娄亚：《塑造公民文化——联邦德国的政治文化变迁》，《德国研究》2005年第1期。

门洪华：《中国：大国崛起》，浙江人民出版社，2004。

倪世雄：《当代西方国际关系理论》，复旦大学出版社，2004。

潘琪昌：《走出夹缝》，中国社会科学出版社，1990。

潘琪昌：《百年中德关系》，世界知识出版社，2006。

潘琪昌：《大国关系之我见》，《现代国际关系》2002 年第 3 期。

秦亚青：《权力·制度·文化》，北京大学出版社，2005。

秦亚青：《国家身份、战略文化和安全利益》，《世界经济与政治》2003 年第 1 期。

屈新儒：《中西人权观差异的历史文化反思》，《西北大学学报（哲学社会科学版）》2006 年第 4 期。

〔美〕萨拉·迪基：《人类学及其对大众传媒研究的贡献》，《国际社会科学杂志（中文版）》1998 年第 3 期。

唐晋主编《大国崛起》，人民出版社，2006。

王晨主编《中国人看联邦德国》，山西人民出版社，1989。

王公龙：《塑造负责任的大国形象》，《党政论坛》2007 年第 3 期。

王泰平主编《新中国外交 50 年》，北京出版社，1999。

蔚彬：《转型期中国国家身份认同的困境》，《现代国际关系》2007 年第 7 期。

〔美〕亚历山大·温特：《国际政治的社会理论》，秦亚青译，上海人民出版社，2000。

夏建平：《中国国家身份的建构及其和平内涵》，《社会主义研究》2005 年第 1 期。

肖欢容：《中国的大国责任与地区主义战略》，《世界政治与经济》2003 年第 1 期。

中国社会科学杂志社编《人类学的趋势》，中国社会科学杂志社，2000。

熊炜：《统一以后的德国外交政策（1990—2004）》，世界知识出版社，2006。

阎学通：《中国国家利益分析》，天津人民出版社，1996。

阎学通：《中国崛起——国际环境评估》，天津人民出版社，1998。

阎学通：《中国崛起及其战略》，北京大学出版社，2005。

颜声毅：《当代中国外交》，复旦大学出版社，2004。

杨广：《建构主义国际关系研究在中国》，《欧洲研究》2003 年第 4 期。

姚勤华：《欧洲联盟集体身份的建构（1951~1995）》，上海社会科学院出版社，2003。

殷寿征编著《德国总理科尔》，时事出版社，1992。

殷桐生主编《德国外交通论》，外语教学与研究出版社，2010。

殷桐生：《殷桐生选集》，外语教学与研究出版社，2011。

《德政府突然取消明年对华援助款　称中国不缺钱》，环球网，ht-tp：//world. huanqiu. com/roll/2008 - 11/295776. html，2008 年 11 月 28 日。

《中德合作成就与展望》，《人民日报》2011 年 6 月 24 日，第 3 版。

韩源、王磊：《影响中国国家形象的因素浅析》，《思想理论教育导刊》2007 年第 4 期。

于芳：《外交政策分析中作为理想类型的 Zivilmacht》，载殷桐生主编《德意志文化研究》第 5 辑，外语教学与研究出版社，2009。

于芳：《德国的国家利益与西方价值观》，载殷桐生主编《德意志文化研究》第 7 辑，2011。

袁正清：《建构主义与外交政策分析》，《世界经济与政治》2004 年第 9 期。

袁正清：《国际政治理论的社会学转向：建构主义研究》，上海人民出版社，2005。

〔美〕约瑟夫·拉彼德、〔德〕弗里德里希·克拉托赫维尔：《文化和认同：国际关系回归理论》，金烨译，浙江人民出版社，2003。

陈正良：《增强中国"软实力"与国家形象塑造》，《江汉论坛》2008 年第 2 期。

张贵洪主编《国际组织与国际关系》，浙江大学出版社，2004。

张贵洪：《国际组织与国际关系》，浙江大学出版社，2004。

张骥：《统一后德国的政治文化与对外政策的选择》，《当代世界与社会主义》2007 年第 6 期。

张昆、刘旭彬：《中国国家形象传播的思考》，《理论月刊》2008 年第 9 期。

张昆：《国家形象传播》，复旦大学出版社，2005。

张路黎：《以人为本的国家形象与北京奥运会的文化传播》，《理论月刊》2008 年第 4 期。

周蓉辉：《中国特色社会主义核心价值观研究》，中共中央党校博士学位论文，2011。

张哲：《中国和美国为何互相不信任？——〈中美战略互疑〉报告摘录及作者访谈》，http：//www. infzm. com/content/74117，2012 年 4 月 10 日。

中国社会科学院欧洲研究所"欧洲债务危机背景下的中欧关系"研讨会，2012 年 8 月 14 日。

中国外交部政策研究室编《中国外交》，世界知识出版社，1996。

朱立群：《观念转变、领导能力与中国外交的变化》，《国际政治研究》2007 年第 1 期。

邱震海：《中国应否救欧洲？如何救欧洲？》，凤凰博报，http：//blog. ifeng. com/article/15044264. html，2012 年 4 月 6 日。

刘丹：《社科院专家：救欧洲最该出手的是德国》，第一财经，http：//www. yicai. com/news/2011/11/1209087. html，2012 年 4 月 6 日。

张骥：《统一后德国的政治文化与对外政策的选择》，《当代世界与社会主义》2007 年第 6 期。

百度百科，"主权债务危机"，http：//baike. baidu. com/view/3070639. htm。

《欧盟东扩德国受惠》，商务部网站，http：//dc. mofcom. gov. cn/aarticle/jmxw/200505/20050500086827. html，2011 年 6 月 14 日。

西文文献

Alexander Wendt, "Collective Identity Formation and the International State," *American Political Science Review*, Vol. 88, No. 2, 1994.

Asienstrategie der CDU/CSU – Bundestagsfraktion, Beschluss am 23, Oktober 2007.

Henning Boekle, Jörg Nadoll, Zum Stand der Identitätsforschung, 2003.

Henning Boekle, Jörg Nadoll, Bernhard Stahl, Nationale Identität, Diskursanalyse und Außenpolitikforschung: Herausforderungen und Hypothesen, PAFE – Arbeitspapier Nr. 4, 2000a.

Carola Richter und Sebastian Gebauer, Die China – Berichterstattung in den deutschen Medien Heinrich – Boell – Stifung, 2010.

Chinesen in Deutschland auf Einkaufstour, aktualisiert am 25. 02. 2009, Wirtschaft bei t – online. de.

Christiane Hilsmann, Chinabild im Wandel: Die Berichterstattung der deutschen Presse: Eine Analyse ausgewählter Zeitungen, Eichstätt: Diplomarbeit an der Katholischen Universität Eichstätt, 1997.

Colin Elman, "Horse for Course: Why Not Neo – realist Theories of Foreign Policy?" *Security Studies*, Vol. 6, No. 1, 1996.

David J. Singer, "The Level of Analysis Problem in International Relations Theory," in Andrew Linklater, ed., *Critical Concepts in Political Science*, Routledge, 2000.

Deutsche Bank, 2011.

Jürgen Domes, Marie – Luise Näth, Die Außenpolitik der Volksrepublik China – Eine Einführung, Düsseldorf, 1972.

Betina Ehles, Kompendium der deutsch – chinesische Beziehungen, Hamburg, Deutsches Übersee – Institut, 2000.

Friedrich Stefan, China und die europäische Union, Hamburg, Institut für Asienkunde, 2000.

Fröhlich, Stefan, Die Europäische Union als globaler Akteur, VS Verlag für Sozialwissenchaften, 2008.

Philip H. Gordon, "Berlin's Difficulties. The Normalization of German Foreign Policy," *Orbis*, 1994. 38 (2).

Gunther Hellmann, Christian Weber, Frank Sauer, Die Semantik der neuen deutschen Außenpolitik, VS Verlag für Sozialwissenschaften, 2008.

Habermas, 1995.

Christian Hacke, Die Außenpolitik der Bundesrepublik Deutschland. Von Konrad Adenauer bis Gerhard Schröder, Ullstein, 2004.

H. Haftendorn, Deutsche Außenpolitik. Zwischen Selbstbeschränkung und Selbstbehauptung, 1945 – 2000, Stuttgart u. München, 2001.

Hanns W. Maull, "Zivilmacht Deutschland," erscheint in Gunther Hellmann, Siegmar Schmidt, Reinhard Wolf (Hrsg.), Handwörterbuch zur deutschen Außenpolitik, Opladen: VS Verlag, 2006.

Sebastian Harnisch, Hg., Deutsche Sicherheitspolitik. Eine Bilanz der Regierung Schröder, Baden – Baden: Nomos, 2004 (zusammen mit Christos Katsioulis und Marco Overhaus).

Sebastian Harnisch, Hg., Vergleichende Außenpolitikforschung und nationale Identitäten. Die Europäische Union im Kosovo – Konflikt 1996 – 2008, Baden – Baden: Nomos, 2009 (zusammen mit Bernhard Stahl).

Sebastian Harnisch, Außenpolitiktheorie nach dem Ost – West – Konflikt. Stand und Perspektiven der Forschung (Trierer Arbeitspapiere zur Internationalen Politik, Nr. 7) Trier, 2002.

Sebastian Harnisch, "Conclusion: Learned its lesson well? Germany as a Civilian Power ten years after unification," in Sebastian Harnisch, Hanns W. Maull, (Hg.), *Germany as a Civilian Power. The Foreign Policy of the Berlin Republic*, Manchester: Manchester University Press, 2001.

Sebastian Harnisch, Die Außen – und Sicherheitspolitik der Großen Koalition, in Zohlnhöfer, Reimut/Egle, Christoph, Hg., Die zweite Große Koalition: Eine Bilanz der Regierung Merkel 2005 – 2009, Wiesbaden: VS, 2010.

Sebastian Harnisch, Die Außen – und Sicherheitspolitik der Regierung Merkel. Eine liberale Analyse der Großen Koalition, in Zeitschrift für Außen – und Sicherheitspolitik 3 (1) 2010.

Sebastian Harnisch, Die Politik (wissenschaft) in der Globalisierungsfalle? Theoretische Überlegungen und empirische Befunde, in Gellner, Winand/Strohmeier, Gerd, Hg., Identität und Fremdheit. Eine amerikanische Leitkultur für Europa (PIN – Jahrbuch 1/2001), Baden – Baden: Nomos, 2001.

Sebastian Harnisch, Die ZIB als Forum der deutschen IB? Eine kritische Bestandsaufnahme, in Zeitschrift für Internationale Beziehungen 11 (2) 2004 (zusammen mit Hanns W. Maull und Siegfried Schieder).

Sebastian Harnisch, Sozialer Konstruktivismus, in Carlo Masala, Frank Sauer, Andreas Wilhelm, Hg., Handbuch der Internationalen Politik, Wiesbaden: Verlag für Sozialwissenschaften, 2010.

Sebastian Harnisch, The German Perspective on Nice, in German Foreign Policy in Dialogue 1 (3) 2000 (zusammen mit Bernhard Stahl).

Sebastian Harnisch, Theoriegeleitete Außenpolitikforschung in einer Ära des

Wandels, in Gunther Hellmann, Klaus Dieter Wolf, Michael Zürn, Hg. , Die neuen Internationalen Beziehungen. Forschungsstand und Perspektiven der Internationalen Beziehungen in Deutschland, Baden – Baden: Nomos Verlag, 2003.

Sebastian Heilmann, Grundelemente deutscher Chinapolitik, In China Analysis, 14, August 2002.

Sebastian Heilmann, Das politische System der VR China, Wiesbaden, Westdeutscher Verlag.

Geert Hofstede, Lokales Denken, globales Handeln, 3, Auflage, München, 2006.

Wang Hongying, "Multilateralism in Chinese Foreign Policy: The Limits of Socialization?" in Weixing Hu, Gerald Chan and Daojiong Zha, eds. , China's International Relations in the 21st Century: Dynamics of Paradigm Shifts, New York: University Press of America, 2000.

N. Jakobs, Deutsche Sicherheitspolitik nach dem 11, September 2001.

James D. Fearon, "Domestic Politics, Foreign Policy, and Theories of International Relations," Annual Review of Political Science, 1998.

Britta Joerißen, Bernhard Stahl, Hrsg. , Europäische Außenpolitik und nationale Identität, Münster.

John Duffield, "Political Culture and State Behavior," International Organization, Autumn 1999.

John Mearsheimer, "Back to Future: Instability in Europe after Cold War," International Security, Vol. 15, No. 1, 1990.

Josef Janning, "A German Europe – A European Germany? On the Debate over Germany's Foreign Policy," International Affairs, No. 1, 1996.

Karl Kaiser, Das vereinigte Deutschland in der Internationalen Politik, S. 10, in Karl Kaiser, Hanns W. Maull, Hrsg. , Deutschlands neue Außenpolitik, Bd. 1: Grundlagen, 2. Auflage, München, 1995.

Kathrin Weick, Britische Identität und Außenpolitik Die identitäre Grundlage der Interventionspolitik Blairs, in Kathrin Weick, Britische Identität und Außenpolitik Die identitäre Grundlage der Interventionspolitik Blairs, in Kenneth N. Waltz, "Emerging Structure of International Politics," International Security, Vol. 18, No. 2, 1998.

Kenneth N. Waltz, "International Politics Is Not Foreign Policy," *Security Studies*, *Vol.* 6, No. 1, 1996.

Samuel S Kim, Hrsg. , China and the World – Chinese Foreign Policy faces the New Millennium, Boulder / Colorado, 1998.

Mareike König, Matthias Schulz, Hg. , Die Bundesrepublik Deutschland und die europäische Einigung 1949 – 2000. Politische Akteure, gesellschaftliche Kräfte und internationale.

Gert Krell, Weltbilder und Weltordnung. Einführung in die Theorie der Internationalen Beziehungen, Baden – Baden, 2000.

Ludger Kühnhardt, Wertgrundlagen der deutschen Außenpolitik, in Kaiser, Karl, Hanns W. Maull, Hrsg. , Deutschlands neue Außenpolitik, Bd. 1: Grundlagen, 2. Auflage, München, 1995.

Kurt Sontheimer, Wilhelm Bleek, Grundzuege des politischen Systems Deutschlands, Bonn, 2002.

Gerhard Maletzke, Interkulturelle Kommunikation, Zur Interaktion zwischen Menschen verschiedener Kulturen, Opladen: Westdeutscher Verlag, 1996.

Manchester University Press, 2001.

Matha Finnemore, *National Interests in International Society*, Ithaca: Cornell University Press, 1996.

Hanns W. Maull, Civilian Power, 1993.

Hanns W. Maull, DFG – Projekt, Zivilmächte', 1997, S. 21 und K. Kirste, Rollentheorie und Außenpolitikanalyse, 1998.

Kay Möller, Sicherheitspartner Peking? Die Beteiligung der Volksrepublik China and Vertrauens – und Sicherheitsbildenden Maßnahmen seit Ende des Kalten Krieges, Baden – Baden, 1998.

Jörg Nadoll, Forschungsdesign – Nationale Identität und Diskursanalyse. Das Verständnis von Identität in Britta JeeriBen, Bernhard Stahl, Hrsg. , Europäische Außenpolitik und nationale Identität, Münster.

Pamela C. M. Mar, Frank – Jürgen Richter, China – Enabling a New Era of Changes, Singapur, 2003.

Paul A. Kowert, "National Identity: Inside and Out," in Glenn Chafetzs, Michael Spirtas and Benjamin Frankel, eds. , *The Origin of National Interests*,

Frank CASS Publishers, 1999.

Peter J. Katzenstein, ed. , *Tamed Power: Germany in Europe*, Ithaca: Cornell University Press, 1997.

Peter J. Katzstein, *The Culture of National Security*, Columbia University Press, 1996. Emanuel Adler and Michael Barnett, eds. , *Security Communities*, Cambridge: Cambridge University Press, 1998.

Elizabeth Pond, *Beyond the Wall: Germany's Road to Unification*, Washington, 1993.

P. W. Preston, zitiert In Henning Boekle, Jörg Nadoll, Zum Stand der Identitätsforschung, in Britta Joerißen, Bernhard Stahl, Hrsg. , Europäische Außenpolitik und nationale Identität, Münster.

Elfriede Regelsberger, Die Gemeinsame Außen – und Sicherheitspolitik der EU – konstitutionelle Angebote im Praxistest 1993 – 2003, Nomos, 2004.

Sachverständigenrat zur Begutachtung der gesamtwirtschaftlichen Entwicklung, 2011: Verantwortung für Europa nehmen, Wiesbaden.

L. A. Samovar, R. E. Porter, Hrsg. , Intercultural communication, Belmont: Cal. , 1972, S. 10, zit. n. Maletzke, Gerhard: Interkulturelle Kommunikation. Zur Interaktion zwischen Menschen verschiedener Kulturen, Opladen: Westdeutscher Verlag, 1996.

Gregor Schöllgen, Die Außenpolitik der Bundesrepublik Deutschland. Von den Anfängen bis zur Gegenwart, Verlag C. H. Beck, 2001.

Hans Martin Sieg, Weltmacht und Weltordnung. Der Krieg im Irak, die amerikanische Sicherheitspolitik, Europa und Deutschland, Münster, 2004.

Stephen M. Walt, "International Relations: One World, Many Theories," *Foreign Policy*, Spring 1998.

Steven Smith, "Foreign Policy Is What States Make of It: Social Construction and International Relations Theory," in Vendulka Kubalkova, ed. , *Foreign Policy in a Constructed World*, M. E. Sharpe, 2001.

Christine Streichert, Deutschland als Zivilmacht, 2005, In Trierer Arbeitspapiere zur Internationalen Außenpolitik.

Ted Hopf, "The Promise of Constructivism in International Relations Theory," *International Security*, Vol. 23, No. 1, 1998.

Thomas Banchoff, "German Identity and European Integration," *European Journal of International Relation*, Vol. 5, No. 3, 1999.

Thomas Risse, Deutsche Identität und Außenpolitik, 2003.

Ulbert, 2005.

Walliser Usunier, Interkulturelles Marketing, Mehr Erfolg im internationalen Geschaeft. Wiesbaden: Gabler, 1993.

Cornelia Ulbert Sozialkonstruktivismus, in Siegfried Schieder, Manuela Spindler, Hrsg., Theorien der Internationalen Beziehungen, Opladen.

Volker Rittberger et al., eds., German Foreign Policy since Unification.

Yucel Bozdaghoglu, *Turkish Foreign Policy and Turkish Identity*, Routledge, 2003.

《德报: 中国对德国经济日益重要》, 新华网, http://world. people. com. cn/GB/41217/7606573. html。

Bundeszentrale für politische Bildung, 2005, http://www. bpb. de/apuz/28920/die – agenda – 2010 – eine – wirtschaftspolitische – bilanz? p = all.

Sebastian Heilmann, "Grundelemente deutscher Chinapolitik", in *China Analysis*, No. 14, August 2002, http://www. chinapolitik. de/studien/china_ analysis/no_ 14. pdf.

Pluspedia, "PIIGS", http://de. pluspedia. org/wiki/PIIGS, 2012 年 3 月 26 日检索。

"Merkel beginnt ihren vierten Chinabesuch", 中国网, http://german. china. org. cn/fokus/2010 – 07/15/content_ 20505507. htm.

http://ies. cass. cn/Article/bwzf/201112/4367. asp, 2012 年 3 月 26 日检索。

《施明贤大使 2012 年 3 月 29 日在科隆经济论坛上的开幕致词》, 德意志联邦共和国驻华使馆网站, http://www. china. diplo. de/Vertretung/china/zh/_ _ pr/2012/reden – bo – 2012/120329 – k_ C3_ B6ln – ps. html? archive =3389202, 2012 年 4 月 26 日检索。

http://www. faz. net/aktuell/politik/ausland/europas – schuldenkrise – china – mit – vielfaeltigen – interessen – 11509892. html, 2012 年 4 月 6 日检索。

http://www. faz. net/aktuell/wirtschaft/schuldenkrise – china – wird –

europa – nicht – retten – 11548713. html，2012 年 4 月 6 日检索。

http：//www. focus. de/finanzen/news/staatsverschuldung/schuldenkrise – china – sieht – sich – nicht – als – euro – retter_ aid_ 665553. html，2012 年 4 月 6 日检索。

http：//www. n – tv. de/wirtschaft/China – mischt – sich – ein – article4601636. html，2012 年 4 月 6 日检索。

http：//www. spiegel. de/wirtschaft/soziales/0，1518，786058，00. html，2012 年 4 月 6 日检索。

http：//www. stern. de/wirtschaft/news/schuldenkrise – der – eu – china – daempft – europas – hoffnungen – 1728008. html，2012 年 4 月 6 日检索。

http：//www. uni – heidelberg. de/fakultaeten/wiso/ipw/mitarbeiter/harnisch/lehre/magister. html.

"Kritik an Niebels Vorstoß," http：//www. n – tv. de/politik/Kritik – an – Niebels – Vorstoss – article 569977. html.

"Merkel stellt in China Forderungen," http：//bazonline. ch/ausland/asien – und – ozeanien/ Merkel – stellt – in – China – Forderungen/story/19657928.

Oleg Nechaj，"Indem es Griechenland nettet，rettet Deutschland sich selbst und die Euro – zone," http：//german. ruvr. ru/2011/08/03/54144031. html，2012 年 4 月 2 日检索。

"OECD erwartet fünf Millionen Arbeitslose in Deutschland，" http：//www. tagesschau. de/wirtschaft/oecd120. html，2012 年 4 月 2 日检索。

Wikipedia，"Eurokrise," http：//de. wikipedia. org/wiki/Staatsschuldenkrise_ im_ Euroraum，2012.

"Bundeswirtschaftsminister Brüderle besucht mit großer Wirtschaftsdelegation China und Japan," http：//www. bmwi. de/BMWi/Navigation/Presse/pressemitteilungen，did = 363008. html.

"Die Deutschen suchen besseren Marktzugang in China," http：//www. wirtschaftsblatt. at/home/ international/wirtschaftspolitik/die – deutschen – suchen – besseren – marktzugang – in – china – 442103/index. do.

图书在版编目（CIP）数据

身份认同视角下的中德关系:1990～2013/李文红，
于芳著. --北京:社会科学文献出版社，2016.12
　国家社科基金后期资助项目
　ISBN 978 - 7 - 5097 - 9256 - 8

　Ⅰ.①身… Ⅱ.①李… ②于… Ⅲ.①中德关系 - 国
际关系史 - 研究 - 1990 ~2013 Ⅳ.①D829.516
　中国版本图书馆 CIP 数据核字（2016）第 125126 号

· 国家社科基金后期资助项目·

身份认同视角下的中德关系（1990～2013）

著　　者／李文红　于　芳

出 版 人／谢寿光
项目统筹／高明秀
责任编辑／杨　潇　张　玥　刘　娟

出　　版／社会科学文献出版社·当代世界出版分社（010）59367004
　　　　　　地址：北京市北三环中路甲 29 号院华龙大厦　邮编：100029
　　　　　　网址：www. ssap. com. cn
发　　行／市场营销中心（010）59367081　59367018
印　　装／北京季蜂印刷有限公司

规　　格／开　本：787mm × 1092mm　1/16
　　　　　　印　张：19.25　字　数：323 千字
版　　次／2016 年 12 月第 1 版　2016 年 12 月第 1 次印刷
书　　号／ISBN 978 - 7 - 5097 - 9256 - 8
定　　价／89.00 元